渔人之路和问津者之路

张文江 著

献给我的师友们

目次

曾国藩的学术和人生 ... 001
    附：徐光启译《几何原本》的几篇序、跋 ... 043

王国维的学术和人生 ... 048
    引子：二十六岁以前（1877—1901） ... 048
    一、哲学与文学（1902—1907） ... 051
    二、文学与史学（1908—1915） ... 087
    三、史学（1916—1927） ... 121
    主要参考文献 ... 160
    附：最近二三十年中中国新发见之学问 ... 161

中国地理大势分析 ... 167

渔人之路和问津者之路——《桃花源记》解释 ... 180
    附：《桃花源记》原文 ... 183

中西象棋异同论 ... 184

《石头记》与《红楼梦》 ... 188

《薄伽梵歌》引介 ... 195

记亡友胡河清先生	198
关于《安提戈涅》	202
读《自题小像》	206
鲁迅早年的七篇作品和思想趋向的两次变化	209
《呐喊》《彷徨》的结构分析	215
《故事新编》的象数文化结构	226
论《坟》和鲁迅作品的格局	236
《鲁迅全集》的三次编纂及其意义	248
一、第一次编纂（1938年版）	248
二、第二次编纂（1958年版）	259
三、第三次编纂（1981年版）	266
结语	272
金庸武侠小说三人谈	275
古龙武侠小说三人谈	292
梁羽生武侠小说三人谈	308
金庸武学说	322
《说文解字》析义	325
一、不　二、是　三、学　四、孩	
五、鬼　六、神　七、哲　八、士	

九、世　　十、至　　十一、贞　　十二、易

　　十三、老　　十四、德　　十五、棋

《说文解字》析义（续一）　　　　　　　　　　　343

　　一、比　　二、念　　三、零　　四、悟　　五、诗

《说文解字》析义（续二）　　　　　　　　　　　349

　　一、譬喻，比喻，metaphor 的字源意义

　　二、《易》之五断辞解

　　三、爱的三种写法

《徐梵澄集》读后　　　　　　　　　　　　　　　356

《玻璃球游戏》感言　　　　　　　　　　　　　　363

后记　　　　　　　　　　　　　　　　　　　　　368

又记　　　　　　　　　　　　　　　　　　　　　369

曾国藩的学术和人生

　　道光十九年己亥（1839），清王朝自康熙（1661—1722 在位）以后，经雍、乾、嘉、道，历四帝一百十七年，积衰之势已成。风雨欲来，民无所逃于天地之间，上层尚昏蒙未觉，而有识之士已有深度的危机感。此年，林则徐赴虎门禁烟，北京广东之间，函件频仍。龚自珍（1792—1841）则于北京辞官南归杭州，感时而作《己亥杂诗》，先后成诗三百余首，哀民生，刺暴吏，吁天公，礼《法华》，流露出深深的忧虑，不久竟忧愤以终。这一年，曾国藩二十九岁，居湖南湘乡乡里。正月，乡里痘症大行，其十岁之妹、十五月之子皆染痘殇。四月，曾国藩离家至衡阳，此为曾氏先世祖籍之所在，亦为明末清初大学者王船山故里。六月，至耒阳杜工部祠堂。八月出邵阳，此为当时正活动于外的湖南经世学者魏源家乡，复入蓝田，十月归。十一月初二，子纪泽生，是日启程北上入京赴职。家人送至长沙，至汉口遇大雪，遂滞留度岁。家事国事天下事，纷纭而来，是岁始记日记，名"过隙影"。感觉时间之流逝变迁，失所怙恃，茫无所归。次年年初入京，已为道光庚子（1840），任翰林院庶吉士小官，乃正式踏入仕途。六月又复患大病，病热危剧，几不救，得朋友守护，八月病势始减。是年七月湘学大师唐鉴（1778—1861）到京任太常寺卿，曾国藩从之讲求为学之方。在唐鉴的熏陶影响下，前后数年之间，曾国藩之学一变，一生思想实奠基于此。曾国藩本人自记：

> 吾乡善化唐先生，三十而志洛闽之学，特立独行，诟讥而不悔。岁庚子，以方伯内召，为太常卿。吾党之士三数人者，日就而考德问业，虽以国藩之不才，亦且为义理所熏蒸。(《送唐先生南归序》)

考曾国藩道光十四年二十四岁（1834）入京参加会试，始好昌黎古文，粗知桐城派文章，为其接触文学之始。道光十六年二十六岁（1836）出京还乡，过金陵时贷金购廿三史，为其接触史学之始。而于三十岁（1840）从学唐鉴，在湘学传统中接受程朱理学，乃为其接触哲学之始。唐鉴生平与为学大概，具见《清史稿·儒林传》，略云：

> 唐鉴，字镜海，善化人。嘉庆十四年进士。累擢至浙江布政使，调江宁，内召为太常寺卿。海疆事起，严劾琦善、耆英等，直声震天下。潜研性道，宗尚洛闽诸贤。著

《学案小识》，推陆陇其为传道之首，以示宗旨。时蒙古倭仁、湘乡曾国藩、六安吴廷栋、昆明窦垿、何桂珍等皆从鉴考问学业。陋室危坐，精思力践，年七十，斯须必敬。晚岁著《读易小识》，编次《朱子全集》，别为义例，以发紫阳之蕴。

可见唐鉴的思想结构。曾国藩于此内外并困、身心交瘁之际，得遇唐鉴之学，不啻开一新境。早年从事的各种学问，探得其根，乃判然各归其所。

辛丑（1841）七月曾国藩日记：

至唐镜海先生处，问检身之要、读书之法。先生言："当以《朱子全书》为宗。"时余新买此书，问及。因道："此书最宜熟读，即以为课程，身体力行，不宜视为浏览之书。"又言："治经宜专一经，一经果能通，则诸经可旁及。若遽求兼精，则万不能通一经。"先生自言生平最喜读《易》。又言："为学只有三门，曰义理，曰考核，曰辞章。考核之学，多求粗而遗精，管窥而蠡测。文章之学，非精于义理者不能至。经济之学，即在义理内。"又问经济宜何如审端致力。答曰："经济不外看史。古人已然之迹，法戒昭然。历代典章，不外乎此。"又言："近时河南倭艮峰（仁）前辈用功最笃实。每日自朝至寝，一言一动,坐作饮食,皆有札记。或心有私欲不克,外有不及检者,皆记出。"先生尝教之曰:"不是将此心别借他心来把捉才提醒,便是闲邪存诚。"又言:"检摄于外,只有'整齐严肃'四字;持守于内,只有'主一无适'四字。"又言:"诗文词曲,皆可不必用功,诚能用力于义理之学,彼小技亦非所难。"又言:"第一要戒欺,万不可掩着。"云云,听之昭然若发蒙也。

曾国藩所记之语看似散碎,实则唐鉴一生思想结构,尽发于此。唐鉴为曾国藩分判天下学问,将天下学问归结为义理,经济(经世济国,即政治)亦在义理之内,将义理归结为反身戒欺,于时间则从《朱子全书》(宋)上出至《易》(先秦)。寥寥数语,将唐鉴当时所能见到的、也是曾国藩所能见到的各种思想,划一轮廓。试挈其纲领如下:

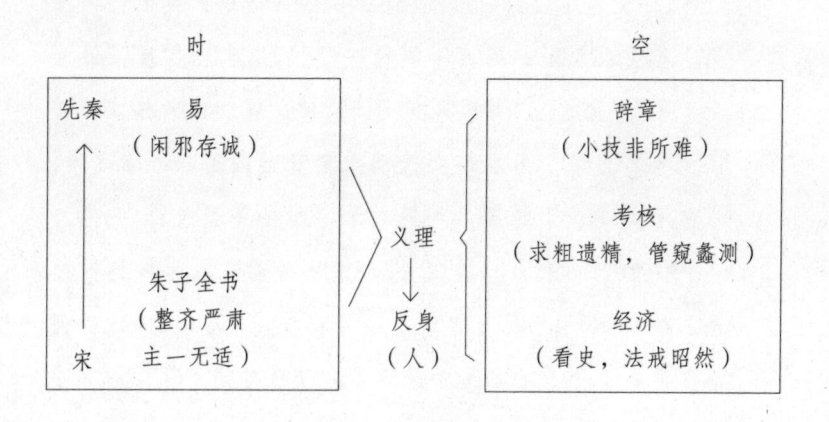

```
            时                              空

  先秦   易                            ┌  辞章
    ↑  (闲邪存诚)                      │ (小技非所难)
    │                                  │
    │                         义理  ┤  考核
    │                           ↓    │ (求粗遗精,管窥蠡测)
    │    朱子全书              反身   │
    │   (整齐严肃              (人)  │  经济
   宋   主一无适)                     └ (看史,法戒昭然)
```

此即曾国藩一生哲学思想变化的基础，也是他一生文学思想变化的基础。对曾国藩一生评价的是是非非，均需溯及于此。唐鉴提出此纲领，非偶然。曾国藩接受此纲领，亦非偶然。此一分判，与当时长江流域之学术背景息息相关。

考清代学术萃于长江流域，下游今安徽、江苏两省，尤集一时之盛。康熙、乾隆之际学术变化，至曾国藩之时，已有汉学、桐城派、常州今文学之异，彼此分歧已深。汉学精尚考据，远出明末清初之顾炎武，经阎若璩、胡渭至乾嘉大盛，复有惠栋（1697—1758）吴派与戴震（1723—1777）皖派之别，此派观点至乾隆修《四库全书》以扶持之，遂成为清代正统学术。其学集中于东汉一代之经学，上不及西汉先秦，下鄙薄宋学为不足道。方法以语言研究为主，究及一名一物之细，虽对整理古代文献有贡献，终不免知"小学"而不知"大学"之讥。桐城之学，出明末之唐宋派古文，经归有光至清初方苞、刘大櫆，而大成于姚鼐（1732—1815），其时稍后于惠栋、戴震，故其学以义理、辞章、考据分判学问，以考据一门将汉学囊括于内。以为三者不可偏废，必以义理为质，而后辞章有所附，考据有所归，编集之《古文辞类纂》影响一时。虽然姚鼐已将文学流派上升为哲学流派，其学终以文章为主，弟子所重视亦为其文学成就。常州之学，始于庄存与（1719—1788），至其外孙刘逢禄（1776—1829）发挥之，不满汉学之埋头故纸，入而不出，更上溯西汉，以《公羊》微言大义说《春秋》，有强烈关心政治的倾向。三派争执对立，龚自珍终未从学其名重天下的外祖父段玉裁，而从学于刘逢禄为常州派弟子，可睹风气之变。嘉庆二十三年（1818），惠氏弟子江藩成《国朝汉学师承记》，常州弟子龚自珍以"十不安"遗书规之，姚鼐弟子方东树更于宋学立场撰写《汉学商兑》三卷（道光丙戌，1826）攻之，此起彼伏。然而除安徽、江苏两地之外，上游更有湖湘之学。

远在宋时，湖湘即有理学家朱熹、张栻在此讲学。明清之际，更有王船山独树一帜。船山民族思想虽久抑不扬，而岳麓书院传统却赓续未绝。道光间，湖南士大夫集团成员贺长龄、陶澍、唐鉴、魏源等，对政治和学术都有一定影响。道光六年至七年（1826—1827）贺长龄延请魏源（1794—1857）编成《皇朝经世文编》，既为时代所需，亦隐然树一与下游汉学对立的标识。贺长龄、陶澍之密友唐鉴入京后著成《学案小识》，更有不满《汉学师承记》之意。二书相辅以观，恰可见湘学传统中人于内外两方面的主张。魏源本人与龚自珍同出刘逢禄门下，林则徐任江苏巡抚时与总督陶澍有密切合作关系，又见湘学的经世主义与常州之学的相应处。道光庚子（1840）前后，在京的常州学者风流云散。唐鉴此时到京为一重镇，自然成了新的学术中心。

曾国藩早年肄业于岳麓书院，早已受湘学的潜在影响，在此动荡之际接受唐鉴之学，毫不足怪。对照此学术背景，唐鉴所树之义理、辞章、考据、经济四者,辞章括桐城,考据括汉学,经济括常州,而以义理反身归束为湘学内圣之基,均有其实指,并有综合下游诸学问之志。曾国藩听唐鉴之分判,闻所未闻,早年纷乱之所学,皆秩然现其条理,宜其听之昭然若发蒙也。曾国藩遇唐鉴之后,有信给另一位湘学先辈贺长龄以谈其心情:

> 国藩以兹内省,早年所为涉览书册、讲求众艺者,何一非欺人之事。所为高谈古今,嘐嘐自许者,何一非欺人之言。中夜以思,汗下如雷。……镜海先生庶几不欺者也。

可见曾国藩愧悔往事,决心重走新路。此心情表现于他所作的《杂诗九首》之中,为曾国藩今所存最早的诗歌之一。录三首如下:

> 早岁事铅椠,傲兀追前轨。张网挈陬维,登山追岌峨。述作窥韩愈,功名邺侯拟。三公渺如稊,万金眇如屣。肠胃郁千奇,不敢矜爪觜。稍待兰蕙滋,烈芬行可喜。岂期挞鸳鸯,前驱不逾咫。滔滔大江流,年光激若矢。春秋三十一,顽然亦如此。染丝不成章,橘迁化为枳。壮盛百无能,老苍真可耻。樗散吾所甘,多是惭毛里。(其一)

霜落万瓦寒，天高月皓皓。美人在何许，相思心如捣。我昔觐美人，对面如蓬岛。神光薄轩墀，朱霞荡初晓。彩凤仪丹霄，顾视无凡鸟。意密恩还疏，微诚不敢道。贻我彤管炜，粲兮稀世宝。可怜金屋恩，长门闷秋草。谣诼日以多，觏闵曾不少。宠眷难再得，蛾眉行衰老。区区抱私爱，夜夜视苍昊。（其五）

谁能烹隽燕，我愿爌桑薪。谁能钓巨鳌，我愿理其纶。南涧芼萍藻，可以羞鬼神。大才与小辨，相须会有因。嗟余不足役，岂谓时无人。（其九）

诗风苍凉遒劲，曾国藩三十岁前后之所思所感，于此一显。第一首追悔少年之狂态，然不有昔时之野，何有今日之从？以韩愈、李泌为榜样，可见心气之高。"滔滔大江流，年光激若矢"，正是日记"过隙影"所为而作。第二首香草美人，望道未见，有屈骚之情。"我昔觐美人，对面如蓬岛"，合于《诗·秦风·蒹葭》"蒹葭苍苍，白露为霜，所谓伊人，在水一方"之憧憬。"夜夜视苍昊"者，或能成此洁净之象。第三首回到现实，言世若有大材，自己亦必有小辨之功用，然则斯人何在？"嗟余不足役，岂谓世无人"，包含着对时代、对社会、对自己很深的感慨。观诗中遣词用字，可知曾国藩于《诗经》《楚辞》、汉魏古诗、杜甫所受的影响，亦隐含他以后选《十八家诗抄》（1852）时的去取标准。

曾国藩得遇唐鉴之学后，即定省身日课：一敬、二静坐、三早起、四读书不二、五读史、六谨言、七养气、八保身、九日知其所亡、十月无忘其所能、十一作字、十二夜不出门（道光二十二年十二月在京日记，1842）。录之如下：

一、敬（整齐严肃，无事不惧。无事时，心在腔子里；应事时，专一不杂。清明在躬，如日之升）。

二、静坐（每日不拘何时，静坐半时。体验来复之仁心，正位凝命，如鼎之镇）。

三、早起（黎明即起，醒后勿沾恋）。

四、读书不二（一书不点完，断不看他书，东翻西阅，徒徇外为人。每日以十叶为率）。

五、读史（丙申年购廿三史，大人曰："尔借钱买书，吾不惮极力为尔弥缝；尔能圈点一遍，则不负我矣。"嗣后每日点十叶，间断不孝）。

六、谨言（刻刻留心，第一功夫）。

七、养气（气藏丹田，无不可对人言之事）。

八、保身（十月廿二奉大人手谕曰：节劳、节欲、节饮食；时时当作养病）。

九、日知其所亡（每日读书，记录心得语；有求深意即是徇人）。

十、月无亡所能（每月作诗文数首，以验积理之多寡，养气之盛否；不可一味耽着，最易溺心丧志)。

十一、作字（早饭后作字半小时，凡笔墨应酬，当作自己课程。凡事不可待明日，愈积愈难清)。

十二、夜不出门（旷功疲神，切戒切戒)。

此十二条曾国藩守之终身，亦可见他对人生的初步认识。切问近思以实践之，正为理学之要。然而，远观全国形势，1839—1842年间，中国正经历着鸦片战争的大动荡，此为清代历史的大转折，也为中国历史的大转折之一。如考察中西长期以来各种情形的消长变化，发生此次冲突，势所必然。清王朝的长期积衰，使战争历程呈现为一系列趋败的偶然之机。道光二十二年七月（1842年8月）终于签订了丧权辱国的《中英南京条约》，这对中国各阶层之人不啻一个巨大的刺激。三个月后，曾国藩戒烟。十月日记：

自戒烟以来，心神彷徨，几若无主。遏欲之难，类如此矣。不挟破釜沉舟之势，讵有济哉?

戒烟（潮烟）标志着曾国藩1839—1842年转变期之成。一个人能成为自胜者，始可化有力而为强。

观曾国藩此时期内所思所言，完全受到唐鉴思想的强烈影响。唐鉴自言生平最喜读《易》，考其早年著《读易反身录》，入京后又与《学案小识》同著《易牖》,盖主程传之义理者,曾国藩亦步趋之。曾国藩认识唐鉴,即开始读《易》。壬寅(1842)十月,又读《周易折中》(康熙命李光地于1715年修成),或一日数卦,或数日一卦。曾国藩于此,一时实无所得,观其日记,"读某卦不入","读某卦无所得"之言,屡屡见之。偶尔或窥见一鳞半爪,亦于日记见之,录数则如下:

《易》大壮卦《彖》《大象》,正与养气章通。(壬寅)
咸恒损益四卦,可合之得虚心实心之法。(壬寅)
巽乎水而上水,颇悟养生家言。(壬寅)

语虽浅露,却为其心得语。将自己所思之理、所见之事出入于《易》书,自为读《易》之门。于古今易著,每每可见著者时代与本人心量,有不可掩者。此年之后,曾国藩于观生、议史、论文之中,亦往往发其读《易》心得,语多不能尽举。绵延至辛亥(1851)前后,已有十年,七月日记云:

天行健,君子以自强不息。地势坤,君子以厚德载物。颐,君子以慎言语,节饮食。损,君子以惩忿窒欲。益,君子以见善则迁,有过则改。鼎,君子以正位凝命。此六卦《大象》,最切于人。颐以养身养德,鼎以养心养肾,尤为切要。

语虽简，且未必能得易旨，然曾国藩由反身体验得来，自有其价值。寥寥数语，已尝试贯通各卦，由乾坤经损益而至颐鼎，归诸身心两端。此由天地而人，渐具纲领，有一定程度的整体思想。曾氏读书十年，思想有进，方能发为此见。然其时尚属承平，观身而未及观世，此所以见颐而未见大过，见鼎而未见革欤？唐鉴于道光丙午（1846）致仕还乡，曾国藩此语出于自得，可作为十年之小结。曾国藩后来以八境发展桐城派阳刚阴柔之说，其因当出于此。

十年之间，曾国藩官职亦屡经升迁。由翰林之官七迁而至侍郎，逐步接近政府的枢要地位。至道光末年，六部侍郎先后任其五，阅历大长。其间于道光二十三年（1843）任四川正考官，二十五年（1845）任乙巳科会试第二十八房同考官，二十七年（1847）充武会试正总裁，又派殿试读卷大臣，三十年（1850）又充庚戌科会试复试阅卷大臣。数年之间，先后参与主持南北地方和中央之考试，使他对四方文武人才，有一个基本了解。又道光二十五年起充文渊阁直阁校理，每岁之春，例陪同道光帝入阁览《四库全书》，由是得见皇家图书之富，这对他以后编撰《经史百家杂抄》有直接影响。

辛亥（1851）七月日记又云：

> 词章之学，吾之从事者二书焉。曰"曾氏读古文钞"，"曾氏读诗钞"。二书皆尚未撰集成帙，然胸中已有成竹矣。

胸有成竹，曾国藩对整体有所感受了。

道光三十年（1850）正月，帝崩。子继位，改明年为咸丰元年。三月，曾国藩以侍郎上"应诏陈言疏"，亟提倡讲求人才，同时应诏陈言者有大理寺卿倭仁，所言亦为同一内容（参看《清史稿·倭仁传》），可见当年从学唐鉴者共同的思想倾向。咸丰元年（1851）四月，又上"敬陈圣德三端预防流弊疏"，婉谏新帝之病。曾国藩在十年之中，于时位皆不宜言，至此始对国政有所发表。摘录前疏如下：

> 今日所当讲求者，惟在用人。……但求苟安无过，不肯振作有为，将来一遇艰巨，国家必有乏才之患。今遽求振作之才，又恐躁竞者因而倖进。臣愚以为欲令有用之才不出范围之中，莫若使令从事于学术，又必皇上以身作则，乃能操转移风化之本。

疏又言：

> 康熙末年，博学伟才，大半皆圣祖教谕成就之。

鸦片战争前夕，龚自珍有"我劝天公重抖擞，不拘一格降人才"（《己亥杂诗》）之句，今于太平天国革命前夕，曾国藩又提出此类呼吁，均出于敏感于时代者对清王朝衰败气象所怀的忧虑。曾国藩执泥于传统纲常，一生忠于清室一姓之统治，虽为其生活道路所决定，亦其自限，此固不足论。奏疏中于学术不相应乾嘉而相应于康熙，实有察于康乾以来学术和国运的变化。期望新皇有重振气象，自是幻想，宜数次上疏，下部议，均格不行。建议虽未能实施，却可见曾国藩本人重视人才的倾向。以后曾国藩幕府集一时之政治、军事、文学、科技人才之盛，原非偶然。[1]

其时太平天国革命经洪杨诸领袖长期酝酿，终于在道光三十年十二月爆发（1851年1月），清廷起用林则徐为钦差大臣前往镇压，林力不支而卒于途。太平天国未能为清廷制于广西绝地之中，遂于咸丰二年七月（1852年8月）突入湖南，攻长沙遇阻未下，年底克武汉三镇，势成，号百万。咸丰三年二月（1853年2月）克南京，继之北伐、西征，清廷大震。太平军入湖南之时，咸丰二年七月，曾国藩闻母丧抵家。年底，奉清廷命以在籍侍郎身份帮同办理本省团练事务，闻武昌失守，乃决意出，是为湘军之始。曾国藩遂踵天国大军之后而攻之。由于种种原因，太平天国的北伐昙花一现，于是长江中下游湘军与太平天国之相持史，也就成为清廷与太平天国相持史的主干。曾国藩由是被推上历史舞台。

---

[1] 据李鼎芳统计，曾国藩自咸丰三年开府衡阳，至同治十一年卒于两江总督之任止，二十年间所延聘之士，可得百人左右。见《曾国藩及其幕府人物》，岳麓书社，1985年。

考洪秀全（1814年生）比曾国藩（1811年生）晚出生仅三年，同一时代背景，既影响曾国藩，也影响洪秀全。两人最终选择对立的政治立场，其经历却有相当程度的平行性。清王朝自乾嘉以来潜移默化所积累的矛盾早已到了不能不爆发的程度，而国际形势变化更成为爆发的有力促因。其他且不论，从十七世纪末到十八世纪，中国人口已从一亿五千万增加到三亿多。在生产力不变的情况下，人口的增多引起生存空间的缩小，许多人离乡出走，自然成为不安的潜在因素。小规模起义相继爆发，乱几已萌，无可挽者。洪秀全和曾国藩差不多在相同时期，完成自己的思想转变。

道光十六年（1836），洪秀全去广州赴试落第，得梁发所著宣传基督教义的小册子《劝世良言》，次年复考再次落第，回家大病，病中见天堂上帝等宗教幻象，为洪秀全造反思想的直接前因。也就是这一年（1836）曾国藩二十六岁，入京会试落第，贫寒交迫，贷金回乡，过金陵见廿三史，倾囊购以归。史显历代治乱之鉴，非举业所必需读，曾国藩少年意气的一时豪举，恰可说明其思想趋向。两年后（1838）曾国藩会试中式，乃更原名子城为国藩，其政治态度已不可能变更。曾国藩读史，成为他从唐鉴读书，融经济入义理，找到他第一阶段思想归宿的直接原因。于思想而论，这是植根于中国本土、当时已保守性很强的理学与以西方势力渗入为大背景的基督教思想的对立，而鸦片战争是中西第一次大激荡。其时曾国藩为翰林院小官，对国事无可言，乃反身而有戒烟之成（1842）。洪秀全于1836年归后，次年即梦游天国，此时可以说已树立造反思想，但是在行动上作出最后抉择，却远在鸦片战争之后。鸦片战争之败，虽已使清政府的空虚暴露无遗，但是洪秀全尚于1843年作最后一次赴试，依然落第，六月即回家乡花县建立拜上帝会。十年后，终于攻入南京，建立太平天国政权。

曾国藩踏上历史舞台之始，亦为其正式踏上文坛之始。壬子正月（咸丰元年十二月，1852年2月）曾国藩选录古今体诗十八家，又选录古文词百篇，以见体要，这是他十余年来从事诗文的成果。十八家为曹子建、阮嗣宗、陶渊明、谢康乐、鲍明远、谢元晖、李太白、杜工部、韩昌黎、白香山、苏东坡、黄山谷、王右丞、孟襄阳、李义山、杜牧之、陆放翁、元遗山，都古今体诗六千五百九十九首，二十八卷，这是一个大规模的选本。曾国藩与宋诗派主将何绍基（1799—1873）是密友，此选或受其影响。而曾国藩其时之文论，有以见其自信。辛亥（1851）七月日记：

为文全在气盛。

同月日记又云：

奇辞大句，须得瑰玮飞腾之气驱之以行，凡堆垛处皆化为空虚,乃能为篇,所谓气力有余于文之外矣。否则气不能举其体矣。

论文全以阳刚为主,亦可喻曾国藩此时之心境。

前已论太平天国是清王朝长期酝酿的各种矛盾所找到的总爆发形式。太平天国之利用基督教起义,本为其自取所需,和当时与佛教有关的白莲教起义、与道教有关的天地会起义没有根本差别,甚而言之,和历代利用宗教的起义没有区别。但是太平天国又是中国历史上第一次利用西方宗教,涉及的是明末以来西学东渐的大背景,这就显出了它与其他起义迥然不同的时代特色。

洪秀全于拜上帝会成立之后,于1847年只身再次入广州,去教士罗孝全处研究几个月《圣经》,说明他确实有着进一步的理论需求。但是,洪秀全接触正统的基督教义,与其说在那里找到更多的相应,不如说找到更多的不相应。从外来输入的神学思想中找到动摇中国现有王权的根据,这是洪秀全于基督教最主要所得,在其官制、历法及理论纲领《天朝田亩制度》中,中国根源远深于外来影响。天国势力的大增,也并非由于信仰拜上帝的人增多,而是得到明亡以来一直潜存于民间的反满势力之相助。尽管如此,太平天国仍然是一种性质崭新的起义,外来影响和中国固有矛盾的两方面合流,这是中国近代史许多事件的主要根源。太平天国革命源于受到外来影响最大的广东，兴于南明政权覆灭时最后基地之一的广西，两种对立于清王朝力量的合流，本身就说明了历史的选择。天国兴起而发展，实非偶然。

1853年太平军攻破南京后，军力鼎盛，虽未必能乘此形势捣灭清廷，至少歼灭曾国藩当时尚属微弱的湘军，获取军事上成功以肃清长江流域，并非甚难。曾国藩于1854年二月练成湘军出师，四月即遭水师靖港之败，八月又遭岳州之败，1855年十月有湖口之败，次年二月又有九江之败。1856年三月，太平天国翼王石达开在江西全面胜利，曾国藩坐困南昌，天国势盛之极。然而其年六月洪杨内讧，九月天京大屠杀，十二月武昌失守，天国就此越过巅峰状态。这是太平天国史的第一个关键，天国之败，实自败之。

曾国藩以儒臣将兵，处此艰危，颇有得力于十年读书处。此理尚须验于事，危疑震撼之际，往往一遇于心。咸丰七年（1857）二月，曾国藩父亲病故，回家守制，次年六月（1858）复出。曾国藩于紧张战争之际，获得一段稍稍沉静的时间，自可对数年来所历之境作一反思，宜其再出之后，于用兵、接人都有所变化。曾国藩于军中，对早岁从事的义理、词章之学，从未完全放弃。己未（1859）日记：

  余在军中，颇以诗文废正务，复当切戒。

唯其如此，曾国藩方能同时为一个文化人物。观其日记与信札，论学论文之语，多不胜举。二者之进境，全凝结于《圣哲画像记》（1859）和《经史百家杂钞》（1860）之中。时曾国藩年届五十，二书一哲一文，互为表里，不啻为曾国藩对自己二十年历程所作的总结。《圣哲画像记》首云：

> 国藩志学不早。中岁侧身朝列，窃窥陈编，稍涉先圣昔贤魁儒长者之绪。驽缓多病，百无一成。军旅驰驱，益以芜废。丧乱未平，而吾年将五十矣。往者吾读班固《艺文志》及马氏《经籍考》，见其所列书目，丛杂猥多。作者姓氏，至于不可胜数。或昭昭于日月，或湮没而无闻。及为文渊直阁校理，每岁二月，侍从宣宗皇帝入阁，得观《四库全书》，其富过于前代所藏远甚。而存目之书数十万卷，尚不在此列。呜呼，何其多也！虽有生知之资，累世不能竟其业，况其下焉者乎？故书籍之浩浩，著述者之众，若江海然，非一人之腹所能尽饮也，要在慎择焉而已。余既自度其不逮，乃择古今圣哲三十余人，命儿子纪泽图其遗象，都为一卷，藏之家塾。嗣后有志读书，取足于此，不必广心博骛，而斯文之传，莫大乎是矣。

三十二人者，为文王、周公、孔子、孟子、左丘明、庄周、司马迁、班固、诸葛亮、范仲淹、陆贽、司马光、周敦颐、二程、张载、朱熹、韩愈、柳宗元、欧阳修、曾巩、李白、杜甫、苏东坡、黄庭坚、许慎、郑玄、杜佑、马端临、顾炎武、秦蕙田、姚鼐、王念孙，这是一个大规模的人物长廊。三十二人始于文、周、孔、孟而殿之以姚鼐、王念孙，于文中且云"姚先生持论闳通，国藩之粗解文章，由姚先生启之也"，可以说给姚鼐以极高的地位。以姚鼐、王念孙并提，又见其有综合汉宋之志。文末复分判云：

> 姚姬传氏言学问之途有三：曰义理，曰词章，曰考据。戴东原氏亦以为言。如文周孔孟之圣，左庄马班之才，诚不可以一方体论矣。至若葛陆范马，在圣门则以德行兼政事也。周程张朱，在圣门则德行之科也，皆义理也。韩柳欧曾、李杜苏黄，在圣门则言语之科也，所谓词章者也。许郑杜马、顾秦姚王，在圣门则文学之科也。顾秦于杜马为近，许郑于姚王为近，皆考据也。此三十二子者，师其一人，读其一书，终身用之，有不能尽。若又有陋于此而求益于外，譬若掘井九仞而不及泉，则以一井为隘，而必广掘数十百井，身老力疲，而卒无见泉之日，其庸有当乎？

观此可见曾国藩五十岁时对天下学问的分判，试归纳如下：

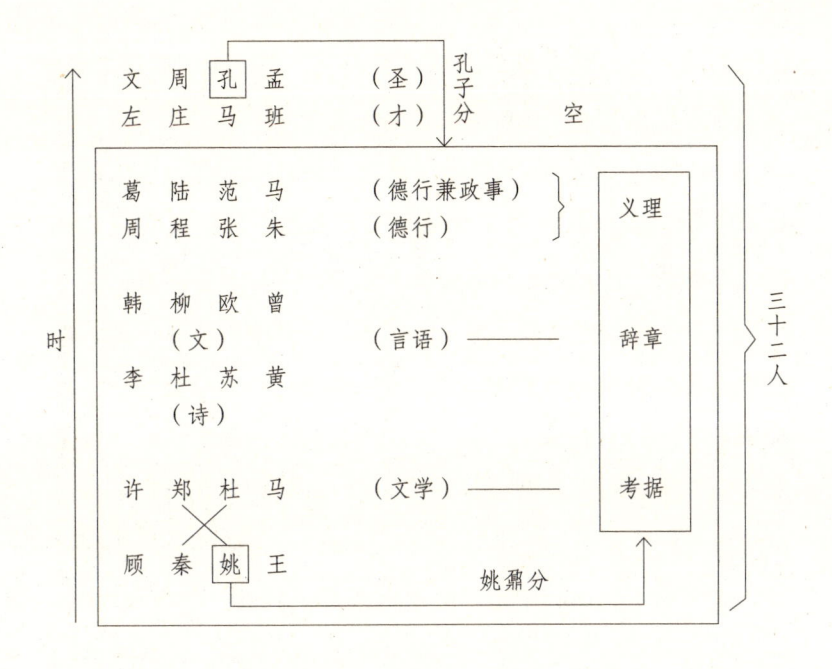

```
         ┌─────────────────────┐
         │                     ↓
    文 周 孔 孟    （圣）   孔子分
    左 庄 马 班    （才）         空

    ┌──────────────────────────────────┐
    │ 葛 陆 范 马  （德行兼政事）┐        │
    │ 周 程 张 朱  （德行）     ┘  义理  │
时  │                                   │ 三
    │ 韩 柳 欧 曾                        │ 十
    │    （文）   （言语）——— 辞章      │ 二
    │ 李 杜 苏 黄                        │ 人
    │    （诗）                          │
    │                                   │
    │ 许 郑 杜 马                        │
    │    ×       （文学）——— 考据      │
    │ 顾 秦 姚 王                        │
    │          姚鼐分          ↑        │
    └──────────────────────────────────┘
```

  观此与二十年前唐鉴所授之学，虽广大得多，亦厚实得多，于范围却完全相应。此固见唐鉴当年为曾国藩分剖天下学问犁然有当，且已涉及今之文史哲各科，自有不可夺者在，亦见曾国藩竟为其师之学所囿，而二十年不能出范围一步。且其孜孜所掘之泉，果何如哉，亦不可不加考虑。虽然，曾国藩读书二十年，将泛滥无归的《四库全书》，据其对时代的认识，约之为三十二人，已得易简之旨，由博返约，亦为古今学者必达之境。以四科判天下学问，以三十二人历阶而上，步步踏实，由当代之姚鼐、王念孙上至文王演《易》，于时间历程亦有切实的认识。合二程为一，于数取三十二，对应《易经》

六十四卦之半，或非偶然。以此准诸三十岁时所记唐鉴之言，其虚者皆以实之，可见曾国藩二十年之功夫。

文王演《易》，在汉以后早已成为儒者之信仰，无人敢于置疑。曾国藩以此作为文化的开端，不能上出，此时代之局限，非国藩一人之咎。分类以孔子之德行、政事、言语、文学四科，合诸姚鼐之义理、辞章、考据，以此绾合古今两端，恰有以见其对桐城派之重视。必以政事兼德行者，尊德行也。曾国藩之学，三十岁时即归宗于义理即德行。而德行一科，曾国藩与宋五子的地位并不相当，诸葛亮、陆贽皆以儒者将军，曾国藩取此归入德行，适足以自喻且自励。言"诸葛公当扰攘之世，被服儒者，从容中道，陆敬舆事多疑之主，驭难驯之将，烛之以至明，将之以至诚，纵横险阻而不失其驰，何其神也"，于二人之处境体贴入微，若非亲身感受，何能语此。于辞章、考据二门，不归姚鼐入辞章而入考据，甚而以为与许郑相近，亦见曾国藩不欲以辞章自居的心情。四科以政事（即经济）归入德行而合为义理，以辞章移至考据，又以圣、才各四人不可以一方体论而超乎四科之上，恰可见曾国藩贯通各科的志向。有此自信，方可为《经史百家杂钞》。

咸丰十年（1860）二月，选《经史百家杂钞》二十八卷成，序例云：

> 姚姬传氏之纂《古文辞》，分为十三类。余稍更易为

十一类。曰论著、曰辞赋、曰序跋、曰诏令、曰奏议、曰书牍、曰哀祭、曰传志、曰杂技九者，余与姚氏同焉者也。曰赠序，姚氏所有余无者也。曰叙记、曰典志，余所有而姚氏无焉者也。曰颂赞、曰箴铭，姚氏所有余以附入辞赋之下编。曰碑志，姚氏所有余以附入传志之下编。论次微有异同，大体不甚相远。后之君子，以参见焉。

村塾古文有选《左传》者，识者或讥之。近世一二知文之士，纂录古文不复上及六经，以云尊经也。然溯古文所以立名之始，乃由屏弃六朝骈俪之文而返之于三代两汉，今舍经而降以相求，是犹言孝者敬其父祖而忘其高曾，言忠者曰我家臣耳焉敢知国，将可乎哉？余抄纂此编，每类必以六经冠其端，涓涓之水，以海为归，无所于让也。姚姬传氏撰次古文，不载史传，其说以为史多不可胜录也。然吾观其奏议类中录《汉书》至三十八首，诏令类中录《汉书》三十四首，果能屏诸史而不录乎？余今所论次，采辑史传稍多，命之曰《经史百家杂钞》云。湘乡曾国藩记。

曾国藩习古文在二十五年前，试选古文在十年前，然必待《圣哲画像记》出，始完成思想准备而成《经史百家杂钞》。此选直承姚鼐《古文辞类纂》而予以补充、纠正、扩大，由是而造成近代文学史之"桐城中兴"。观其分类体例与姚鼐之选大体不甚相远，其变动在思想内容上，所除一类、所增二类，皆与内容有关。村塾古文,当指《古文观止》(成书于康熙三十四年,1695)。观《古文辞类纂》和《经史百家杂钞》二书,由书名亦可见姚选终以文为主,曾选则由文(集部)而上溯至经、史、子,以通源流演变。这是曾国藩对桐城派所作的重大发展,反映了他从理学观点出发,为文求质的努力。《杂钞》于论著类始于《尚书·洪范》,词赋类始于《诗·七月》,序跋类始于《易·乾坤文言》,有以反映曾国藩当时所能见到最高的文化史上限。

  论曾国藩之学,仍须考其所处之环境。太平天国于1856年内讧之后,已越过其最高峰。石达开于1857年出走,前期领袖东、南、西、北、翼诸王无一留存。然天国尚得骁将陈玉成、李秀成之力,竭力挽救危亡,1859年洪仁玕到京,更有重振之势。曾国藩的军事生涯,屡经风浪。曾国藩与前期之石达开,后期之陈玉成、李秀成彼此视为劲敌,亦屡见记载。咸丰七年(1857)曾国藩父丧,八年再出,湘军健将李续宾、弟曾国华即于三河被歼,数经挫败,于十一年(1861)三月又遭祁门之危。然而此年二月至五月,太平天国进攻武昌以解安庆之围的第二次西征失败,八月(1861年9月)安庆失守,次年陈玉成就义。安庆一失,曾国藩得以萃力于长江下游,太平天国大势已去,事遂不可为。[1] 而清廷方面,同年(1861)七月咸丰帝病死,

---

[1] 洪仁玕1861年致李秀成信:"夫长江者古号为长蛇。湖北为头,安省为中,而江南为尾。今湖北未得,倘安省有失,则蛇即中折,其尾虽生不久。"可见太平天国领袖对安庆地位之认识。(《洪仁玕自述》)

朝中随即发生"祺祥政变",肃顺等八大臣被杀,两宫太后垂帘听政。十月同治帝登极,即加曾国藩太子少保衔,令统辖江苏、安徽、江西、浙江四省军务。京中政局虽变,对曾国藩之支持却未受影响。且于浙江军务得左宗棠之辅,江苏军务得李鸿章之辅,二人之出皆由曾国藩推荐,兵力因是云集。[1] 同治元年(1862)正月,清廷又命曾国藩以两江总督协办大学士。就在攻下安庆,天国大势已去,清廷宠遇极隆,事将可功将成之际,曾国藩思想又发生一次大变,完全溢出《圣哲画像记》之外。辛酉(1861)十月日记言:

> 以禹墨之勤俭,兼老庄之静虚,庶几修己治人之术,两得之矣。

壬戌(1862)四月日记言:

> 静中细思古今亿万年,无有穷期,人生其间,数十寒暑,仅须臾耳。大地数万里,不可纪极,人于其中,寝处游息,昼仅一室,夜仅一榻耳。古人书籍,近人著述,浩

---

[1] 咸丰十年四月左宗棠入幕,不久自立一军。十一年曾国藩奏请帮办军务。杭州失守后,保援浙。咸丰九年李鸿章在景德镇入曾国藩幕。十年设淮阳水师,命李统之。十一年十一月,奏请予以封疆重任,为淮军之始。同治元年,援上海。

如烟海,人生目光之所能及者,不过九牛一毛耳。事变万端,美名百途,人生才力之所能办者,不过太仓之一粟耳。知天之长,而吾所历者短,则遇忧患横逆之来,当少忍以待其定。知地之大,而吾所居者小,则遇荣利争夺之境,当退让以守其雌。知书籍之多,而吾所见者寡,则不敢以一得自喜,而当思择善而约守之。知事变之多,而吾所办者少,则不敢以功名自矜,而当思举贤而共图之。夫如是则自私自满之见,可渐渐蠲除矣。

曾国藩处盈极而有此自损,非可以儒道互补之陈言可论,而实为时空观念之急剧扩大。知天地人之三无穷,方可语小知、大知之辨。虽然,国藩之学似尚未能进乎此。曾国藩有此思想超越,远因可溯及1857年父丧守制,甚至可溯其源至1840年之转变,而近因实与《圣哲画像记》为首尾。无《圣哲画像记》之总结,不可能有此超越,而外在环境实有以促进之。

考曾国藩一生所处之环境,不得不处于三大关系之中,一与清廷的关系,一与太平天国的关系,一与外国的关系,三环连锁。首先,曾国藩一生站在清廷的立场,他对太平天国作战亦得到清廷的全力支持,而对太平天国即将胜利之际,也就是清廷对曾国藩支持达到最高点之际。一旦太平天国消灭,其时将何以自处,曾国藩精熟于史鉴,对此不可能没有清醒的意识,而1862年正面临着当下抉择之机。事实上,从攻下安庆之日起,曾国藩与清廷就处于一种微妙关系之中。对此问题的紧张思考,当为直接促因之一。其次,太平天国之灭,国内之满汉民族矛盾可能暂时潜伏,而中西民族矛盾则日益成为迫在眉睫的更深忧患。1858—1860年间发生第二次鸦片战争,咸丰帝逃奔热河,卒死于外,西人的实力和对中国生存所具的威胁已充分显露,再也不可能将第一次鸦片战争的失败看成偶然。曾国藩于1859年成《圣哲画像记》,1860年成《经史百家杂钞》,而其年十月,英法联军即攻入北京,圆明园所藏之历代国宝付之一炬,此事实明显指出天下学问有远出于二书之外者,于曾国藩不啻又一次震动。此为直接促因之二。有此直接促因,始能超出《圣哲画像记》而完成时空的扩大,其具体表现就是《船山遗书》和《几何原本》印行,标志着曾国藩对中西文化的新认识。曾国藩此次时空扩大,仍归宗于《易》,而闪烁接近理学之核心。壬戌(1862)十月日记:

> 阅王而农所著张子《正蒙》,于尽性知命之旨,略有所会。盖尽其所可知者于己,性也;听其所不可知者于天,命也。《易·系辞》"尽蠖之屈"八句,尽性也;"过此以往"四句,知命也。……当尽性之时,功力已至十分,而效验有应有不应。圣人于此淡然泊然,若知之,若不知之,若着力,若不着力,此中消息,最难体认。若于性分当尽之事,百倍其功以赴之,而俟命之学,则以淡然泊然为宗,庶几其近道乎?

曾国藩于五十之年，于尽性知命能得出如上之解，此其为学之大进境，对中国文化认识深了一层。《易·说卦》有云："穷理尽性以至于命。""至命"之理极深，而"知命"亦重重无尽。《论语》首章言"学而时习之，不亦乐乎"，末章言"不知命，无以为君子"，自然体现了《论语》编纂者对孔子学说实际指向的认识。不有时空观念之扩大，何能知此旨之万一。曾国藩所读当为《正蒙》之《三十篇》[1]，读此当起二十年之感触。"若知之，若不知之，若着力，若不着力"，已涉及为学火候之旨，能浓而不能淡，常为贤者之过。国藩有此认识，方可于1864年攻克天京时，立即着手解散湘军，而于《船山遗书》与《几何原本》之刻行，则尽力助成之。曾国藩于攻灭天京后，一生所处理最后二件事为攻捻和天津教案，二事均未见成功，朝中谤议丛起，国藩亦置之不辩，若非心中有主，何能自安。

《王船山先生遗书》三百二十二卷，同治初元（1862）谋重刻，同治四年（1865）于金陵刻竣。曾国藩为序云：

昔仲尼好语求仁，而雅言执礼。孟氏亦仁礼并称。盖圣王所以平物我之情而息天下之争，内之莫大于仁，外之莫急于礼。自孔孟在时，老庄已鄙弃礼教，杨墨之指不同，

---

[1] 《正蒙·三十篇》："五十穷理尽性，至天之命，然不可自谓之至，故曰知。"王夫之《张子正蒙注》，中华书局，1975年，201页。

而同于贼仁。厥后众流歧出，载籍焚烧，微言中绝，人纪紊焉。汉儒掇拾遗经，小戴氏乃作记，以存礼于什一。又千余年，宋儒远承坠绪，横渠张氏乃作《正蒙》，以讨论为仁之方。船山先生注《正蒙》数万言，注《礼记》数十万言，幽以究民物之同源，显以纲维万事，弭世乱于未形，其于古昔明体达用、盈科而进之旨，往往近之。

先生名夫之，字而农，以崇祯十五年举于乡，目睹是时朝政，刻核无亲，而士大夫又驰骛声气，东林复社之徒，树党伐仇，颓俗日蔽，故其书中黜申韩之术，嫉朋党之风，长言三叹而未有已。既一仕桂藩，为行人司，知事终不可为，乃匿迹永、郴、衡、邵之间，终老于湘西之石船山。圣清大定，访求隐逸。鸿博之士，次第登进。虽顾亭林、李二曲之艰贞，征聘尚不绝于庐。独先生深固藏，邈焉无与。平生痛诋党人标榜之习，不欲身隐而文著，来反唇之讪笑，用是其身长遁，其名寂寂，其学亦不显于世。荒山敝榻，终岁孳孳，以求所谓育物之仁、经邦之礼，穷探极论，千变不离其宗，旷百世不见知而无所于悔。先生没后，巨儒迭兴，或探良知捷获之说，或辨易图之凿，或详考名物训诂音韵，正《诗集传》之疏，或修补三礼时享之仪，号为卓绝。先生皆已发之于前，与后贤若合符契。虽其著述太繁，醇驳互见，然固可为博文约礼、命世独立之君子已。

曾国藩刻《船山遗书》，非仅为表彰这位当时仍"其名寂寂，其学亦不显于世"之湘学前辈，实有其难言之心。读此序需考已言和未言，方能得其旨。国藩于《圣哲画像记》三十二人之外，更抉出船山一人，实已重探清学之根，而直接上出至宋（以《正蒙注》应之）至汉（以《礼记注》应之）至孔孟，而综之以"幽以究民物之同源，显以纲维万事，弭世乱于未形"二言，恍然合内外而接儒家仁礼思想的核心。此视《圣哲画像记》于三十二人平均使用力量，节节而上之，运动速度已有不同，实具不同之时间认识。唯时间之尺度放大，对某一时间段内事物之认识亦必相应简化，此自然之理。船山之学，孤往横绝，视之为结束宋明理学，亦无不可。曾国藩视船山为明清之际承前启后的关键人物，由此而直接上出汉宋孔孟，宜其于汉宋调停之说已置不论，且于顾亭林、李二曲亦微有不足之言。病老庄之鄙弃礼教而不言其贼仁，病杨墨之贼仁而不言其鄙弃礼教，亦可玩味，与辛酉十月日记"立身之道，以禹墨之勤俭，兼老庄之静虚，庶几修己治人之术，两得之矣"恰可相映。序与日记有文体之不同，明确可见。曾国藩早年喜《正蒙》之文，由文而哲，于五十之年读船山注而恍然于尽性知命之旨。然则国藩一生喜好庄生之文，却终身未能祈免"羿之彀中"，未知尚能读船山之《庄子通》否？由船山上出至孔子而止，与《圣哲画像记》始于周文王，于时间上限的认识仍无丝毫变更，此虽为清代学风的通病，亦见曾国藩毕竟未能自解束缚，其一生服务于清廷，亦与此有关。经学思想重重包裹，重重积淀，自汉至清，与整个帝制王朝相终始，不知为多少人之思想划定了不可逾越之上限，曾国藩亦为此中一例。然而在当时，于三十二人之外相应船山，实为曾国藩之特识。序又记述刻书之缘起，略云：

> 道光十九年，先生裔孙世全，始刊刻百五十卷。咸丰四年，寇犯湘潭，板毁于火。同治初元，吾弟国荃，乃谋重刻，而增益百七十二卷，厎局于安庆，蒇事于金陵。先生之书，于是粗备。

按道光十九年，即本文开始时所述之1839年己亥，是年曾国藩于家乡出游，所游恰为永、郴、衡、邵一带船山当年活动地区，为第一次思想转变之始。咸丰四年（1854）太平军西征势盛，而此年正月曾氏建成湘军。同治初元（1862），此年已下安定，正值第二次思想转变。刻成于同治四年（1865），太平天国天京被攻克，满清王朝重获暂时安定。此书之兴废，已为曾国藩一生活动之缩影。曾国藩一生执泥于传统纲常，然而于攻下安庆后，与清廷之关系微妙，此难言之心事，不得不隐忍于言外寄托之。其必于镇压太平天国后印行此书，当非偶然。船山强烈的民族思想，于清末反满革命曾起大影响，此结果虽未必为曾国藩所料，仍为《船山遗书》的作用之一。

与重新刊刻《船山遗书》同时，思想内容与《船山遗书》

相表里而意义或更上之者,是补足明末徐光启未译全的《几何原本》而重为刊刻。其序由子曾纪泽代作,存于《曾纪泽遗集·文集》卷一之中。[1]"《几何原本》序代家大人作":

> 《几何原本》前六卷,明徐文定公受之西洋利玛窦氏,同时李凉庵汇入《天学初函》。而《圜容较义》《测量法义》诸书,其引几何颇有出六卷外者,学者因以不见全书为憾。咸丰间,海宁李壬叔始与西士伟烈亚力续译其后九卷,复为之订其舛误,此书遂为完帙。松江韩禄卿尝刻之,印行无几而板毁于寇。
>
> 壬叔从余安庆军中,以是书示余曰:"此算学家不可少之书,失今不刻,行复绝矣。"会余移驻金陵,因属壬叔取后九卷重校付刊,继思无前六卷,则初学无由得其蹊径。而乱后书籍荡泯,《天学初函》世亦稀觏,近时广东海山仙馆刻本,纰缪实多,不足贵重,因并取前六卷属校刊之。盖我中国算书以《九章》分目,皆因事立名,各为一法,学者泥其迹而求之,往往毕生习算,知其然而不知其所以然,遂有苦其繁而视为绝学者,无他,徒眩其法而不知求其理也。《传》曰:"物生而后有象,象而后有滋,

---

[1] 《曾纪泽遗集》包括奏疏六卷,文集五卷,诗集四卷,日记二卷。岳麓书社,1983年,序见133—134页。

滋而后有数。"然则数出于象，观其象而通其理，然后立法以求其数，则虽未睹前人已成之法，创而设之，若合符契。至于探赜索隐，推广古法之所未备，则益远而无穷也。

《几何原本》不言法而言理，括一切有形而概之曰：点、线、面、体。点、线、面、体者，象也。点相引而成线，线相遇而成面，面相叠而成体，而线与线、面与面、体与体，其形有相兼，有相似，其数有和，有较，有有等，有无等，有有比例，有无比例。洞悉乎点、线、面、体，而御之加、减、乘、除，譬诸闭门造车，出门而合辙也，奚散散然逐物而求之哉。然则《九章》可废乎？非也。学者通乎声音训诂之端，而后古书之奥衍者可读也；明乎点、线、面、体之理，而后数之繁难者可通也。《九章》之法，各适其用，《几何原本》则澈乎《九章》立法之源，而凡《九章》所未及者无不赅也。致其知于此，而验其用于彼，其如肆力小学而收效于群籍者欤？

序记载刻印始末甚详，可见曾国藩在其中所起的作用。徐文定公即徐光启（1562—1633），其卒年船山（1619—1692）已十四岁，为同一时代涉及中西文化的两大学者。李壬叔即李善兰（1810—1882），数学家，曾国藩在科学方面的主要幕僚之一。李氏之算学，世谓梅文鼎（1633—1721）后一人，曾国藩筹建安庆兵工厂及江南制造局，善兰皆主其事。文中"予"

指曾国藩,曾纪泽代父作,故有此语气。《传》指《左传》,引语出僖公十五年,为较早论及象数的中华文献之一,将象数和客观事物对照以观,能得数学语言之旨。

序末录两段批语:

> 先太傅(曾国藩)批云:"文气清劲,笔亦足达难显之情。"
>
> "观其象而通其理,然后立法以求其数,数语尽算学之用。西洋线法推行,至于抛物线以穷其变。惟明乎数之理,故能取给于心而用不穷,以是为溯乎《九章》立法之源,故是笃论。嵩焘拜识。"[1]

观象通理,立法求数,今犹云万事万物由具体上升至抽象模式,此方为数学之大用。曾国藩于《船山遗书》会尽性知命之旨,或识"穷理"于《几何原本》乎?点、线、面、体,于维数当三维,其理于西方由欧几里得(前330—前257)至牛顿(1642—1727)两千年未变,而效用至工业革命大显,十九世纪西方力量强盛入侵东方,此为科学根源之一。而曾国藩复译此书时,西方在不多年前陆续有科学家破除此书之局限而

---

[1] 郭嵩焘(1818—1891),后为首任出使英国大臣。

另开新路，所谓非欧几何（罗巴切夫斯基，1829年；波利埃，1832年；黎曼，1854年），已在为下一次爱因斯坦革命作准备，中国竟慢了一步。故徐光启时译《几何原本》和曾国藩时译《几何原本》这部欧氏几何代表作，差别甚大。明末以来开始的中西文化交流，其间经康乾之际一蹉跌，竟未可忽视。

当徐光启译《几何原本》时，则有利玛窦翻译乾坤二卦为拉丁文，为西人接触中华易学之始（利玛窦万历十年来华，1582年）。康熙帝热心西学，其时西行之易图，尚能和莱布尼兹相应（康熙四十二年当1703年，莱布尼兹发表二进制论文）。观序中言点线面体之理，却须引声音训诂之端以自重，可见清乾嘉以后学术风气之一斑。欲以《几何原本》澈乎《九章》立法之源，涉及西洋文化和中国文化的关系究为如何，此诚为难显之情。点线面体或能"括一切有形"，然而明乎三维之理，即能"知其然而知其所以然"？仍然是一个问题。中国当时处于西洋势力迫人的大背景之下，自然来不及考虑这些。然而曾国藩注意及西洋科学文化，则已与当年共同从学唐鉴的一些理学家如倭仁等判然有别。[1] 此大背景势力至为强大，中

---

[1] 《清史稿·倭仁传》："同治元年，为大学士。六年，同文馆议考选正途五品以下京外官入馆肄习天文算学，聘西人为教习。倭仁谓根本之固，在人心不在技艺，尤以西人教习为不可。且谓必习天文算学，应求中国能精其法者，上书请罢议。于是诏倭仁保荐，别设一馆，即由倭仁督率讲求。复奏意中无人，不敢妄保。寻命在总理各国事务衙门行走。倭仁屡书恳辞，不允。因称疾笃，乞休，命解兼职，仍在弘德殿行走。十年卒。"

国近代史上著名人物都必须对此作出自己的反应,林则徐、洪秀全是如此,曾国藩也不能不如此。林则徐注意及西方的政治,[1]洪秀全注意及西方的宗教,曾国藩注意及西方的科学,于历史的发展过程中,各种相异的步伐却秩然显其相继性,亦为此大背景所迫。《船山遗书》和《几何原本》之印行,二书皆出《圣哲画像记》三十二人之外,主成此二事,为曾国藩在时代促动下于文化事业所作的重要贡献。其事在当时未必无阻碍,观曾国藩的一些言论或行动往往藉弟曾国荃和子曾纪泽发之,或可见若干隐情。

《船山遗书》和《几何原本》二书校刻先后同时,受《几何原本》影响,曾国藩于《船山遗书》亦反复注意其象数内容。辛酉七月(1861年9月)日记:

> 拟校阅船山《周易内传》,王氏说理之书,每失之艰深而不能显豁,与《正蒙注》相同。

这是拟刻《船山遗书》初的日记,此月攻下安庆。《周易内传》为船山晚年总结本人思想的核心著作之一,所言涉及数理内容。曾国藩叹其艰深,已倾注最大的注意。《船山遗书》

---

[1] 林则徐于1841年革职充军,路过京口(镇江)会见魏源,即交付魏源自己所搜集之资料,嘱其成书。1842年末,魏源成《海国图志》五十卷。后经1846、1852年二次增补,成一百卷。

刻成后，于丙寅（1866）六月日记又言：

> 船山氏最推重《正蒙》一书，以余观之，亦艰深而不能显豁。其《参两篇》言天地日月五行之理数，尤多障碍。

对《船山遗书》中理数内容的注意，可云贯穿首尾。国藩于《船山遗书》这一部分尤多障碍，亦可见中国文化这一部分于曾国藩之时早已晦湮，《四库总目提要》之编者或不能辞其咎。曾国藩于学盖有志于更深入，曾自言于天文算学毫无所知为生平一耻，[1] 于此却步步生障碍，亦见乾嘉以来所流行的思想于中国文化毕竟功不掩过。

与曾国藩1861—1862年之间的思想变化相应，在此前后文学思想亦有发展。《圣哲画像记》取姚鼐之义理、辞章、考据分判所择之三十二人，复取姚鼐论文章之道所分之阳刚之美和阴柔之美分判所择之韩愈、柳宗元、欧阳修、曾巩，以此上通下达，形成他对文学史的总体认识：

> 西汉文章，如子云、相如之雄伟，此天地遒劲之气，得于阳与刚之美者也，此天地之义气也。刘向、匡衡之渊懿，此天地温厚之气，得于阴与柔之美也，此天地之仁气

---

[1] 《家训》咸丰八年八月谕纪泽。

也。东汉以还，淹雅无惭于古，而风骨少矣。韩柳有作，尽取扬马之雄奇万变，而内之于薄物小篇之中，岂不诡哉。欧阳氏、曾氏皆法韩公，而体质于匡刘为近。文章之变，莫可穷诘，要之不出此二途，虽百世可知也。

《说卦》言："立天之道曰阴与阳，立地之道曰柔与刚，立人之道曰仁与义。"由自然界而返观人类社会之性情，由天地之气把握阴阳，方可通文章莫可穷诘之变，此认识为《经史百家杂钞》的思想准备。次年（庚申三月）日记又云：

> 吾尝取姚姬传先生之说，文章之道，分阳刚之美，阴柔之美。大抵阳刚者，气势浩瀚，阴柔者，韵味深美。浩瀚者，喷薄而出之，深美者，吞吐而出之。就吾所分之十一类言之。论著类、词赋类宜喷薄，序跋类宜吞吐。奏议类、哀祭类宜喷薄，诏令类、书版类宜吞吐。传志类、叙记类宜喷薄，典志类、杂记类宜吞吐。其一类中微有区别者，如哀祭类虽宜喷薄，而祭郊社祖宗则宜吞吐。诏令类虽宜吞吐，而檄文则宜喷薄。书版类虽吞吐，而论著类则宜喷薄。此外各类，皆可以此意推之。

此以阳刚阴柔分判文体，与前以阳刚阴柔通古今之变，二者一纵一横，构成此年编成的《经史百家杂钞》之内在坐标。

宜喷薄者六类、宜吞吐者五类之分，虽有可取，然文类实未可坚执限定，而阴阳更宜变化以观。曾国藩亦感此说之不尽，故补充分析，而扞格之处终未能尽化。

同年日记又言：

> 往年余思古文有八字诀，曰雄、直、怪、丽、澹、远、茹、雅。近于茹字更有所得，而音响节奏须以和字为主。因将澹字改为和字。（庚申）

雄直怪丽属阳刚之美，淡远茹雅属阴柔之美，此以阴阳判文境，与前之以阴阳判文类，实属不同的思路。于"茹"字更有所得，亦可喻曾国藩在1860年前后之特殊心境，此心境可云与十年前完全不同。茹当有所不言，而主澹主和，亦可见1861—1862年思想转变之机。

数年之间，曾国藩身经攻克安庆、金陵，印行《船山遗书》《几何原本》等大事，思想亦急剧变化，然此文学问题一直盘旋于脑际，于日记信札屡屡见之，八字亦数经更动。甲子（1864）十二月日记云：

> 梦见姚姬传先生，颀长清癯，而生趣盎然。

曾国藩于文学，实心之所好，此亦精思形于梦寐之例。乙丑（1865）正月，一夜终得之，乃顺畅写出八种文境。日记云：

> 余昔年尝慕古文境之美者，约有八言。阳刚之美，曰雄、直、怪、丽，阴柔之美，曰茹、远、洁、适。蓄之数年，而余未能发为文章，略得八美之一，以付斯志。是夜将此八言者，各做十六字以赞之，至次日辰刻作毕。附录如左：
>
> 雄。划然轩昂，尽弃故常。跌宕顿挫，扪之有芒。
> 直。黄河千曲，其体仍直。山势如龙，转换无迹。
> 怪。奇趣横生，人骇鬼眩。易玄山经，张韩互见。
> 丽。青春大泽，万卉初葩。诗骚之韵，班扬之华。
> 茹。众义辐辏，吞多吐少。幽独咀含，不求共晓。
> 远。九天俯视，下界聚蚊。瘖痒周孔，落落寡群。
> 洁。冗意陈言，类字尽芟。慎尔褒贬，神人共鉴。
> 适。心境两闲，无营无待。柳记欧跋，得大自在。

曾国藩早年思考此八种文境，即以编成《经史百家杂钞》算起，亦已六年。化姚鼐所分之阳刚阴柔为八，犹化两仪为八卦云。继《古文辞类纂》而成《经史百家杂钞》，继阳刚阴柔而成八种文境，为曾国藩一生对桐城派古文所作的两大贡献。于六年中数数更之，而终改"澹"为"洁"，改"雅"为"适"，尤见其精，阳刚四境无所更而阴柔动其二，亦见其思考的重点。赞中

"吞多吐少，不求共晓"，"九天俯视，下界聚蚊"，"无营无待，得大自在"之类语句，跟1861—1862前后之思想变化有关。分阴分阳，迭用柔刚，知文境之可互变，可稍救昔时固执文类之失。

与印行《几何原本》相应，同治二年（1863）有人介绍容闳（1828—1912）于曾国藩，国藩遂令其赴美购买机器，图建制造局。同治四年（1865）容闳携机器归国，明年曾国藩回两江总督任，成立江南制造局，幕僚徐寿（1818—1884）[1]在金陵造小火轮，中国近代造船业自此始。又于局中设翻译局，注意西洋文化。同治七年（1868）调直隶总督，曾国藩由是再次入北。九年（1870），赴天津办理天津教案，西人汹汹，民情愤愤，内外之变，随时可激化，此于一生以维护清王朝秩序为己任的曾国藩来说，委实棘手之至。次年正月，曾国藩左目失明，四月，又患眩晕。八月，复调任两江总督，回到南方。同治十年（1871）七月，与李鸿章会奏派刑部主事陈兰彬、江苏同知容闳选带聪颖弟子赴泰西各国学习技艺，这是中国派遣留学生之始，亦为曾国藩一生所作的最后大事。

曾国藩晚年谈诗，常喜邵康节（1011—1077）《伊川击壤集》的豁达冲淡。此年（1871）又选古诗得闲适意者，为陶渊明、杜甫、韦应物、白居易、苏东坡、陆游六家诗钞，亦未克成书。此六人与《圣哲画像记》（1859）的李白、杜甫、苏东

---

[1] 参看杨根编《徐寿和中国近代化学史》，科学技术文献出版社，1986年。

坡、黄庭坚，是曾国藩一生在《十八家诗钞》(1852)内所作的两次再选择，亦见其学十年一变在文学上留下的刻痕。三次选择均以杜甫为核心，可见所受影响之深。

同治十一年（1872）正月末，曾国藩病肝风，右足麻木。二月初四午后，至署西花园散步，子纪泽从，忽呼足麻，扶掖至厅堂，端坐而逝，终年六十二岁。曾国藩一生孜孜从学，此志至老未辍，辛未（1871）十一月日记：

> 将《周易》之象及常用之字，分为条类，别而录之，庶几取象于天文地理、取象于身于物者，一目了然。少壮不学，老年始为此蹇浅之举，抑何陋也。

同月日记：

> 阅《宋元学案》中《百源学案》，于邵子言数之说，一无所解，愧恨之至。

此日记作于临终前不久，一言象，一言数，在外来文化的冲击下，他隐约感觉到了中国文化中更深入的内容。

一九八六年五月十四日至二十九日草
六月十四日再改

附：徐光启译《几何原本》的几篇序、跋

刻《几何原本》序（1607）

唐虞之世，自羲和治历暨司空、后稷、工、虞、典乐五官者，非度数不为功。《周官》六艺，数与居一焉，而五艺者不以度数从事，亦不得工也。襄旷之于音，班墨之于械，岂有他谬巧哉？精于用法尔已。故尝谓三代而上为此业者盛，有元元本本师传曹习之学，而毕丧于祖龙之焰。汉以来多任意揣摩，如盲人射的，虚发无效，或依拟形似，如持萤烛象，得首失尾。至于今而此道尽废，有不得不废者矣。《几何原本》者度数之宗，所以穷方圆平直之情，尽规矩准绳之用也。利先生从少年时，论道之暇，留意艺学。且此业在彼中所谓师传曹习者，其师丁氏，又绝代名家也，以故极精其说。而与不佞游久，讲谭余晷，时时及之，因请其象数诸书，更以华文。独谓此书未译，则他书俱不可得论，遂共翻其要约六卷。既卒业而复之，由显入微，从疑得信，盖不用为用，众用所基，真可谓万象之形囿，百家之学海。虽实未竟，然以当他书，既可得而论矣。私心自谓：不意古学废绝二千年后，顿获补缀唐虞三

代之阙典遗义，其裨益当世，定复不小，因偕二三同志刻而传之。先生曰："是书也，以当百家之用，庶几有羲和般墨其人乎？犹其小者。有大用于此，将以习人之灵才，令细而确也。"余以为小用大用，实在其人。如邓林伐材，栋梁榱桷，恣所取之耳。顾惟先生之学，略有三种：大者修身事天；小者格物穷理；物理之一端，别为象数。一一皆精实典要，洞无可疑，其分解擘析，亦能使人无疑。而余乃亟传其小者，趋欲先其易信，使人绎其文，想见其意理，而知先生之学，可信不疑，大概如是，则是书之为用更大矣。他所说几何诸家藉此为用，略具其自叙中，不备论。吴淞徐光启书。

《几何原本》杂议（1607）

下学工夫，有理有事。此书为益，能令学理者祛其浮气，练其精心；学事者资其定法，发其巧思，故举世无一人不当学。闻西国古有大学，师门生常数百千人，来学者先问能通此书，乃听入。何故？欲其心思细密而已。其门下所出名士极多。

能精此书者，无一事不可精；好学此书者，无一事不可学。

凡他事，能作者能言之，不能作者亦能言之；独此书为用，能言者即能作者，若不能作，自是不能言。何故？言时一毫未了，向后不能措一语，何由得妄言之。以故精心此学，不无知言之助。

凡人学问，有解得一半者，有解得十九或十一者。独几何之学，通即全通，蔽即全蔽，更无高下分数可论。

人具上智而意理疎莽，即上资无用；人具中材而心思缜密，即中材有用。能通几何之学，缜密甚矣。故率天下之人而归于实用者，是或其所由之道也。

此书有四不必：不必疑，不必揣，不必试，不必改。有四不可得：欲脱之不可得，欲驳之不可得，欲减之不可得，欲前后更置之不可得。有三至、三能：似至晦实至明，故能以其明明他物之至晦；似至繁实至简，故能以其简简他物之至繁；似至难实至易，故能以易易他物之至难。易生于简，简生于明，综其妙在明而已。

此书为用至广，在此时尤所急须，余译竟，随偕同好者梓传之。利先生作叙，亦最喜其亟传也。意皆欲公诸人人，令当世亟习焉。而习者盖寡，窃意百年之后必人人习之，即又以为习之晚也。而谬谓余先识，余何先识之有？

有初览此书者，疑深奥难通，仍谓余当显其文句。余对之：度数之理，本无隐奥。至于文句，则尔日推敲再四，显明极矣；倘未及留意，望之似奥深焉。譬行重山中，四望无路，及行到彼，蹊径历然。请假旬日之功，一究其旨，即知诸篇自首迄尾，悉皆显明文句。

几何之学，甚有益于致知。明此，知向所揣摩造作而自诡为工巧者皆非也,一也。明此,知吾所已知者不若吾所未知之多,而不可算计也,二也。明此,知向所想象之理,多虚浮而不可捉也,三也。明此,知向所立言之可得而迁徙移易也。

此书有五不可学:躁心人不可学,粗心人不可学,满心人不可学,妒心人不可学,傲心人不可学。故学此者不止增才,亦德基也。

昔人云:"鸳鸯绣出从君看,不把金针度与人",吾辈言几何之学,正与此异。因反其语曰:"金针度去从君用,未把鸳鸯绣与人",若此书者,又非止金针度与而已,只是教人开冶铁,抽线造计;又是教人植桑养蚕,湅丝染缕。有能此者,其绣出鸳鸯,直是等闲细事。然则何故不与绣出鸳鸯?曰:能造金针者能绣鸳鸯,方便得鸳鸯者谁肯造金针?又恐不解造金针者,菟丝棘刺,聊且作鸳鸯也。其要欲使人人真能自绣鸳鸯而已。

题《几何原本》再校本(1611)

是书刻于丁未岁(1607),板留京师。戊申春(1608),利先生以校正本见寄,令南方有好事者重刻之,累年来竟无有,校本留寘家塾。暨庚戌(1610)北上,先生没矣。遗书中得一本,其别后所自业者,校订皆手迹。追惟篝灯函丈时,不胜人琴之感。其友庞熊两先生遂以见遗,庋置久之。辛亥夏季

(1611),积雨无聊,属都下方争论历法事,余念牙弦一辍,行复五年,恐遂遗忘,因偕二先生重阅一过,有所增定,比于前刻,差无遗憾矣。续成大业,未知何日,未知何人,书以俟焉。吴淞徐光启。

(据《徐光启集》卷二,王重民辑校,中华书局1963年12月版。)

王国维的学术和人生

引子：二十六岁以前（1877—1901）

光绪二十年中日甲午战争（1894），一个后起的东方小国打败了古老的大国。第二次鸦片战争以后，曾国藩、李鸿章等人基于船坚炮利思想苦心经营的洋务新政，一朝崩溃，举国震动。此年王国维十八岁，始知世尚有新学。

光绪二十四年戊戌（1898），王国维二十二岁，由家乡海宁到上海，受荐进入新创办的宣传康梁变法主张的《时务报》任校对，直接感受国际和国内的风云变幻。由海宁而上海，由上海而中国，由中国而世界，眼光逐渐扩大。小校对员午前默默校对，午后商得经理汪康年（1860—1911）同意，每天以三小时往"东文学社"补习日文。学社创办人罗振玉（1866—1940）偶然见到王国维为同窗所题的扇面诗句，大惊，遍询诗作者，由是认识王国维，遂订罗、王二人终身之交。诗句如下：

> 千秋壮观君知否，
> 黑海西头望大秦。

此时王国维身处东南，年仅二十，而于西北之地、千秋之观乃至欧亚格局有此远想。王国维晚年治西北史地以终，此诗已伏其几。王国维习日文，常苦其烦难，却仍然致其毅力而百折不挠，固有其志向在。

1898年3月1日，王国维在致友人信中说：

> 若禁中国译西书，则生命已绝，将万世为奴矣。[1]

信中流露了深深的忧国之情。王国维初入上海时，已尽读严复所译《天演论》诸书，但新学果仅如此？果尽如此？国维刻苦攻读外文，已有更作探索的思想。

第二年，王国维于学日文外，又从日人田冈佐代治学英文，东瀛西欧，目光两视。不能满足于报章译本的第二、第三手介绍，对一切学问必须自读、自思、自识之，此见他力究第

---

[1]《致许同兰》，见《王国维全集·书信卷》，吴泽主编，刘寅生、袁英光编，中华书局，1984年，3页。

一义的上出之心。这一年,出土于河南安阳故殷墟的甲骨,首次在北京被人发现。当时王国维不知道这件事,就是知道了也未必措意,因为他的思想全部被西方新学吸引住了。

光绪二十六年庚子(1900),王国维二十四岁。这一年中国爆发义和团运动,八国联军入侵北京。在上海的东文学社受事变影响而解散,国维仍依止罗振玉。这一年,新发现的甲骨转入罗振玉好友丹徒刘鹗(1857—1909)之手,终未毁于兵火,这批重要的学术资料得以保存。

光绪二十七年辛丑(1901),王国维二十五岁。这一年他受罗振玉资助东渡日本留学。王国维在日本昼习英文,夜至物理学校习数学,终未能深入。留东京四五月而病作,于是归国,自此以后遂为独学之时代。

王国维二十六岁以前的变化关键,在1898年二十二岁时离开家乡海宁到上海,此后思想反复变动,终于一跃千里。然而对他在家乡海宁的所思所感仍需关注,今引其咏家乡海宁潮的词作一首,以概括二十六岁以前的国维:

蝶恋花

辛苦钱塘江上水,日日西流,日日东趋海。终古越山颅洞里,可能消得英雄气?说与江潮应不至,潮落潮生,几换人间世。千载荒台麋鹿死,灵胥报愤终何是!

江潮起伏的阔大气派，伍子胥对世间不平的忧郁和愤懑，自然循环终古不息与个人生命迅速变迁在时空对比中的巨大反差，这些形象始终伴随着王国维的学术和人生，如影随形。[1] 1901年，王国维决意研究哲学，由此开始他的学术生涯。试分段论述之。

一、哲学与文学（1902—1907）

　　王国维知世有新学以来，经甲午（1894）、戊戌（1898）、庚子（1900）之变，满清王朝每况愈下，国事已不可问。处此时代，他于当时社会上改良、革命二种浪潮均未能相应，遂不复置意国事，反身探求人生问题的答案，于二十六岁起研究西洋哲学。由早年治东（日）、西（英、德）文进而直接研究西方文化的最高思维成果，其不愿停留于语言文字的心情可想。二十六至三十一岁为王国维学术生涯中探究哲学而旁及文学的时期，试摘引写于三十一岁的《三十自序》一，以见此五六年中为学之大略：

　　　　留东京四五月而病作，遂以是夏（1901）归国，自

---

[1] 著名目录学家姚名达说，他当学生时有一次把自己精心写作的论文请王国维看，王国维看了后回答说："太小。"此语姚名达终身铭记。

此以后遂为独学之时代矣。体素羸弱，性复忧郁，人生之问题，日往复于吾前，自是始决意从事于哲学。次岁春（1902）始读翻尔彭之《社会学》、及文之《名学》、海甫定《心理学》之半，而所购哲学之书亦至。于是暂辍《心理学》而读巴尔善之《哲学概论》、文特尔彭之《哲学史》。当时之读此等书，固与前日之读英文读本之道无异。幸而已得读日文，则与日文之此类书参照而观之，遂得通其大略。既卒《哲学概论》《哲学史》，次年（1903）始读汗德之《纯理批评》，至"先天分析论"几全不可解，更辍不读，而读叔本华之《意志及表象之世界》一书。叔氏之书，思精而笔锐，是岁前后读二过，次及于其《充足理由之原则论》《自然中之意志论》及其文集等，尤以其《意志及表象之世界》中"汗德哲学之批评"一篇为通汗德哲学的关键。至二十九岁（1906）更返而读汗德之书，则非复前日之窒碍矣。嗣是（1906）于汗德之《纯理批评》外，兼及其伦理学和美学。至今年（1907）从事第四次研究，则窒碍更少，而觉其窒碍之处，大抵其说不可恃处而已。此则当日志学之初所不及料，而在今日亦得以自慰藉者也。

汗德即德国哲学家康德（Immanuel Kant，1724—1804），《纯理批评》今译《纯粹理性批判》（1781，1787）。《自序》所言于志学之初阅读的《哲学概论》《哲学史》等，尚未足以言哲学，1902—1907六年探究哲学的纲要在1903、1905、1906、1907的四次研究康德。而其间因读康德受阻，则有1903—1904的研究德国哲学家叔本华（Arthur Schopenhauer, 1788—1860），叔氏主要著作今译《作为意志和表象的世界》（1819）。王国维研究哲学以康德为主，其间经叔本华之顿挫而上窥。

于1902—1907六年间探究哲学的历程，可以把结集于1905年的《静安文集》作为界限划分前后期。前期以研究叔本华为主，后期以研究康德为主。前期的主要作品有《汗德像赞》（1903）、《论性》《释理》《红楼梦评论》《叔本华和尼采》《国朝汉学派戴、阮二家哲学说》（均1904年）。这些作品除《汗德像赞》外，都发表于1904年，收入1905年出版的《静安文集》（收文十二篇）中，《静安文集自序》总结了这一时期的思想。后期的主要作品有《原命》《屈子文学之精神》《文学小言》等。这些作品都发表于1906年，收入王国维去世后门人赵万里编的《静安文集续编》中，写于1907年的两篇《三十自序》全面总结了这一时期的思想。

上述内容可列表如下：

时期	中心	结集	总结
前期（1902—1905）	叔本华	《静安文集》	《自序》
后期（1906—1907）	康德	《静安文集续编》	《三十自序》一、二

前后期合而观之，《论性》《释理》《原命》以究宋学，《国朝汉学派戴、阮二家哲学说》以究汉学，以此平亭中国哲学的汉宋两派；从《红楼梦评论》到《屈子文学之精神》，又由清代上溯先秦，以此追索中国文学的今古两端。王国维于中国哲学、中国文学，已能执其要。数年之间，他在哲情文思之间时时徘徊，时时磨炼，逐步由叔本华向康德过渡，人生的问题日往复于前，思想的斗争极为繁复激烈。其间探索叔本华、康德的所思所感，往往借文学评论和哲学评论发之。试逐年论述之。

1902年，王国维二十六岁。此年始读社会学、心理学，而所购的哲学书亦至。于是又读巴尔善《哲学概论》、文特尔彭《哲学史》，以英文、日文同类书参照而观之。哲学史、哲学概论一纵一横，从不同角度涉及哲学概况，读此类书虽然未足以言哲学，但可作为研究哲学的必要准备。

1903年，王国维二十七岁。此年王国维第一次研究康德，读《纯粹理性批判》至《先验分析论》，苦其不可解，遂止而不读。但是他的阅读已有初步心得，保存于此年所作的《汗德像赞》中。全文如下：

> 人之最灵，厥维天官，外以接物，内用反观。
> 小知间间，敝帚是享，群言淆乱，孰正其柱。
> 大疑潭潭，是粪是除，中道而反，丧其故居。
> 笃生哲人，凯尼之堡，息彼众喙，示我大道。

观外于空，观内于时，诸果粲然，厥因之随。
凡此数者，知物之式，存于能知，不存于物。
匪言之艰，证之唯艰，云霾解驳，秋山巉巉。
赤日中天，烛彼群阴，丹凤在霄，百鸟皆瘖。
谷可如陵，山可为薮，万岁千秋，公名不朽。

王国维对康德的崇敬心情，于《赞》中表露无遗。虽寥寥数语，已经显露了他的文学才华和哲学才华。以哲学论，此《赞》把握住了康德学说的主要结构。"小知间间"四句指涉"独断论"，"大疑潭潭"四句指涉"怀疑论"，二语出于康德《纯粹理性批判》初版序言。康德指斥"独断论"始于专制终于内乱，"怀疑论"如游牧部族，由厌弃安定生活而破坏一切社会组织，所谓"批判哲学"即由反对二者而起。[1] 康德学说的主要内容在"三大批判"，即

《纯粹理性批判》（1781，1787）

《实践理性批判》（1788）

---

[1] 《纯粹理性批判》第一版序："玄学之政权，初则在独断论者统治之下而为专制的。但因其立法仍留有古代蛮野之痕迹，故其帝国渐由内乱而陷入完全无政府之状态。而游牧种族之怀疑派，则厌弃一切安定生活，时时破坏一切社会组织。所幸此类人数不多，不能阻抑玄学之时时重建——虽无齐一及一贯之计划。"蓝公武译，商务印书馆，1960年，1—2页。着重点原有。玄学，一译形而上学。

《判断力批判》(1790)

而《纯粹理性批判》的主要内容亦可以分为三,即

《先验感性论》论感性
《先验分析论》论悟性
《先验辨证论》论理性

感性部分论时空,以立感性直观形式;悟性(或译知性)部分论因果律等十二范畴;理性部分论及有限和无限、单纯和复合、自然和自由、有本质和无本质四大二律背反。康德认为一切知识起于感性,进于悟性,终于理性,而于理性竟显出四大二律背反,所以进行"纯粹理性批判",就是为了消除二律背反,由此探求人类的知识如何可能。于此观王国维的《汗德像赞》,"观外于空,观内于时"照应的是《先验感性论》,"诸果粲然,厥因之随"照应的是《先验分析论》,而"匪言之艰,证之唯艰"正是康德所作出的卓绝的论证努力。在康德学说的整体中,此《赞》未涉及的是《纯粹理性批判》中的第三部分《先验辨证论》,而此部分恰为最繁难部分,也是读通康德哲学的关键。王国维曾自称读《纯粹理性批判》苦其不可解而止于《先验分析论》,于此《赞》可得一证。读康德书虽辍止,但并不妨碍他对康德哲学的全貌有所了解。观此《赞》对康德本人

与其学说所述几乎都是要点，亦可见他从事学术工作的能力。所以王国维第一次研究康德，不仅为后来进一步深究康德提供了基础，也是他一生学术研究的开端。

此年夏天，王国维因未能读通康德哲学，转而读叔本华哲学，试图寻求由近而远由下而上的途径。叔本华哲学思精而笔锐，国维读而大好之。1904年，王国维二十八岁。此年继续读叔本华哲学，尤以《作为意志和表象的世界》中《康德哲学批判》为通康德哲学的关键。康德哲学本从物理、数学入，从事社会科学者读其书常苦窒塞繁难，因得叔本华的简捷以上窥，为从文学入者常由之径。王国维读康德时尚健在的俄国作家列夫·托尔斯泰（1829—1910）读康、叔二氏，有相似的经历。[1]王国维研究叔本华哲学的主要成果是写于1904年的《红楼梦评论》。《红楼梦评论》的立脚地全在叔本华哲学，可云叔本华哲学的文学解释。然而王国维对叔本华哲学大好之的同时，竟于《红楼梦评论》篇末提出绝大之疑问。此绝大之疑问成为王

---

1 列夫·托尔斯泰回忆自己的读书经历时说："我读了康德的著作，几乎什么也没有读懂。只是当我读了叔本华的著作，特别是反复读了他的著作后，我才懂得了康德的著作。叔本华的著作有一个时候是使我非常入迷的。"他在日记中写道，"读了康德，非常高兴"，"很好"，"非常亲切"。托尔斯泰最初读康德是为了寻找长篇小说《战争与和平》（写于1863—1869年）的基础。他把康德和佛陀、孔夫子、苏格拉底、耶稣、穆罕默德、卢梭并观，都是博爱的导师。托尔斯泰后来厌倦了叔本华，1887年称叔本华为"有才能的拙劣作家"。（见〔苏〕古留加《康德传》，贾泽林、侯鸿勋、王炳文译，商务印书馆，1981年，306—310页。）

国维研究哲学的核心。

德国哲学家叔本华（1788—1860）的主要著作是《作为意志和表象的世界》，1819年初版，1844年第二版，1859年第三版。各版有所增补，基本思想未变。此书初版时叔本华年仅三十岁，而第三版出书时离他本人去世只有一年了。全书分四篇，首尾相衔，形成叔本华所说的"整个有机的而不是链条式的结构"（《第一版序》）。另外有一个附录，这个附录是叔本华提示的通《作为意志和表象的世界》的关键，也是后来王国维通康德哲学的关键。四篇一附录的目次如下：

《世界作为表象初论》
《世界作为意志初论》
《世界作为表象再论》
《世界作为意志再论》
　附录:《康德哲学批判》

这里《初论》二篇分论表象与意志，以此立痛苦之旨。《再论》二篇分论以艺术从表象得暂时的解脱，以禁欲从意志得究竟的解脱。从痛苦到解脱，关键在于 sich verlieren（丧我）。附录《康德哲学批判》批评康德，以立其最大的论敌。此四篇一附录是《作为意志和表象的世界》一书的整体结构，也是叔本华哲学的整体结构。示意如下：

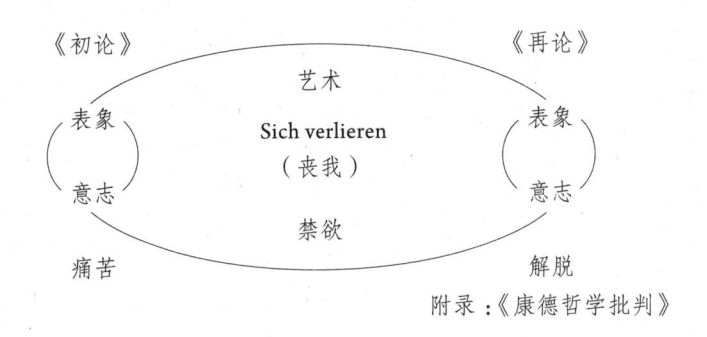

```
        《初论》                          《再论》
                    艺术
         （表象        Sich verlieren    表象）
          意志         （丧我）          意志
                    禁欲
         痛苦                            解脱
                            附录：《康德哲学批判》
```

知此可探究《红楼梦评论》的思想。《红楼梦评论》也分四章一余论，篇目如下：

一、人生及美术之概观
二、红楼梦之精神
三、红楼梦之美学上之价值
四、红楼梦之伦理学上之价值
余论

《红楼梦评论》分四章一余论，与《作为意志和表象的世界》的四篇一附录，于篇章亦相应，可见受叔本华哲学影响之深。

首章概观人生和美术。于人生，王国维认为生活的本质即欲，他提出：

欲与生活与痛苦，三者一而已矣。

而美术（今言艺术）可使人超然于利害之外，忘物我之关系，不复欲之我而得解脱。

二章把对人生和美术的观点具体落实到《红楼梦》。首先引德国诗人袁伽尔（G.A.Büger, 1724—1794）诗：

> 愿言哲人，诏余其故。自何时始，来自何处。
> （Search out and tell me where, how, when and why it happened thus.）

王国维认为这是人人所有而未解决之大问题，而《红楼梦》不但提出此问题而又解决了此问题。王国维未言《红楼梦》如何解决，然观本章所引《红楼梦》第一回和第一百十七回的文字，可知国维思路之所涉，即从女娲炼石补天时大荒山无稽崖来（第一回），又随一僧一道而去（第一百十七回）。《红楼梦》一百十七回记及宝玉与和尚之谈论，极似棒喝：

> 宝玉问：弟子请问师父，可是从太虚幻境而来？
> 和尚道：什么幻境，不过是来处来去处去罢了。

王国维认为《红楼梦》的精神在于揭示人生的由来及其解脱之道，"自犯罪自加罚自忏悔自解脱"。而描写解脱之道的，欧洲有格代（今译歌德）的《浮士德》，中国则有《红楼梦》，两部书皆为"宇宙之大著述"。

三章从美术立论。言《红楼梦》美学上的价值在于它是悲剧中的悲剧,所以与代表乐天精神的戏曲小说相反,见出人生的真相,以示解脱之不可已。

四章复从人生立论。王国维言美学上的价值基于伦理学上的价值,且于此自设三难:

一、解脱果足为伦理学上最高之理想否乎?

二、举世界之人类而尽入于解脱之域,则所谓宇宙者不诚无物欤?

三、人苟无生,则宇宙间最可宝贵之美术不亦废欤?

三难而三解之,但是解脱是否足以作为伦理学之最高理想实基于解脱之可能与否,故王国维在解三难之后复又献一难,对解脱可能与否发出石破天惊的绝大之疑问,原文如下:

> 试问释迦示寂以后,基督尸十字架以来,人类及万物之欲生奚若,吾知其不异于昔也。然则所谓持万物而归之上帝者尚有所待欤,抑徒沾沾自喜之说而不能见诸实事者欤?果如后说,则释迦、基督自身之解脱与否,亦尚在不可知之数也。

有此一疑,不但前此已解之三难复聚,而且全文的立足点乃至整个叔本华哲学的立足点亦已动摇。此一绝大之疑问极可宝贵,有此一疑,方可从叔本华上窥康德。

余论指出美术所描写的不是个人之性质而是群体人类的性质,以考证之眼读《红楼梦》者大误。《红楼梦评论》探究的是人生和美术的大问题,故具体批评诸家仅借余论而发之。

王国维此段时期思想经历,有《静安文集》自序述之:

> 癸卯春(1903)始读汗德之《纯理批评》,苦其不可解,读几半而辍。嗣读叔本华之书而大好之。自癸卯之夏(1903)以至甲辰之冬(1904)皆与叔本华之书为伴侣之时代也。其所尤惬心者则在叔本华之知识论,汗德之说得因之以上窥。然于其人生哲学观,其观察之精锐与议论之犀利,未尝不心怡神释也。后渐觉其有矛盾之处,去夏(1904)所作《红楼梦评论》,其立论虽全在叔氏之立脚地,然于第四章内已提出绝大之疑问。旋悟叔氏之说,半出于其主观的气质而无关于客观的知识,此意于《叔本华及尼采》始畅发之。

由此可知王国维的实际探究叔本华,在1903—1905年第一次读康德和第二次读康德之间。此阶段最重要作品为立论于叔本华哲学的《红楼梦评论》,而此文关键在于第四章所提出的绝大之疑问。

《红楼梦》开卷以甄士隐、贾雨村引入,以贾宝玉为主角贯穿全书，复应之以甄宝玉出入《红楼梦》以疏通其结构的窒塞。《红楼梦》既寓有作者对所身处康乾盛世的悲愤，又受到当时社会中佛道思想的影响。全书有其基本基调，高鹗续书能变化许多细节，但是终于保留黛玉死亡、宝玉出走的结局，实为此基本基调所决定。清末读书界亦流传与王国维看法相似的观点，[1]王国维于诸小说独振拔《红楼梦》以解叔本华哲学，或亦受此类观点的影响。但《红楼梦评论》篇末终于发出绝大之疑问，此绝大之疑问实王国维数年艰苦探索之所得，《红楼梦》以至整个叔本华哲学均仅为引子之一。王国维此时的思想感情，可读其《来日》。

一

来日滔滔来，去日滔滔去。适然百年内，与此七尺遇。
尔从何处来，行将徂何处？扶服径幽谷，途远日又暮。
霎然一罅开，熹微知天曙。便欲从此逝，荆棘窘余步。
税驾知何所，漫漫就前路。常恐一掷中，失此黄金注。
我力既云痡，哲人倘见度。瞻望弗可及，求之缥与素。

---

[1] 参见孙宝瑄《忘山庐日记》1901年正月，1907年三月。上海古籍出版社，1983年，301—303页。当时甚至有誉《红楼梦》为《周易》后第一书的说法，见1016页。孙氏亦读康德，见1903年三月日记，663—664页。孙宝瑄（1874—1924），浙江钱塘人。

二

宇宙何寥廓，吾知则有涯。面墙见人影，真面固难知。
辂箔半在水，本末互参池。持刀剟作矢，劲直固无亏。
耳目不足凭，何况胸所思。人生一大梦，未审觉何时。
相逢梦中人，谁为析余疑。吾侪皆肉眼，何用试金篦。

二诗的思想感情，和《红楼梦评论》全然相应，可为《评论》之注解。于第一首开头的"来日""去日""何处来""何处去"等问题，知王国维所关注的中心为人与时空，与《红楼梦评论》第三章所言相同。"来日滔滔来，去日滔滔去"之所感，即《论语·子罕》"子在川上曰：逝者如斯夫，不舍昼夜"的形象。唯途穷日暮，未如孔子在川上所见的开阔气象。"霍然一罅开，熹微知天曙"四句，知国维处清末乱世，所追求实为思想上的"桃花源"，可读陶渊明《桃花源记》。国维之寻求与渔人略同，唯荆棘窘步，未得"豁然开朗"的精神体验。"哲人"何指，叔本华？康德？柏拉图（"面墙见人影，真面固难知"出于《理想国》著名的"洞穴寓言"）？"哲人倘见度"和"谁为析余疑"，即王国维于《红楼梦评论》篇末发出绝大疑问之根。以桃源为真，以红楼为梦，国维此时思想实受叔本华哲学的笼罩，宜有此绝大疑问之爆发。第二首开头是"宇宙何寥廓，吾知则有涯"，二语皆出《庄子》。"宇宙"出于《庚桑楚》，以后《淮南子》承之；而"吾知则有涯"从《养生主》

化出。王国维研究叔本华哲学,对庄子中此一点,似亦仅此一点,有所共鸣,则二诗的思想可总成一联:

人生过处惟存悔,知识增时只益疑。
——《六月二十七日宿峡石》

此即《旧约·创世记》所标示的生命树和知识树的矛盾。诗中的悔和疑,既出于叔本华哲学,又反过来对叔本华哲学的基础发出绝大之疑问。此对王国维本人为学有重要的意义,犹康德当年被四个"二律背反"一撞击,遂从"独断论的迷梦中唤醒"。此绝大疑问不仅是《红楼梦评论》一文的思想核心,实王国维数年艰苦探索之所得。有此绝大疑问,方可见出叔本华哲学的内在矛盾,惜王国维未能从此绝大疑问深入之,且终未能借此疑问以澄清叔本华哲学。

考叔本华哲学有东西两个理论来源。前者来源于外来的印度思想,即《奥义书》和佛教;后者来源于传统的西方思想,即柏拉图和康德。而叔氏哲学主要取康德和印度思想相应。观叔本华在书斋里放置一个康德半身雕像和一尊佛像,其情可想。也就是依据这两个来源,叔本华竟置黑格尔庞大体系于不顾,在德国古典哲学从康德(1724—1804)、费希特(1762—1814)、谢林(1775—1854)到黑格尔(1770—1831)的发展路线以外,另辟蹊径以直承康德。《作为意志和表象的世界》

产生于两个来源的合成,叔本华在此书第一版序言中自述:

> 所以康德哲学对于我这里要讲述的简直是唯一要假定为必须彻底加以理解的哲学。除此之外,如果读者还在神明的柏拉图学院中留连过,那么他就有了更好的准备,更有能力来倾听我的了。而由于《邬波尼煞昙》(Upanishad)给我们敞开了获致这种恩惠的入口,我认为这是当前这个年轻的世纪对以前各世纪所以占有优势的最重要的一点,因为我揣测梵文典籍的影响的深刻将不亚于十五世纪的希腊文艺复兴。[1]

这里表述了叔本华的思想史观。文艺复兴指西方思想来源,梵文典籍指印度思想来源,叔本华据此两个来源成《作为意志和表象的世界》以自抒心得虽为可贵,然其知康德有所未尽,知印度思想亦有所未尽。试就其思想史观以论十五世纪希腊文艺复兴和十九世纪初梵文典籍的影响。

西方十五世纪的文艺复兴运动之所以"复兴"公元前的希腊文艺,即根据基督教产生以前的思想来打破纪元后产生而至中世纪(476—1453)盛极的教会思想,所尊崇的是科学理性精神。而希腊文艺中的柏拉图(前427—前347)和"复兴"

---

[1] 叔本华,《作为意志和表象的世界》,石冲白译,商务印书馆,1982年,5—6页。

希腊文艺后的康德，为跨越中世纪的前后两大思想代表。研究柏拉图、康德的思想，何可不顾其数学、物理学基础。留连柏拉图学园者，何可不顾学园门口"不懂几何学，请勿入我门"的题词。[1] 欧氏几何从柏拉图略后到康德一直延续未变，此柏拉图和康德之所同，而康德时代物理学则更有进步。十五世纪以后，物理学逐渐抬头，十六、十七世纪之交，伽利略（1564—1642）将自然科学从形而上学中解放出来，物理学飞速发展。十七、十八世纪之交，康德（1724—1804）试图将形而上学再从自然科学中提升出来。而生活于伽利略和康德之间的牛顿（1642—1727），实为康德哲学的自然科学基础。从伽利略经牛顿到康德，自然科学和形而上学的位置发生了根本的颠倒。此翻天覆地的变化，虽非康德一人之力，却也是康德哲学能够划时代的重要根据之一。康德将《纯粹理性批判》（1781）的通俗缩写本称作《任何一种能够作为科学出现的未来形而上学导论》（1783），此未来形而上学虽然最终没有产生，但形而上

---

[1] 柏拉图完成于七十岁前后的晚期著作《蒂迈欧篇》中，记载了五个正多面体，后世称为"柏拉图体"。三维空间存在五个，而且仅存在五个正多面体：正四面体、立方体、正八面体、正十二面体、正二十面体。有人认为：由希腊人创立并在欧几里得（约前330—前275）《几何原本》中奉为圣典的几何学演绎体系的主要目的就是要构成这五个正立体。见〔德〕H. 魏尔《对称》，钟金魁译，商务印书馆，1986年，56—57页。"不懂几何学，请勿入我门"的题词见严群《柏拉图生平和著作年表》，严译柏拉图《游叙弗伦·苏格拉底的审判·克力同》，商务印书馆，1983年，172—173页。

学必须根据于科学而不是根据于独断,是康德一生之志,忽视此志,何以读康德哲学。叔本华以道破康德的"物自体"(das Ding an sich)为己任,但对从伽利略到康德哲学所发生的变化有所未明。

复以印度思想论。除了最早的南传佛教以外,印度文化与世界其他地区文化的交流约可分为三段。第一期是和中国内地文化的交流,时间约在公元一世纪至公元七世纪,约当我国的东汉至唐。玄奘(602—664)取经归国后,印度本土的大乘佛教即发生变化。唐以后,丝绸之路亦逐渐阻塞。第二期从八世纪到十五世纪,印度文化和伊斯兰世界(八世纪回教入侵印度)和中国西藏地区(通过喜马拉雅山口)有联系,佛教思想对西藏文化的巨大影响,造成了西藏文化的独特面貌。第三期起于十五世纪,欧洲对印度的兴趣和文艺复兴同时开始,随着西方势力的扩张,印度文化亦逐渐西传。欧洲探险家为追求黄金而航海寻找东方,哥伦布(1451?—1506)发现美洲新大陆(1492年起航)竟猜想到达了印度,足见当时欧洲对印度地理位置极端生疏,遑论文化。1600年,英国成立东印度公司,开始经营东方的贸易业务,而对印度文化的研究则更晚,至十九世纪初始有《奥义书》的拉丁文翻译,时间是1801—1802年。直至德国穆勒(F. Max Müller,1823—1900)编集五十一卷《东方圣典》(*The Sacred Book of East*,1875),印度思想始广泛为欧洲学术界所知。这位穆勒,此后又是《纯粹理性批判》(*Critic* of Pure Reason，二卷，1882）和《奥义书》（Upanishads，二卷，1884）的英译者。叔本华（1788—1860）处身于西方世界了解印度文化相对缺乏积累的时期，所读的是1801—1802年的拉丁文译本，[1] 未能了解印度思想的整体并不足怪。于三十之年所成《作为意志和表象的世界》（1819），主要为才气之作，且受其个人气质很大影响，其哲学存在王国维发现的内在矛盾，实所难免。于康德思想未能识其科学，于印度思想未能识其宗教，叔本华于两个来源有其独特心得，但于两个来源本身未能作更深入考察，其知有所未足。

王国维以叔本华哲学为通康德的关键，从叔本华上窥康德。上窥之后，当进而返诸其时代以康德观康德，复以叔本华观叔本华，以此知人论世，即研究年代更为久远的释迦、基督，亦当如是。王国维未能分别以观，则所见之康德均着叔本华之色彩。对《红楼梦评论》所发的绝大之疑问，王国维于《叔本华与尼采》一文中畅发自己的感想：

> 彼（按：指天才）亦一人耳，志驰乎六合之外，而局乎七尺之内，因果之法则与空间时间之形式束缚其知力于外，无限之动机与民族之道德压迫其意志于内，而彼之知力意志非犹夫人之知力意志也。彼知人之所不能知而欲人

---

[1] 徐梵澄《五十奥义书》译者序，中国社会科学出版社，1984年，9页。

之不敢欲，然其被束缚压迫也与人同。夫天才之大小与其知力意志之大小为比例，故苦痛之大小亦与天才之大小为比例。彼之痛苦既深，必求所以慰藉之道，而人世有限之快乐，其不足慰藉彼也明矣。于是彼之慰藉不得不反而求诸自己。……彼非能行之也，姑妄言之而已。亦非欲言诸人也，聊以自娱而已。

王国维对尼采和叔本华这两位西方哲学上之一狂一狷所评如此，而得出的结论和同时刚开始流行于西方的弗洛伊德（1856—1939）精神分析学说类似，弗氏亦有得于叔本华。文中所言"因果之法则和空间时间之形式"，后者属康德所论的"感性"，前者属"悟性"。王国维提到感性的时空形式和悟性的因果范畴，而未提理性的"辩证幻相"，符合他自述于《纯粹理性批判》"读几半而辍"的情况。而《作为意志和表象的世界》四篇，其要在三、四两篇，三篇言美学的解脱，四篇言伦理学的解脱。王国维经艰苦的反身体验而知其所说终不可行，"江上痴云犹易散，胸中妄念苦难除"（《五月十五夜坐而赋此》），"中夜搏嗜欲，甲裳朱且殷"（《偶成》二），诗中屡屡言之，处于"闻道既未得，逐物又未能"（《端居》一）的极为矛盾彷徨之中。王国维对此种种抵牾未能保合消释，终于在《红楼梦评论》篇尾提出绝大之疑问。此绝大之疑问，并非从逻辑中推论得来，而是从生活中体验得来。然而王国维既知其伦理学之解脱不可能，未能进一步知其美学之解脱亦不可能，甚至再进一步知其意志与表象之说亦不可能，疑其尾而未疑其首。读叔本华哲学而仅得其痛苦之旨，犹于佛说之"苦、集、灭、道"四圣谛仅究"苦"谛而止，于是叔氏哲学的悲苦影响遂伴随他一生，此甚为可惜。

王国维此年除《红楼梦评论》研究文学之外，又返顾中国哲学。所作的《释理》《论性》《国朝汉学派戴阮二家之哲学说》全面清理性理之学，举汉宋诸说的内在矛盾，一一拉杂摧挠之，虽思精而笔锐，亦见国维其时纷若之思绪。如以《红楼梦评论》为今之比较文学，数文犹今之比较哲学云。

于王国维研究叔本华同时，1903年，刘鹗在罗振玉的促动下将所藏的甲骨拓印行世，即著名的《铁云藏龟》（收甲骨一千零五十八片）。1904年，经学大师瑞安孙诒让（1848—1908）对甲骨文作了若干考释，自此世上遂有甲骨之学。

光绪三十一年乙巳（1905），王国维二十九岁。此年将数年所写的十二篇文章结集为《静安文集》刊行之，以存此二三年间思想上的陈迹。《文集》附《静安诗稿》古今体诗五十首，其间多有精品，试摘《出门》一首以概括之：

> 出门悯悯知奚适，白日昭昭未易昏。
> 但解购书那计读，且消今日敢论旬。
> 百年顿尽追怀里，一夜难为怨别人。
> 我欲乘龙问羲叔，两般谁幻又谁真。

诗情迷离惝恍。亦疑亦信，谁幻谁真，其时的感受如此。

除了写诗，王国维此年开始以填词自遣。又此年开始对康德作第二次研究，并愿今后以数年之力治之，其时所读当已及《纯粹理性批判》全书。以此为界，国维由前期的叔本华阶段转入后期的康德阶段。

光绪三十二年（1906），王国维三十岁。罗振玉奉学部奏调上京，王国维随之而行，并集二年所填词为《人间词甲稿》。此年作第三次康德研究，所读当由《纯粹理性批判》扩大到《实践理性批判》和《判断力批判》。所成之文有《原命》《屈子文学之精神》《文学小言》等。《原命》盖小结二年前的《释理》《论性》，二年前评论新起小说的《红楼梦评论》则经填词而转向《屈子文学之精神》以追溯文学之源，于内容较前皆有所深入，可见其读书进境。是年，父亲王乃誉病故，享年六十，王国维遂回海宁奔丧。国维六岁丧母，三十岁丧父，至此双亲皆亡矣。

《原命》云：

> 我国哲学上之议论，集于性与理二字，次之者命也。命有二义：通常之所谓命，《论语》所谓"死生有命"是也；哲学上之所谓命，《中庸》所谓"天命之谓性"是也。命之二义，其来已古。西洋哲学上亦有此二问题，其言祸福寿夭之有命者，谓之定命论 Fatalism；其言善恶贤不肖

之有命而一切动作皆由前定者，谓之定业论 Determinism。而定业论与意志自由论之争，尤为西洋哲学上重大之事实，延至今日而尚未得最终之解决。

定命论 Fatalism，今译宿命论；定业论 Determinism，今译决定论。由此二义，引出王国维对中国思想史的重大发现。于前义：

> 我国之哲学家除墨子外，皆定命论者也。

于后义：

> 通观我国哲学上，实无一人持定业论者。

即中国传统哲学承认富贵寿夭之命，此或非人力所能解决；而坚决拒绝善恶贤不肖之有命，主张人对此有自由意志。此发现至为重要，一切迷信术数未能在吾国思想占有统治地位，于此基本倾向密切相关，亦即"人定胜天"之旨。于前义，王国维以为无哲学上之重大兴味，故置之未论。于后义，王国维既用康德之说认为自然界存在因果律，又用叔本华之说认为人的意志也存在因果律，以此息西方哲学定业论与意志自由论之争。最后结论言"故吾人责任之感情，仅足以影响后此之行为，而不足以推前此之行为之自由也"，既"不足以推前此之行为之自由"，则果不足畏，既"足以影响后此的行为"，则因足以畏。王国维此结论，如表达成"故吾人责任之感情，虽不足以推前此之行为之自由，却足以影响后此之行为"，似更完善，而"畏因"和"畏果"的分别，亦未可忽视。

王国维写此《原命》的基本思想来自康德的第三安梯诺米（Antinomie，今译二律背反），即此自然和自由的第三二律背反所显示的内在矛盾将康德从"独断论的迷梦中唤醒"，促使他从事理性批判的艰苦工作。[1]第三二律背反在康德学说中有着特殊的地位，可看成康德哲学的真正起点。王国维能识此二律背反并将此和中国关于命的思想相应，可见他三读康德书已能渐渐寻向那精英处。《说卦》言："穷理尽性以至于命。"王国维从释理、论性到原命，体现了他思想的深入，然此中内涵极深，似非释、非论、非原所能穷、所能尽、所能至，即康德之说是否有当，亦须再思之。西方哲学于决定论（定业论）和

---

[1] 第三"二律背反"：
【正题】
按照自然规律的因果，不是世界的所有现象全能由它得出的唯一因果性。要解释这些现象，必须假定还有另一种因果，即自由的因果。
【反题】
没有自由，世界中任何事物都是按照自然规律而发生的。
用李泽厚译文，见《批判哲学的批判》209页，参看41页。又蓝公武译《纯粹理性批判》，340页。

自由意志论酝酿出二派之争，亦为此问题本身的复杂性所决定，凡穷理尽性者皆宜自思自决之。

《屈子文学之精神》仍从谈思想发端，此见王国维文学观的立足点：

> 我国春秋以前道德政治上之思想，可分为两派：一帝王派，一非帝王派。前者称道尧舜禹汤文武，后者则称其学出于上古之隐君子（如庄周所称广成子之类）或托之于上古之帝王。前者近古学派，后者远古学派。前者贵族派，后者平民派。前者入世派，后者遯世派（非真遯世派，知其主义之终不能行于世而遯焉者也）也。前者热性派，后者冷性派也。前者国家派，后者个人派也。前者大成于孔子墨子，后者大成于老子（老子楚人，在孔子后，与孔子问礼之老聃系两人，说见汪容甫《述学》"老子考异"）。故其前者北方派，后者南方派。此二派其主义常相反对而不能调和，观孔子与接舆、长沮、桀溺、荷蓧丈人之间的关系可知之矣。战国后之诸学派无不直接出此二派，或出于混合之二派，故虽谓吾国固有之思想不外此二者可也。夫若然，故吾国之文学亦不外发表二种之思想。

春秋以论时，南北以论地，儒道以论派，亦见王国维会通中国思想史和文学史之源的认识。执二义反复铺陈以论天下，略嫌简单化,此清末民初论者如严复、梁启超、谭嗣同等常见之文风,国维亦未能免,正见他其时对东周时代种种复杂思想尚缺乏研究。然而国维能识此二义,且注意南北地域思想有基本之不同,此至为重要。又于诸说中选择清汪中之论老聃与《道德经》作者非一人,亦殊有识见。有此南北思想的基础,国维进而以屈子统一之:

> 屈子南人而学北方之学者也。
>
> 屈子之自赞曰廉贞,余谓屈子之性格此二字尽之矣。其廉固南方学者之所优为,其贞者其所不屑为亦不能为者也。女媭之詈、巫咸之占、渔夫之歌皆代表南方学者之思想,然皆不足以动屈子,而知屈子者唯郑詹尹一人。盖屈子于楚亲则肺腑、尊则大夫,又尝管内政外交之大事矣,其于国家既同累世之休戚,其于怀王又有一日之知遇。一疏再放,终不能易其志,于是其性格与境遇相待而成一种欧穆亚,《离骚》以下诸作实此欧穆亚所发表矣。

王国维以屈原总结南北思想,已从《红楼梦评论》到《楚辞》作文学上的以流溯源,而《红楼梦》之精神和屈子文学之精神,互相映照。所引的两段文章,前者以通西方叔本华之思想,由痛苦而达解脱,后者以通中国文化的传统思想,由廉而进乎贞,表达了他一生思想的两面。然则解脱虽有大疑,而廉贞仍可由人力勉而至。文中的欧穆亚当指 humour，亦即精神状态。

　　以诗论，屈子诚旷古之大诗人。《楚辞》居集部之首，固无以易，汉人且有尊为《离骚经》者。然以此总结南北文化，则有所未足。廉固当进乎贞，然含贞以起元，则贞吉；执贞以灭元，则贞吝或贞凶。其间毫厘之差，即有千里之失，何可不知时地而坚执之。此理郑詹尹所深明，而屈子终有所未愿。举朝昏昏，屈子亦深知唯郑詹尹为知己，故虽所问皆已先决之，仍往访以一吐衷怀。两人互相知心，各行其是，而屈子终沉渊以赴己之理想。"路漫漫其修远兮，吾将上下而求索"，实屈子一生之写照。然而以《人间词话》三境界而论，此在"衣带渐宽终不悔，为伊消得人憔悴"和"众里寻他千百度"之间，尚有"那人"未见。将屈子漫漫求索之精神化为人类之不懈追求则可，执之以效沉渊之举则不可。前引王国维《出门》"出门茫茫知奚适"有寻道之心，颇应屈子之求索，然而终效屈子之沉渊，此甚为可惜。知贞而不知元，知情而不知性，此常为究文学而不究哲学者之大弊。即以文学论，观《楚辞》之后更应上观《诗经》，由一时、一地、一人之感情而上观不同时、不同地、不同人之感情，以得人类感情的整体。《诗经》十五国风之自由变通，风、雅、颂之上下周流，亦何处可滞。生活于不同时间、不同地域、不同阶层的人感自己所感、言自己所言而组成三百种不同感情，皆蕴蓄于《诗》三百，以存人籁之声。于此抽象之，达观之，亦何所不弘通。即使处衰败时代，如《王风》有《黍离》之悲,《兔爰》之不乐生,情极悲苦,二诗可应屈子之情,而其间皆有生机显出。然则整体者,生生之谓。于《诗》与《骚》南北两大文学源头之间,以《骚》继《诗》则可,以《骚》代《诗》则不可。以屈子总结南北文学者,最早有汉代的司马迁,《史记·屈原贾生列传》:"《国风》好色而不淫,《小雅》怨悱而不乱,若《离骚》者,可谓兼之矣。"阙《大雅》和《颂》不言,当涵咏其言外之意可谓恰如其分。

王国维于《屈子文学之精神》和《红楼梦评论》定文学史二端之纲领,即执此纲领以衡量全部文学史。此年尚成《文学小言》十七条,虽属杂论性质,亦有精语。其中第五条论"阶级",第十三条论由诗而词而曲的文体盛衰,前者引入《人间词话》,为贯通其"境界"部分的关键,后者未引入《词话》,为贯通其"词史"部分的关键,实为整部《人间词话》的基础。二条录之如下:

(五)

古今成大事业者,不可不历三种之阶级:"昨夜西风凋碧树,独上高楼,望尽天涯路"(晏同叔《蝶恋花》),此第一阶级也。"衣带渐宽终不悔,为伊消得人憔悴"(欧阳永叔《蝶恋花》),此第二阶级也。"众里寻他千百度,回头蓦见,那人正在,灯火阑珊处"(辛幼安《青玉案》),

此第三阶级也。未有不阅第一、第二阶级而能遽跻第三阶级者，文学亦然。此有文学上之天才者，所以又需莫大之修养也。

（十三）

诗至唐中叶以后，殆为羔雁之具矣。故五季北宋之诗（除一二大家外）无可观者，而词则独为其全盛时代。其诗词兼擅如永叔、少游者，皆诗不如词远甚，以其写之于诗者不若写之于词者之真也。至南宋以后，词亦为羔雁之具而词亦替矣（除稼轩一人外），观此足以知文学盛衰之故矣。

关于《人间词话》的分析见后。又《小言》中反复言屈子、渊明、子美、子瞻四人，于四人中犹重屈子、渊明，可见国维对三代以下诗人的去取标准，亦见他对传统文学史的认识。

王国维此年第三次读康德，未闻其时之心得如何。然他于文学由《红楼梦》而溯《楚辞》，于哲学由理、性而溯命，此探根索源之精神，未必不受康德批判哲学的激励。

光绪三十三年丁未（1907），王国维三十一岁。此年王国维因罗振玉的关系，受蒙古荣庆之荐，充学部总务司行走，又充学部图书馆编辑，词人忧世之心，乃与垂亡的清廷发生关系。又此年夫人莫氏病危,返里而卒,于三十、三十一岁接连遭遇二代之丧,国维之心情可想。行洁志高的理想,与每况愈下的事实,彼此难容,于叔本华哲学悲观一面发生的感应,乃愈来愈胶执难解。早年读康德、叔本华所作的《端居》诗,其中"处处得幽赏,时时读异书。高吟惊户牖,清谈霏琼琚。有时做儿戏,距跃绕庭除。角力不耻北,说隐自忘愚"的生机活泼,已不复见。又集一年词成《人间词乙稿》,词调苍凉激越,于《甲稿》一转。

此年王国维第四次读康德,虽窒碍更少而似无所得,终倦于哲学而弃之,乃于三十之年发生一生思想的第一次大变。此转变记述于两篇三十《自序》中,《自序》一见前引,《自序》二言:

> 余疲于哲学有日矣,哲学上之说,大都可爱者不可信,可信者不可爱。余知真理,而余又爱其谬误。伟大之形而上学,高严之伦理学与纯粹之美学,此吾人所苦嗜也。然求其可信者,则宁在知识论上之实证论,伦理学上之快乐论和美学上之经验论。知其可信而不能爱,觉其可爱而不能信,此二三年中最大之烦闷,而近日之嗜好所以渐由哲学而移于文学,而欲于其中求直接之慰藉者也。要之余之性质,欲为哲学家则感情苦多而知力苦寡,欲为诗人又苦感情寡而理性多。诗歌乎?哲学乎?他日何者终吾身所不敢知,抑在二者之间乎?

"伟大之形而上学"指《纯粹理性批判》,"高严之伦理学"指《实践理性批判》,"纯粹之美学"指《判断力批判》。王国维五年四读康德,前此于叔本华阶段末尾有一疑,于是上窥康德,今于康德阶段末尾又有一疑,未能再次上窥,终倦而弃之。王国维于康德之学已知其不可恃之处,尚未得其不可夺之处。凡先人之学,由于时代变化,皆有其不可恃之处,亦有其不可夺之处。弃其所不可恃,此之谓"常规调整",夺其不可夺,此之谓"科学革命",弃其所不可恃,进而夺其所不可夺,此之谓上出。然必先知其不可夺者何在,若未能知其所不可夺者,则一切所恃皆未可恃。知其不可夺者,则可爱者不可信,可信者不可爱,两行之又何妨。且康德的思想结构仍宜推究。

康德于《纯粹理性批判》的《导论》言:

> 凡吾人所有之知识,非先确定其由来,绝不可使用;所有之原理,非先知其起源,绝不信赖。[1]

有此严肃的态度和责任感,始从事理性批判的艰苦工作。此批判不是对于书本和体系的批判,而是反身对于一切知识的批判,对于理性寻求独立于经验的一切知识的批判,亦即理性的自我批判、自我反省。知此态度,则对康德哲学的认识也

---

[1] 《纯粹理性批判》,蓝公武译,31页。

不应仅仅停留于个别概念的是非上,当探求其思想出发点和结构。从感性出发通过"批判"以致"纯粹理性"之知,犹中国"格物"之旨。康德为此批判,非仅为自身,亦且为人类,将时代积于哲学上真伪混杂的种种谬误,层层洗去之,所研究的为时空,所探求的为必然和自由的界限。积数十年之思所成的"三大批判",《纯粹理性批判》(1781,1787)犹穷理,《实践理性批判》(1788)犹尽性,《判断力批判》(1790)或可当知命云。

康德之学,始于早年的《自然通史和天体理论》(1755),终于晚年的《人类学》(1798),始于天而终于人,正为康德一生探索的实际指向。然则于天人之际所耸立的三大批判整体,何可忽视。三大批判各有一重心,应注意其间息息相通之血脉。《纯粹理性批判》始于《先验感性论》所述的时空感性直观形式,为其论述的理论起点,而《先验辩证论》所述四大二律背反将康德从独断论的迷梦中唤醒,为其实际的思考起点。此思考起点出入于理论起点的时空,即由主观反入客观,构成贯通《纯粹理性批判》的核心,扩而言之,构成三大批判的核心。康德再三强调实践理性优于理论理性,又言纯粹理性就是实践理性,这是最根本的事实。《纯粹理性批判》中的两个起点,经《实践理性批判》的过渡,前一时空问题翻转为《判断力批判》中的审美判断,后者翻转为《判断力批判》中的审目的判断。而所谓"判断力"非指逻辑判断,而是于特殊见普遍以超出个别事物，判断目的犹华言自证云。且审美判断犹艺，审目的判断犹道，前者明无目的之目的，后者明天地之大美，而《判断力批判》犹衰合艺与道，而归于康德所说服从道德律令的理性存在者的现实存在，才能看作世界存在的最终目的。[1] 整个学说殿以不可知论，犹明人类知识在一定历史阶段中所至极的时空数量级，以范导人类理性之步步上出。在此范围内以观康德哲学，则有时空形式、十二范畴、四大二律背反、三大公设、物自体、道德律令、不可知论等等，实精彩纷呈。尝试记"三大批判"的结构如下：

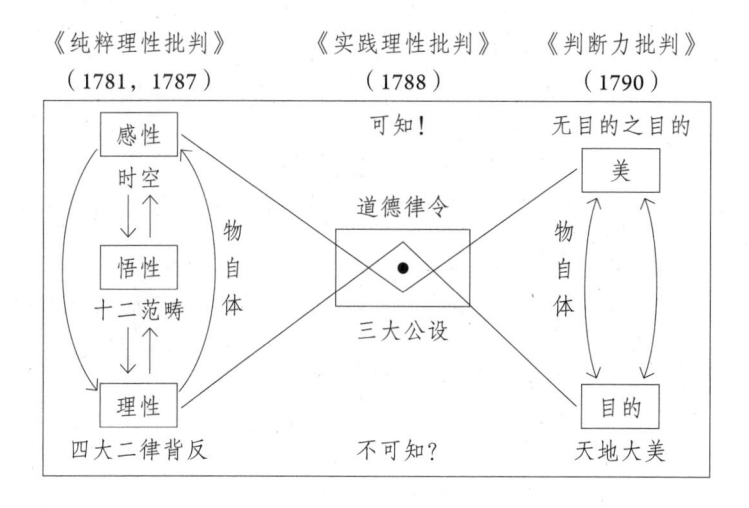

```
《纯粹理性批判》        《实践理性批判》     《判断力批判》
 (1781, 1787)            (1788)            (1790)

  ┌──感性──┐             可知!            无目的之目的
  │  ↕时空  │                                 ┌──美──┐
  │  悟性   │ 物           道德律令            │      │ 物
  │ ↕十二范畴│ 自            ●               │      │ 自
  │  理性   │ 体           三大公设            │      │ 体
  └────────┘                                 └──目的─┘
  四大二律背反            不可知?              天地大美
```

---

[1] 韦卓民译《判断力批判》下卷，118页。用李泽厚译文，《批判哲学的批判》，393页。

读康德学说如不贯通其结构，必困于其艰难之名相而步步生障碍。虽然，存此障碍亦为康德学说的特殊价值，过此障碍犹思维训练云。

王国维之兴趣逐渐由哲学移向文学，于康德思想犹有意于先验感性移向审美判断，而陷入可爱和可信的二律背反，犹尚未从第三二律背反移向审目的判断。王国维徘徊其间，知和情，实为人类两种最基本情感，自言感情苦多而知力苦寡未能为哲学家，又苦感情寡而理性多而未能为诗人。其实一般哲学家所缺乏的即感情，一般诗人所缺乏的即理性，王国维所具备的正是特殊天才之素质。然而未能者，实为一"苦"字所限，于知、情之间未能发挥实践理性即意志的调节作用，此见叔本华悲观哲学终有其不良影响。实证论、快乐论等王国维以为可信而不可爱者，本身皆为康德哲学的组成部分，康德于此并不轻视。若将其从康德学说抽出，则康德学说精华尽失，剩余部分如何尚能可爱。

以上所论，非苛求王国维。王国维于此，实有其不得已在。以个人而言，王国维所处的环境至为恶劣，所谓"体素羸弱，不能锐进于学。进无师友之助，退有生事之累"（《自序》一），三者若得其一，皆足为进学之助，而他有时连生活都成问题。王国维于学，实已尽了个人的最大努力。

于时代而论，康德学说的基础在自然科学，具体为牛顿力学和欧氏几何。而此二学在西方学术界的统治地位于十九世纪末二十世纪初开始发生变化。爱因斯坦（1889—1955）于1905年建立了狭义相对论，牛顿的绝对时空观已被打破。十九世纪中期由德、俄、匈几位数学家分别提出的非欧几何，亦逐渐引起重视。1900年，康德的哥尼斯堡同乡希尔伯脱（1862—1943）在巴黎第二届国际数学家大会上提出了著名的23个数学问题（包括所谓"哥德巴赫猜想"等），而希尔伯脱本人1899—1903正为其"几何学基础时期"，他的高维空间几何化的成果后写入《直观几何》（1932）一书。[1] 此实为人类穷理的进境，康德局限于绝对时间绝对空间的若干思想已可打破，基于物理学、数学的发展，哲学所研究的时空问题又可进一大步。国维早年赴日本学物理数学无所入而归，即使有所入也不能相应西方之最新变化，且眼见之西学正为侵略中国的所谓"船坚炮利"，此实时代条件有所未备。近观西方自十五世纪文艺复兴以后，一百年有一百年的变化，而至十九世纪二十世纪之交的总体变化中有爱因斯坦、希尔伯脱等人的工作在内，不可不究及其学术基础的逐渐积累，而此积累中十八世纪末的康德哲学有着重要作用。王国维和希尔伯脱、爱因斯坦年龄相若，而彼则如彼，此则如此，令人不能不有所惋惜。然王国维是中国究康德的第一人，又为中国早期探索西方学术的人之

---

[1]《直观几何》，D. 希尔伯特、S. 康福森著，王联芳译，高等教育出版社1958年版，1984年6月第4次印刷。

一，此历史功绩当为志之。

于中国自康熙（1662—1722在位）经雍正而乾隆（1736—1795在位），正约当西方牛顿（1642—1727）至康德（1724—1804）的时代，乾隆时编定《四库全书》（乾隆三十七年纂修，四十七年修成，1772—1782，收书3503种，79330卷；按《纯粹理性批判》发表于1781年），定汉学为一尊，将中华学术局限于"经学"，又将"经学"局限于"小学"，学者未能从"小学"步步上出，眼光日趋狭窄，道咸间（1821—1850，1851—1861）于经学又衍出今古文之争，王国维眼见于此，则于所谓"经学"又何能有好感。究中华学术仅至屈子而止，亦有其因。于康德、于屈子终未能再寻上出之途径，西学、中学亦终未能相应，则可爱者何能可信，可信者又何能可爱，另辟蹊径，势所必行。《论语》云："力不足者中道而废"（《雍也》），王国维不可谓不尽人力者，终为时代局限所制约，此非他一人之咎。然王国维于三十之年有此转折，此后渐渐进入更能驰骋其所长的领域，未必不为其幸事。而康德的理性精神和屈子的高洁理想，对王国维一生的治学和做人有极深的影响。

试抄录康德的一段话，以殿此阶段：

> 有两种东西，我们愈时常、愈反复加以思维，它们就给人心灌注了时时在翻新、有加无已的赞叹和敬畏：头上的星空和内心的道德法则。我无需远求它们或猜度它们，

仿佛它们掩蔽在黑暗中，或处在我的视线以外的超越境界中一样；我亲眼看见它们在我面前，并把它们和我的存在意识联系起来。[1]

康德对星空的持久思索，成为他进行哲学探索，衍出"三大批判"的内在动力之一，于此可见康德对时空数量级的认识。

此年（1907），匈牙利人斯坦因（M. Aurel Stein，1862—1943）得汉简数十枚。法国伯希和（Paul Pelliot，1878—1945）又携走敦煌的唐写卷，过京时罗振玉、王国维皆见之，王国维结识伯希和自此始。在此前后重视收集甲骨文者，又有彰德长老会牧师加拿大人明义士（J. M. Menzies，1885—1957）。这些西方人士搜集汉简、唐写卷、甲骨文等，加速了中国文物的散失，但同时也引起了中国学术界对这些文物的重视。中国学术界一部分人士渐渐把眼光从纸上材料移向地下材料，并注意起二者的关系。

二、文学与史学（1908—1915）

王国维二十六至三十一岁致力于西方哲学，以探求人生问

---

[1]《实践理性批判》，关文运译，商务印书馆，1960年，164页。康德以这段话作为自己的墓志铭。

题的答案。三十一岁因种种原因倦弃哲学,复因填词成功而有志于戏曲,遂由哲学转向文学,欲于文学求直接之慰藉。

光绪三十四年戊申(1908),王国维续娶潘氏,随即携之进京,家庭得以重组。此年他三十二岁,于学术、人生均另辟新境,于是有在京四年的文学阶段。宣统三年(1911)辛亥革命爆发,王国维随罗振玉再次东渡日本,由文学而转史学,思想再次发生变化,在日四年而归。归国时,王国维已成为国内史学界第一流学者。以发表于1912年的《宋元戏曲考》为枢纽,前此在京四年主要著作有《人间词话》(1908—1909),后此在日四年主要著作有一系列历史论文。

《人间词话》写于清光绪三十二至三十四年(1906—1908),亦即初上北京任学部图书馆编辑期间。于王国维学术分期处哲学阶段(1902—1907)之末,文学阶段(1908—1911)之始,其内容和写作时间存在相应关系。《人间词话》于1908年11月、1909年1月及2月分三次连载于邓实主编的《国粹学报》上,王国维生前所手定的原稿凡64则。有的单行本署脱稿于宣统庚戌九月(1910),可能出于误记。以后《人间词话》有影响的重要版本有:

1926年朴社单行本,俞平伯标点。内容同《国粹学报》,共收词话64则。

1927年《小说月报》本,赵万里辑成《人间词话删稿》48则。此举开《人间词话》辑佚之风,以后各种版本陆续有所增辑。

1928年《海宁王忠悫公遗书》本，罗振玉主编，共二卷。定稿64则为上卷，删稿48则为下卷。删稿内容同赵万里本。

1939年开明书店本，徐调孚据赵万里本，又增辑王国维其他论词文字18则，录为《补遗》一卷，成《校注人间词话》三卷。

1960年人民文学出版社本，王幼安据诸本重行编次，分为三卷。卷一为《人间词话》64则，卷二为《人间词话删稿》49则，卷三为《人间词话附录》29则。共142则。

1983年姚柯夫编《人间词话及评论汇编》，除综合以上诸本外，于三卷外又增《拾遗》一卷，共13则。书目文献出版社出版。

《读书》1980年第7期发表刘烜之文《王国维"人间词话"的手稿》。据此可知《人间词话》手稿共121则，发表时删去近半，其文字内容、篇目次序均有所变动。观定稿和删稿，知所删各则多属枝节，研究《词话》当以作者手定的64则为主。

王国维手定《人间词话》，其时于哲学已深究康德、叔本华，于文学有《人间词》甲乙稿的创作经验，二者得其一，其文学理论已可读，何况二者于《词话》已融成一体。唯其定稿于倦弃哲学后，则哲学痕迹已化，此即《词话》所标举的"不隔"之旨。[1] 写情写景如此，写理又何尝能外。于《词话》当

---

[1] 《人间词话》41则："'生年不满百，常怀千岁忧。昼短苦夜长，何不秉烛游。''服食求神仙，多为药所误。不如饮美酒，被服纨与素。'写情如此，方为不隔。'采菊东篱下，悠然见南山。山气日夕佳，飞鸟相与还。''天似穹庐，笼盖四野。天苍苍，野茫茫，风吹草低见牛羊。'写景如此，方为不隔。"

究其 64 则整体，尝试论之。

读《人间词话》当先明"人间"和"词"二义，从"人间"着眼写入"词"，方可知整部《词话》的关键——"境界"。由"境界"绾合"人间"和"词"，方可由人间的高处渐下渐下以论词，或从词渐上渐上以论人间。知此"人间"之义，则《词话》开篇连续九则之思，何以"有境界"则"自成高格，自有名句"（1则），何以"有有我之境，有无我之境"（3则），何以"沧浪所谓兴趣、阮亭所谓神韵"犹不过道其面目，而境界竟"探其本"（9则），方可豁然贯通，有所指归。而 26 则所言《人间词话》的三境界，实从"人间"着眼，为整部《词话》的核心。或云国维"境界"一词与"意境"一词同义，绝非。"意境"仅可施用于文学的一部分，而"境界"可于文学上至人间，二词偶尔或可相当，但绝不能相同。而必知人间和词相通，方可知"境界"一词之所指。王国维于《词话》之后不复使用"境界"一词，足见珍视。

《人间词话》1—9 则总论词的境界，10—64 则分论唐五代至南宋的词史，其中 26 则论人间三境界与 1—9 则紧紧相射，成为整部《词话》的核心。1—9 则统 10—64 则，而 26 则又统 1—9 则，于是形成《人间词话》的整体结构。示意如下：

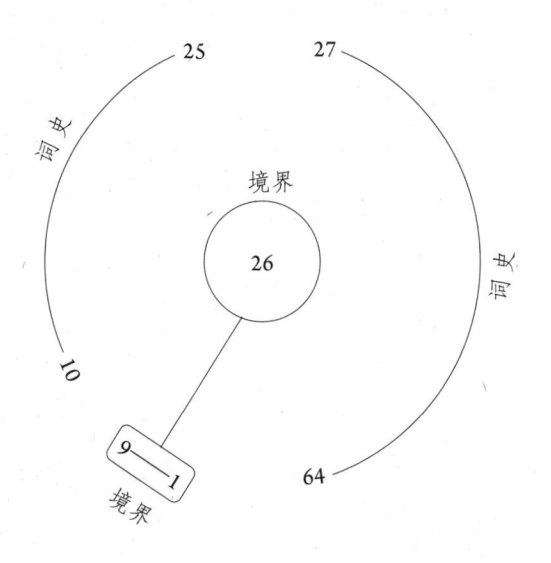

```
          25      27
       ╱              ╲
      ╱    境界         ╲
     │     ┌──┐         │
  词史│    │26│         │词史
     │     └──┘         │
      ╲     │          ╱
    10 ╲  ┌─┴─┐       ╱ 64
        ╲ │9—1│      ╱
          └───┘
           境界
```

26 则原文如下：

　　古今之成大事业、大学问者，必经过三种境界："昨夜西风凋碧树，独上高楼，望尽天涯路"，此第一境也。"衣带渐宽终不悔，为伊消得人憔悴"，此第二境也。"众里寻他千百度，回头蓦见，那人正在，灯火阑珊处"，此第三境也。此等语皆非大词人不能道，然遽以此意解释诸词，恐为晏、欧诸公所不许也。

　　若以 1—9 则当康德的审美判断，此则可当康德的审目的判断。于《文学小言》中，此"境界"一词全写作"阶级"：

"……此第一阶级也……此第二阶级也……此第三阶级也",紧接又言:"未有不阅第一、第二阶级而能遽跻第三阶级者,文学亦然。此有文学上之天才者,所以又需莫大之修养也。"这里"阶级"一词当译自西文 class,有阶段、等级之义,尚可见国维使用此词以表示人经过莫大之修养而步步上出的原意。境界根极于心,基于人由修养达成对时空数量级的认识。"阶级"一词出于西文,"境界"一词源于佛经,《词话》所述三境,似可以唯识学"境、行、果"三阶段当之。然则从《文学小言》的"阶级"到《人间词话》的"境界",虽一词之改,意义重大。王国维早年反复思考的西学和中学、人间(哲)和词(文)的种种关系,经此一改,方砰然合一。有此对已结合中印思想的唐代文化的认识,方可评论起于唐五代、发展于北宋南宋的词。

王国维将人间的境界抽象为三,三阶段皆以极美的词句点染之,则已将所摘引的晏、欧诸公(欧当为柳永)之词进行了再抽象,重新化入整体,三词成象,遂获不朽。古云:诗无达诂。然而诗者,感情之抒发;诂者,古今之交流。必体味作诗者的情景方能通诂,必返回读诗者的情景方能达诂。然而滞诂者,其何以知诗。以此交流,时空必处处相隔,糟粕何以化为粹美。《论语·学而》记载孔子和子贡讨论学术,子贡应之以"如切如磋,如琢如磨",孔子赞许道:"赐也,始可与言《诗》已矣!告诸往而知来者。"孔子所许正为晏、欧诸公所不许,亦见先秦思想之豁达。且既有大词人,必有大读者。大词人自道所见,本不待解释;大读者亦自道所见,本不为解释。能真写物,有真感情者(第6则),时空不能限隔其交流。词以境界为最上(第1则),解释亦当以境界为最上,"作者未必然,读者何必不然"(谭献《复堂词录》)。诂者,达诂者,不许达诂者,一也。王国维之三境界,自可因读者之不同而形态百变。

然而尚须明《人间词话》三境界的"大事业、大学问"何所指?"那人"又何所指?试引其他几则,简略解之如下:

24则:

《诗·蒹葭》一篇,最得风人深致。晏同叔之"昨夜西风凋碧树。独上高楼,望尽天涯路",意颇近之。但一洒落,一悲壮耳。

25则:

"我瞻四方,蹙蹙靡所骋",诗人之忧生也。"昨夜西风凋碧树。独上高楼,望尽天涯路"似之。"终日驰车走,不见所问津",诗人之忧世也。"百草千花寒食路,香车系在谁家树"似之。

观此可知王国维所云"大事业、大学问"者,"忧生""忧世"之谓。所云"那人",即《蒹葭》中的"伊人"。前已论"境界"一词有中西两个理论来源,而"境界"之义,当从《蒹葭》直接体味得出。试引《秦风·蒹葭》如下:

蒹葭苍苍,白露为霜。
所谓伊人,在水一方。
溯洄从之,道阻且长。
溯游从之,宛在水中央。

蒹葭凄凄,白露未晞。
所谓伊人,在水之湄。
溯洄从之,道阻且跻。
溯游从之,宛在水中坻。

蒹葭采采,白露未已。
所谓伊人,在水之涘。
溯洄从之,道阻且右。
溯游从之,宛在水中沚。

此洁净精微之象,已括康德审美判断之旨。欲知"境界"说实际含义者,或未必须斤斤于概念之辨,观此诗自识之。《人间词话》手稿121则中引《蒹葭》此则为第一则,[1]而作为"人间"三境界之首的"昨夜西风凋碧树。独上高楼,望尽天涯路"承此而"意颇近之",则此诗可贯通三境界而直至"那人"。第三境界的"千百度""那人""灯火"三个关键词,已涉及时间—生命—能量三者的关系,这是三境界的最高处,由此最高处的指引,探求无穷,境界也无穷。不取《诗》之洒落而取"词"之悲壮,此国维之自做选择,亦见他对"忧生""忧世"的心理态度。

《人间词话》1—9则论境界为理论总纲,10—64则分成前后两段为具体批评。于具体批评中时时插入理论语以点睛,又从具体批评时时抽象和理论照应,此所以构成一整体。语多不能尽析,试于前后两段各摘取一则,以见其义。

18则:

> 尼采谓:"一切文学,余爱以血书者。"后主之词,真所谓以血书者也。宋道君皇帝《燕山亭》词,亦略似之。然道君不过自道身世之戚,后主则俨有释迦、基督担荷人类罪恶之意,其大小固不同矣。

《人间词话》从第10则始,从李白历述而下,其中15—18

---

[1] 刘烜《王国维"人间词话"的手稿》,《读书》1980年第7期。

则评论李后主，33—36 则评论周美成，38—42 则评论姜白石，于李、周、姜三家相对集中。王国维虽赞赏苏、辛，而《人间词》的词风，终究与三家为近，而与苏、辛不类。在三家中，于周有褒有贬，于姜贬多于褒，唯于李后主有褒无贬，而此 18 则为评李之殿。道君（宋徽宗）和李后主的身世相似，而道君不过自道身世之感，后主将身世之感化为"人生长恨""天上人间"的人类感情，故俨然有担荷人类罪恶之意。然而此感情仍偏于"人生长恨水长东"，"流水落花春去也，天上人间"（15 则），可见王国维虽已将叔本华的悲苦转为尼采的悲壮，而悲观哲学的影响仍然存在。此则是《人间词话》唯一引西方哲学的一处，早年《红楼梦评论》《屈子文学之精神》所涉及的问题，仍依稀可辨。王国维既追慕屈子，又眷恋后主，于清室的感情已胶执难解。

60 则：

> 诗人对于宇宙人生，须入乎其内，又须出乎其外。入乎其内，故能写之，出乎其外，故能观之。入乎其内，故有生气，出乎其外，故有高致。美成能入而不能出，白石以降，于此二事皆未梦见。

《人间词话》评论词人至 52 则论纳兰性德止，以下杂评诗词曲诸体之嬗变，中间存此 60 一则，盖总括诗词曲诸体而言。

渔人之路和问津者之路

此则敏感于出入之要，呼应第3则有我之境和无我之境。出入之际，连环是否可解，王国维自评《红楼梦》以来，数年之思维实萦绕于此。"入乎其内，故能写之"，后主（？）美成或可当，"出乎其外，故能观之"，国维心目中似无其人，亦即自号"观堂"的由来。由早期《静安文集》到晚期《观堂集林》，代表了王国维一生思想的两个阶段。又"入乎其内，故有生气，出乎其外，故有高致"，王国维一生，盖偏于高致者。必得生气之滋润，方可消"高致"的孤寂之感。王国维言"'红杏枝头春意闹'，著一'闹'字，而境界全出"，有此"春意"之闹，则人间未必皆如"灯火阑珊"之萧索。

《人间词话》为王国维数年对文学和哲学的总结，64则虽未尽严密，但基本为一整体，其义甚多，未能广究。《词话》的核心"境界说"的"三境界"极要，由读者理解的不同，其义尚可层层深入之。在不同民族文化交流的初期，能创造性地融合两种观念以成一完整的文学理论著作者，除《人间词话》64则外，前此有《文心雕龙》50篇。此书是非尚可另作分析，其历史作用宜志之。

宣统元年（1909），王国维三十三岁。法国伯希和寄敦煌写卷，罗振玉因有《敦煌石室遗书》之辑，王国维于此出力甚多。罗振玉又介绍王国维于元史专家柯绍忞，目录学家缪荃孙，柯、缪二人都是当时的知名学者，对他以后转向治史当有影响。数年之间，国维致力于戏曲，成书甚多。宣统三年辛亥（1911），王国维三十五岁。十月，武昌起义爆发，南方尽为光复,北方则入袁世凯之手。罗、王遭此事变,既惧革命党,又憎袁世凯,乃于年末东渡日本避难。于是有王国维1912—1915的在日四年。

1912年壬子,王国维三十六岁。元旦,中华民国成立。在世界局势的动荡中爆发的辛亥革命,将中国延续数千年的帝制一朝覆灭,此诚惊天动地的大事变。国维早年于哲学、文学所求得之慰藉,不足以相应此巨大事变,所蕴蓄的种种矛盾得此触机而爆发,终弃文、哲而攻史,于学术上由《静安文集》所代表的前期过渡到由《观堂集林》所代表的后期。

罗振玉《海宁王忠悫公传》:

> 初公治古文辞,自以所学根柢未深,读江子屏《国朝汉学师承记》,欲于此求修学途径。予谓江氏说多偏驳,国朝学术实导源于顾亭林处士。厥后作者辈出,而造诣最精者,为戴氏震、程氏易畴、钱氏大昕、汪氏中、段氏玉裁和高邮二王,因以诸家书赠之。公虽加浏览,然方治东西洋学术,未遑专力于此。……公既居海东,乃尽弃所学,而寝馈于往岁予所赠诸家之书。予復尽出大云书库藏书三十万卷,古器物铭识拓本数千通,古彝器及他古器物千余品,恣公搜讨。[1]

---

[1] 转引自萧艾《王国维评传》,浙江文艺出版社,1983年,83页。

罗振玉此处所言，即王国维入日后的思想转变。这个转变为罗振玉所促成，其中"国朝学术，实源于顾亭林处士"一语，实为关键。此年，王国维成所谓"壬子三诗"即《颐和园词》《蜀道难》《隆裕皇太后挽歌词》，对亡清极尽维护之能事。而对自己的思想转变，则于《送日本狩野博士游欧洲》中尽情倾吐。[1] 诗长不能尽录，试摘引数节：

我亦半生苦泛滥，异同坚白随所攻。多更忧患说陵谷，始知斯道齐衡嵩。

又云：

人生兵死亦由命，可怜杜口心烦伤。四方蘑蘑终安骋，幡然鼓棹来扶桑。

---

[1] 萧艾《送日本狩野博士游欧洲》笺："狩野博士名直喜，字君山，日本著名汉学家，任京都大学教授。辛亥武昌起义，狩野与内藤虎次郎诸人力劝王国维、罗振玉东渡日本。及罗、王赁居京都田中村，与渠等往来频繁，诗中所谓'商量旧学加邃密'是也。此年狩野专程赴欧洲，王氏赋诗为饯。不久，狩野东还，尽出所录，王氏因得一一寓目敦煌唐人写本抄件。《观堂集林》卷二十一关于唐人写本残卷题跋中，屡屡出现'此狩野博士所录'，即其明证。据戴家祥《哭观堂师》诗附注：静安自沉后，狩野、内藤诸人尝假座京都袋中庵诵经追悼；《艺文》杂志并出追悼专号。于此不难想见王氏及狩野交谊之深。"《王国维诗词笺校》，湖南人民出版社，1984年，46页。

又云：

> 谈深相与话兴衰，回首神州剧可哀。汉土由来贵忠节，至今文谢安在哉？履霜坚冰所由渐，麋鹿早上姑苏台。兴亡原非一姓事，可怜慄慄京与垓。

读诗可知王国维之学术转变，实与辛亥革命的大事变有关。第一段引诗中自称早年经历为"异同坚白随所攻"，将治哲学等同于战国时公孙龙"白马非马""坚白石二"等诡辩命题，可见愧悔。若"坚白异同"，羌无实义，诚为哲学争论之失。国维知哲学无用，转史学以求实，确可当为学之进。然知哲学无用者方可知哲学之用，国维似未能进一步深究以完成此转折。且陵谷既变，衡嵩何能依旧，所体味的"斯道"，仍为传统的思想体系。第二段引诗中"四方蹙蹙终安骋"，语出《诗·小雅·节南山》，即早年《出门》一诗"出门悯悯知奚适"之意，亦即《人间词话》25则：

> "我瞻四方，蹙蹙靡所骋"，诗人之忧生也。"昨夜西风凋碧树，独上高楼，望尽天涯路"似之。

可知王国维二十六岁以后虽由哲学转文学，由文学转史学，于地则由上海而北京，由北京而日本，此忧生之探求乃一以贯之。

前此罗振玉为言顾炎武（1613—1682），而王国维自言文、谢即文天祥（1236—1283）、谢枋得（1226—1289）。文、谢于宋亡死节，顾炎武于明亡后投身学术，以保存中原文献为己任。王国维于清亡后的思想和行动，不出此二者，对倡导"博学于文，行己有耻"，身体力行以开清代学风的顾炎武，尤所向往。罗振玉所言的顾亭林之象，实为国维探索史学的重要引导。试摘引一诗以见其情：

定居京都奉答钤山豹轩枉赠之作
并柬君山湖南君拐诸君子
莽莽神州入战国，中原文献问何如？
苦思十载窥三馆，且喜扁舟尚五车。
烈烈幸逃将尽劫，神山况有未焚书。
他年第一难忘事，秘阁西头是吾庐。

可知王国维由文、哲转史，非仅逃于书册，亦有其志。且正由于此一转向，达到了他一生最高的学术成就。王国维崇敬文、谢和顾炎武，但清亡和宋亡、明亡有质的不同。宋亡、明亡尚为帝制内一姓之变，清亡崩溃的则是帝制本身，二者未可相提并论。辛亥革命之后，政权为大小军阀所窃据，革命所取得的具体成果极微，但辛亥革命并不因此减少其巨大历史意义，此绝不可忽视。王国维"壬子三诗"中的《颐和园词》

以"那知此日新朝主,便是当年顾命臣"指斥袁世凯之流,以"孤儿寡母要易欺","深宫母子独凄然"寄同情于三岁登基、六岁退位的溥仪母子,可见他观察形势的基本角度,而终未能识此时代之变。《送日本狩野博士游欧洲》诗云:

兴亡原非一姓事,可怜碟碟京与垓。

可知王国维于清室之亡,原有清醒的认识。然而知此却仍将"可怜碟碟京与垓"的忧世之心,寄托于清室一姓之兴亡,且视为节操而刻自砥砺,此实大误。王国维虽号"观堂",即《人间词话》60则所言"出乎其外,故能观之",实未能自解传统思想的笼罩。

王国维此时的思想感情,萃于《此君轩记》一文中:

竹之为物,草木中有特操者与?群居而不倚,虚中而多节,可折而不可曲,凌寒暑而不渝其色。至于烟晨雨夕,枝梢空而叶成滴,含风弄月,形态百变。自渭川淇澳千亩之园以至小庭幽榭三竿两竿,皆使人观之,其胸次廓然而高,渊然而深,泠然而清,挹之而无穷,玩之而不可亵也。其超世之致与不可屈之节与君子为近,是以君子取焉。古之君子其为道也盖不同,其所以同者,则在超世之致与不可屈之节也。其观物也,见夫类是者可乐焉,其创物也，达夫如是者而可慊焉。如屈子之于香草，渊明之于菊，王子猷之于竹，玩赏之不足而咏叹之，咏叹之不足而斯物遂若为斯人所专有，是岂徒有托而然哉。其于此数者，必有以相契意言之表也。善画竹者亦然，彼独见于其原，而直以胸中潇洒之致，劲直之气，一寄之于画，其所写者即其所观，其所观者即其所蓄者也。物我无间而道艺为一，与天冥合而不知其所以然。故古之工画竹者亦高致直节之士为多，如宋之文与可、苏子瞻，元之吴仲圭是已。观爱竹者之胸可以知画竹者之胸，知画竹者之胸则爱画竹者之胸亦可知也。

此即王国维之境界。"此君"指竹，取晋王子猷"何可一日无此君"（《世说新语·任诞》）之意。以文论，此文可方宋周敦颐（1017—1073）之《爱莲说》，然王国维于流亡日本时写竹以抒怀，感触似尤深。王国维之艺术理论，于《人间词话》言之不足者，此文尽之。"彼独有见于其原"至"其所写即其所观，其所观即其所蓄"，此国维之创作论。"观爱竹者之胸可以知画竹者之胸，知画竹之胸则爱画竹者之胸亦可知也"，此国维之鉴赏论，而语意尤转折。"物我无间而道艺为一，与天冥合而不知其所以然"，此哀合康德之审美判断和审目的判断，已畅达于《人间词话》的"无我之境"。唯其不立理论框架，故能自由抒写如此。观英美其时正在掀起"新批评"运动，其所建立的"三 R 关系"牴牾重重，虽有助于增进理论建设，然于实践者而言，反不如国维之语为有味。或诤造艺中人物、人人之间所达的流转相契（correspondence）为何？则此语即是。又文中于竹、于君子两言"超然之致和不可屈之节"，亦见国维于辛亥革命后的自处之心。竹之节似屈子之香草，盖取屈子之廉贞自勉。《易·节》云："苦节不可贞"，甘节、苦节之异，似不可不辨。

1912 年 9 月，王国维成《简牍检署考》，研究的是斯坦因发现的竹简。文中说："书契之用，自刻画始，金石、甲骨、竹木，三者不知孰为后先，而以竹之用最广。"此文虽仅为一卷之小考，但试笔即从竹木入，可见其起点之新，与拘泥于书册文字者，其角度未可同日而语。

10 月，王国维以三月之力写成《宋元戏曲考》，由此结束其文学哲学阶段，至是以后乃不复谈艺。又王国维能迅速写成此文，其积累全在 1908—1911 在京四年所成的《曲录》（1908）、《戏曲考原》（1909）、《录鬼簿校注》（1909）、《优语录》（1909）、《唐宋大曲考》（1909）、《录曲余谈》（1910）、《古剧角色考》（1911）等。有此丰厚积累，方能一挥而就，成此创新之作。《宋元戏曲考》成为古代戏曲研究的开山。

《序言》云：

> 凡一代有一代之文学，楚之骚，汉之赋，六代之骈

语，唐之诗，宋之词，元之曲，皆所谓一代文学，而后世莫能继焉者也。独元人之曲，为时既近，托体稍卑，故两朝史志与《四库》集部均不著于录，后世硕儒皆鄙弃不复道。而为此学者大率不学之徒，即有一二学子以余力及此，亦未有能观其会通，窥其奥窔者。遂使一代文献，郁埋沈晦且数百年，愚甚感焉。……壬子岁莫，旅居多暇，乃以三月之力写为此书。凡诸材料皆为余所蒐集，其所说明亦大抵余之所创获也。世之为此学者自余始，其所贡于此学者亦以此书为多，非吾辈才力过于古人，实以古人未尝为此学故也。

"一代有一代的文学"之说，可与《人间词话》54则并观，构成了国维对文学史中文体嬗变的认识：于文体持退化观，而于文学持进化观。[1] 能合各种文体以观其通变，此为可贵。王国维于政治为亡清遗臣，而于学术有锐气如此。王国维最初研究文学的作品为《红楼梦评论》，最后为《宋元戏曲考》，而小说、戏剧《四库》皆未著录，可见未为传统思想所重。而王国维研究二者，反映了西洋文化的影响。又《宋元戏曲考》为王

---

[1] 《人间词话》54则："四言敝而有《楚辞》，《楚辞》敝而有五言，五言敝而有七言，古诗敝而有律绝，律绝敝而有词。盖文体通行既久，染指遂多，自成习套。豪杰之士，亦难于其中自出新意，故遁而作他体以自解脱。一切文体始盛终衰者，皆由于此。故谓文学后不如前，余未敢信。但就一体论，则此说固无以易也。"

国维关于文学的最后著作,如合其前所著,构成了他心目中对文学史的总体认识。试表解如下:

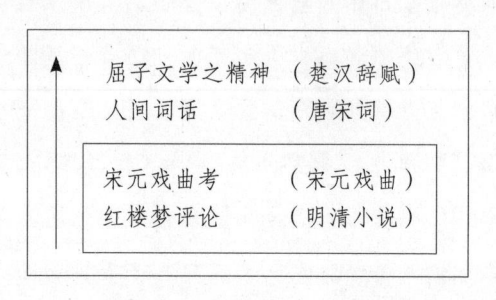

```
  ↑  ┌─────────────────────────────────┐
  │    屈子文学之精神  （楚汉辞赋）
  │    人间词话      （唐宋词）
  │  ┌─────────────────────────────────┐
  │  │ 宋元戏曲考    （宋元戏曲）      │
  │  │ 红楼梦评论    （明清小说）      │
  │  └─────────────────────────────────┘
```

此表合成了文学史的整体观,王国维早期所究文学之要,皆萃于此。王国维于文学之源头究极于屈子,或未知楚骚之情者,实不足以知吾国之文学。又《四库全书·集部》始于楚辞类,终于词曲类,此文学史思想,王国维于《屈子》溯始,《词话》穷终,已于二端尽之。而《四库》之外,独重戏曲、小说,盖敏感于时代的发展。其时已处"五四"新文化前夕,王国维于时代风会,不能不有所感应。既知传统,又溯新变,为此文学史整体观的特色。

《宋元戏曲考》除《序言》外,共分十六节,不能尽述。其十二节《元剧的文章》评价元剧的文体语言,云:

> 元剧实于新文体中自由使用新言语,在我国文学中,于楚辞、内典外,得此而三。

渔人之路和问津者之路

文体言语的变化实与文化交流的大背景有关。有新当有其旧，旧文体旧言语指黄河流域的文化，于地为中，于时以殷周当之。楚辞指长江流域的文化，于地为南，于时当战国汉。内典指由西域输入的佛教文化，于地为西，于时当魏晋南北朝唐。元剧指蒙古为主的北方游牧民族文化，于地为北，于时为宋元金。明末始有西洋文化的进入，递嬗数百年，至王国维身处的清末而愈甚，整个社会的大动荡与此有关。与西域之陆路不同，西洋文化的进入由南转东由海上入，则于时当明清，于地或可定为东。于此可究国维思想中以交流为主的整个中国文化史大纲。试以下图示意之：

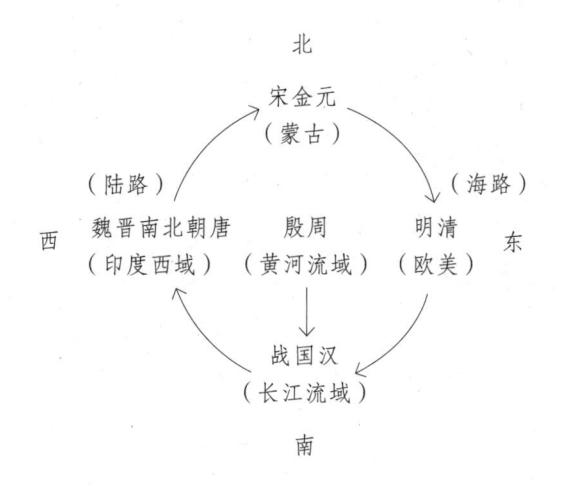

```
                    北
                  宋金元
                  （蒙古）
          （陆路）         （海路）
西  魏晋南北朝唐   殷周    明清   东
     （印度西域） （黄河流域）（欧美）
                  战国汉
                （长江流域）
                    南
```

以言语文体而论，王国维已言者有楚辞、内典、元剧而三，未言者亦尝试补入，仍示意如下：

```
        元剧
      ↗      ↘
  内典   诗?   小说?
      ↖      ↙
        楚辞
```

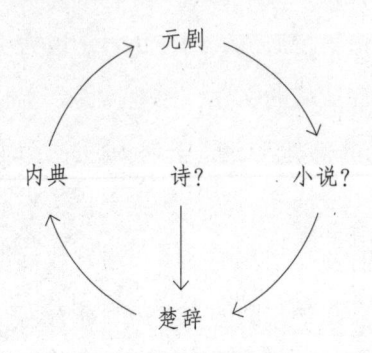

　　楚文化与中原文化在春秋以前交通似不频繁。观春秋初年齐桓公率诸侯之师伐楚,当时于南北之地,尚有风马牛不相及之辞(《左传》僖公四年,前656)。此后南北交流日趋紧密,至战国南北已不悬隔。秦末楚汉相争决定于垓下之战,数十万大军齐唱四面楚歌,楚文化对中原文化留下了不可磨灭的影响。佛教文化至西域进入,始于东汉,盛于魏晋南北朝唐,先后延续数百年,对中国社会的影响至大,所结集的佛藏,于数量亦占中国传统文化的三分之一。五代至宋,受北方游牧民族的压迫,国势不振。由上古至宋金积渐而成戏剧萌芽,得蒙古强悍之风输入,遂兴起而生气勃勃。明以后的戏剧,虽后出转精,然欲求元杂剧之质朴刚劲,已不可复得矣。王国维身处清末,面对渐渐而来的欧美文化,早已敏锐感觉到语言必变,[1]评

1　《静安文集·论新学语之输入》(1905)。

判楚辞、内典、元剧为新文体新言语之思想基础即在于此。当时尚有一部分学者极力维护桐城文、同光诗,以文体言语的新变衡量,已不具备生命力。皮且不存,毛将焉附?

如此观之,时过则境迁。有一代一代文学之退化衰亡,即有一代一代文学之新新生起,相承相嬗,渐转渐精,于时代亦何可悲观。欲求其故,则文学是流而非源,王国维也因此而治史。

此年,罗振玉《殷墟书契》八卷成。

1913年癸丑,王国维三十七岁。此年读《三礼》,又读《说文解字》一过,皆为研究学术的必要准备。

此年,罗振玉辑《秦郡考》《汉郡考》。

1914年甲寅,王国维三十八岁。此年成《流沙坠简》,为近代考证西北古地理的第一篇文字。

罗振玉在日本拟编《国学丛刊》,王国维任编辑。有《国学丛刊序》,以见王国维其时对中西学术的思想。《序》云:

> 学之义不明于天下久矣。今之言学者有新旧之争,有中西之争,有有用之学与无用之学之争。余正告天下曰:学无新旧也,无中西也,无有用无用也,凡立此名者均不学之徒,即学焉而未尝知学者也。

又论中学和西学:

中国今日实无学之患,而非中学西学偏重之患。京师号学问渊薮,而通达诚笃之旧学家屈十指以计之不能满也。其治西学者不过为羔雁禽犊之资,其能贯穿精博终身以之如旧学者更难举其一二。风会否塞,习尚荒落,非一日矣。余谓中西二学盛则俱盛,衰则俱衰,风气既开,互相推助。且居今日之世讲今之学,未有西学不兴而中学能兴者,亦未有中学不兴而西学能兴者。特余所谓中学非世之君子所谓中学,所谓西学非今日学校所授之西学而已。治《毛诗》《尔雅》者不能不通天文、博物诸学,而治博物学者苟质以《诗》《骚》草木之名状而不知焉,则于此学固未为善。必如西人之推算日食证梁虞邝唐一行之说,以明《竹书纪年》之非伪,由《大唐西域记》以发见释迦之支墓,斯为得矣。

由此可见王国维对晚清学术界盛行的中西体用(如张之洞)等争论的基本态度。或仅仅停留于诤中西、新旧而浑忘"学"之本身,则国维之言诚为良药。人处天地之中以生,所谓"中学""西学"者,皆有不同民族的生存智慧凝聚其中。此生存智慧仅文字记载已有数千年历史,何况人类生存远在数万年、数十万年以上。学术文化体现了生存智慧的逐渐积累,非一时、一地、一人所可尽。自当深入以究之,未可片言以决之。将数千年中国文化皆归于孔子一人,则学术化为宗教,已是大弊。若更坐明末清谈之失,岂非一误再误。西方文化的输入,如果自明万历十年(1582)利玛窦来华算起,至王国维之时已三百余年,即从鸦片战争(1840)算起,亦已七十余年。中华民族在吸收外来文化的过程中付出了重大的代价,至国维所身处的"今日之世",确已处于中学、西学无法互相回避的局面。由此观王国维提出的"学无中西无新旧无有用无无用""中西二学盛则俱盛衰则俱衰风气既开互相推助"等观点,至为精彩。

尚须究王国维对西方科学的认识。《人间词话》47则:"稼轩《中秋词》曰:'可怜今夜月,向何处、去悠悠?是别有人间,那边才见,光景东头。'词人想象,直悟月轮绕地之理,与科学家密合,可谓神悟。"中华学术与西方学术密合者岂仅为"月轮绕地之理"?又"月轮绕地之理"果为西洋科学之要?此与《序》中以《诗》《骚》草木之名以通西洋博物学,可当王国维对西方科学精神的理解。[1]以日食证《竹书》,以

---

[1] 王国维所说的"月轮绕地"之理,跟哥白尼(1473—1543)学说在中国的传播有关。一、十七世纪中波兰籍耶稣会士穆尼阁首次向中国学者透露了哥白尼的日心地动说,但未有影响(方以智《物理小识》)。二、1760年法人蒋有仁献《坤舆全图》,图旁有刻卜勒三定律,并宣布哥白尼学说为唯一正确的学说。但是遭到阮元、钱大昕等人反对。三、1859年李善兰和伟烈亚力合译《天文学纲要》,译名《谈天》,哥白尼学说得以传播开来。四、1885年康有为著《诸天讲》,肯定哥白尼等的作用,并首次向中国介绍康德—拉普拉斯星云假说。见《天文史话》,上海科技出版社,1981年,272—274页。可见清末社会对西方天文学的认识程度。又利玛窦传入的是古希腊托勒密(约90—168)的地心说。阮元、钱大昕所据的天文学体系内容如何,当另作研究。

《西域记》发见释迦支墓,可见文献与天文、地理的相通处。于此发展出王国维一生治学的特色,即学术界盛称的以文献资料和地下资料互证的"两重证据法"。

此年,罗振玉《殷墟书契考释》成,王国维为之作《序》,又作《后序》。此书之成,他参与之力甚多。又在日本短短四年,王国维得到罗振玉、沈曾植之助,迅速站到了乾嘉学派的前列。其思想体现于《殷墟书契考释后序》和《尔雅草木虫鱼释例自序》中,二序相承,试论述之。

《殷墟书契考释后序》:

> 余为商遗先生书《殷墟考释》竟,作而叹曰:此三百年来小学之一结束也。
>
> 我朝学术所以超绝前代者,小学而已。顺康之间,昆山顾亭林先生实始为《说文》、音韵之学。《说文》之学至金坛段氏而洞其奥,古韵之学经江、戴诸氏至曲阜孔氏、高邮王氏而尽其微。而王氏父子与栖霞郝氏复运用之,于是训诂之学大明。使世无所谓古文者,谓小学至此观止焉可矣。古文之学,萌芽于乾嘉之际,其时大师宿儒或殂谢或笃志,未遑从事斯业,仪征一书亦第祖述宋人略加诠次而已。而宿儒鄙夫不通字例、未习旧艺者,辄以古文所记者高,知之者鲜,利荆棘之未开,谓鬼魅之易画,遂乃肆其私臆无所忌惮。至庄葆琛、龚定庵、陈颂南之徒而古文

之厄极矣。近惟瑞安孙氏颇守矩镬，吴县吴氏独具悬解，顾未有创通条例开发奥窔如段君之于《说文》、戴段王郝诸君之于声音训诂者。余尝恨以段君之邃于文字而不及多见古文，以吴君之才识不后于段君，而累于一官不获如段君之优游寿考以竟其学，遂使我朝古文之学不能与诂训、《说文》、古韵三者方驾，岂不惜哉。……而此书契文字者，又段、吴二君所不及见也。

余从先生游久，时时得闻绪论，比草此书，又承写官之乏，颇得窥知大体，扬榷细目。窃叹先生此书诠释文字，恒得之于言意之表，而根源脉络一一可寻。其择思也至审，而收效也至宏，盖于此事自有神诣。至于分别部目，创立义例，使后人治古文者于此得其指归，而治《说文》之学者亦不能不探源于此。窃谓我朝三百年之小学，开之顾先生，而成之者先生也。

商遗先生即罗振玉。国维经过对书契（甲骨文）的"窥知大体"，"扬榷细目"，实已知乾嘉学术总纲。小学即文字学。凡文字当分字形、字音、字义三方面，国维以《说文》、音韵、训诂三者当之，在对三者的历史回顾和整体把握中，王国维识书契既为古文指归，又为《说文》之源，乃从《说文》进至古文，又从古文进至书契，实已找到清代绝学——小学的关键突破口。试示意如下：

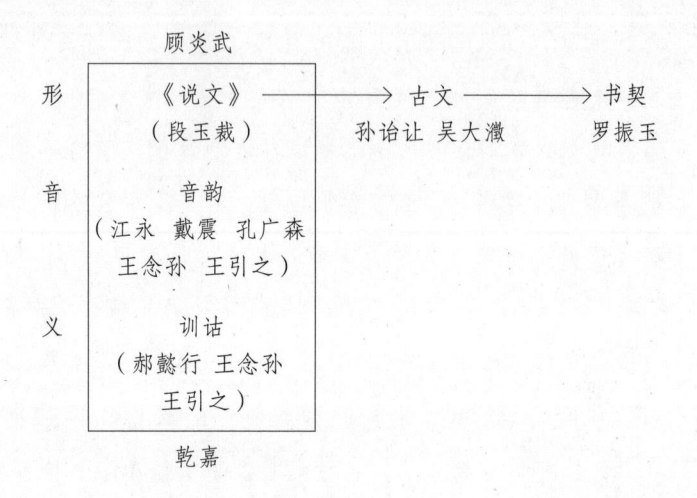

```
                    顾炎武
    形      ┌─《说文》─┐   ──→ 古文 ──→ 书契
            │ （段玉裁）│      孙诒让 吴大澂    罗振玉
            │          │
    音      │   音韵   │
            │（江永 戴震 孔广森│
            │ 王念孙 王引之）│
            │          │
    义      │   训诂   │
            │（郝懿行 王念孙│
            │  王引之）│
            └──────────┘
                    乾嘉
```

  王国维于罗振玉身旁，"时时得闻绪论"，又任抄写之役。深度参与此书，对迅速抓住总纲，为益甚大。王国维粗知乾嘉学术，曾于江藩《国朝汉学师承记》（嘉庆二十三年，1818）求修学途径。罗振玉谓江氏说多偏驳，国朝学术导源于顾炎武（前引《海宁王忠悫公传》）。按江氏之说，既贬宋学，又贬顾炎武于卷后，实存门户之见。罗振玉此指点极要，至少于清代汉学一派源头已正，王国维由是方能识其总纲。观此序所言和罗振玉之议论全同，可知对其影响之深。

  1915年乙卯，王国维三十九岁。二月，罗振玉、王国维回国一次，三月返回日本。此年罗振玉介绍王国维和著名学者沈曾植（1851—1922）相见，两人订交。得沈之助，王国维于音韵学又有一次跃进。

《尔雅草木虫鱼鸟兽释例自序》：

甲寅（1914）岁莫，余侨居日本。为上虞罗叔言参事作《殷墟书契考释后序》，略述三百年来小学盛衰，嘉兴沈子培方伯见之，以为可与言古音韵之学也。然余于此学殊无所得，窃怪自来治古音者详于叠韵而忽于双声。夫三十六字母乃唐宋间之字母，不足以律古音，犹二百六部乃隋唐间之韵，不足以律古韵。乃近世言古韵者十数家，而言古字母者，除嘉定钱氏论古无轻唇、舌上二音，番禺陈氏考订《广韵》四十字母，此外无闻焉。

因思由陆氏《释文》上溯诸徐邈、李轨、吕忱、孙炎以求魏晋间之字母，更溯诸汉人读为、读若之字与经典异文以求两汉之字母，更溯诸经传之转注、假借与篆文、古文之形声，以为如此则三代之字母虽不可确知，庶可得而拟议也。然后类古字之同声同义者以为一书，古音之学至是乃始完具。

乙卯春（1915）归国展墓，谒方伯于上海，以此愿质之。方伯莞然曰："君为学乃善自命题，何不多命数题，为我辈遣日之资乎？"因相视大笑。余又请业曰："近儒皆言古韵明而后训诂明，然古人假借、转注多取诸双声，段王二君虽各自定古音部，然其言训诂也，亦往往舍其所谓韵而用双声。其以叠韵说训诂者，往往扞格不通。然则谓古韵明而后训诂明，毋宁谓古双声明而后训诂明欤？"方伯曰："岂直如君言，古人转注、假借，虽谓之全用双声可也。双声或同韵或不同韵，古字之互相假借、转注者有同声有不同韵者矣，未有同韵而不同声者也。"……余大惊，且自喜其亿而中也。

丙辰春（1916）复来上海寓所，距方伯居颇近，暇辄诣方伯谈。一日方伯语余曰："栖霞郝氏《尔雅义疏》于诂言训三篇皆以声音通之，善矣。然草木虫鱼鸟兽诸篇以声为义者甚多，昔人于此似未能观其会通，君盍为部分条理之乎？"又曰："文字有字原，有音原。字原之说由许氏《说文》上溯殷周古文止矣，自是以上我辈犹不能知也。明乎此，则知文字之孰为本义，孰为引申、假借之义，盖难言之。……要之欲得其本义非综合其后起诸义不可，而亦有可得有不可得，此事之无可如何也。"余感是言，乃思为《尔雅声类》以观其会通，然部分之法辄不得其衷。……因悟此事之不易，乃略推方伯之说为《尔雅草木虫鱼鸟兽释例》一篇，既以《释例》为名，遂并其例之无关音声者亦并释之。虽未必能尽方伯之意，然方伯老且多疾，未可强以著书，虽不佞犬马之齿弱于方伯者二十余载，然曩者研求古字母之志，任重道远，间以人事，亦未敢期以必偿。而方伯音学上之绝识，与余一得之见之合于方伯者，乃三百年小学极盛之结果。他日音韵学之进步，必由此道。此戋戋小册者，其说诚无足观，然其指不可以不记也。

前引《殷墟书契考释后序》将小学分为说文、音韵、训诂三类，于小学一门已题无剩义，复由说文—古文—书契找到字形一类的突破口。此引《尔雅草木虫鱼释例自序》复于音韵一类由韵返音，即由叠韵进而为双声，则于音韵一类又复题无剩义。从声母入，经陆德明《经典释文》—魏晋字母—两汉字母—经传之转注、假借和篆文、古文之形声—三代字母（？）之节节上出找到音韵一类的突破口。形、声、义三者流转，形声明，训诂可不言而喻。最后的字原、音原虽不可求得，但小学一门于王国维时代必如是进步，可无疑问。前后二序概括乾嘉学派，必立此坚实的基础，王国维于甲骨文研究方能取得重大成就。且必有此对乾嘉学派的透彻认识，甲骨文研究方能打破并结束乾嘉学派，于学术研究另开新境。又王国维于乾嘉学术所走的上窥途径与早年由叔本华上窥康德全同，于学术发现问题（沈曾植称其"善自命题"）的能力有得于早年哲学训练的助益。

王国维于小学中的字形之学，因久随罗振玉，"时时与闻绪论"。于音韵之学的双声叠韵，则长期蓄有疑问。终于在乙卯（1915）得遇沈曾植，所蓄之疑经数语点拨，二人其志一应，国维即时上出，迅速站到了乾嘉学派的前沿，此即所谓"与君一席话，胜读十年书"。国维早年研习康德、叔本华时感悲苦，不期此时于师友间又重遇欣悦之境。沈、王谈学而相视大笑，会心当不在远。《论语》首章有三问："学而时习之，不亦悦乎？有朋自远方来，不亦乐乎？人不知而不愠，不亦君子乎？"王国维既有学而时习之自知，又有师友互证之相知，则人不知又何愠之有。沈曾植大二十余岁，罗振玉大十一岁，王国维能迅速站在乾嘉学术的前列，二人之力不可埋没。王国维对沈、王的学术也极为尊重，二人必为王国维屈十指以计的旧学家之内。今录王国维于丙辰年致罗振玉的一封信，以见其在学术上、生活上相知相慰之情：

自夏后所得公书，每想见怀抱不畅，迩年心情想亦今兹为劣矣。公书时以家事为言，然此事亦无正法，大抵有可设法补救则补救之，无则姑置之，愤怒忧郁无补于事而徒伤于身。公此次胃疾，自中医言之当以为肝病也，语亦有理。公平日最不喜闲，心常动作，乃精力兼人之故。故以公之体，用心与动作不能为病，唯郁结为致病之源，须以动作与闲散二法排遣之。前年《殷墟书契考释》成时，前印公写照，维本拟题诗四首，仅成一首故未题。其诗云："不关意气尚青春，风雨相看各怆神。南沈（沈曾植）北柯（柯绍忞）俱老病，先生（罗振玉）华发鬓边新。"现凤老（柯）不知何如？乙老（沈）多痰，然无甚病，尚足支十年。公年力俱尚未艾，此数年中学问上之活动总可继续二十年。试思此十年中之成绩以度后之二十年，其所得当更何如！公之事业尚未及半，切勿以小事介于怀抱，而使身体受其影响，此非国维一人之私望也。[1]

"风雨相看各怆神"，活画出国维和亡清遗臣之间的感情。然而相呴以湿，相濡以沫，何如相忘于江湖？

此年，王国维写成《鬼方昆夷猃狁考》，为先秦匈奴史的研究课题也随之转移。又此文所揭示的"随时异名，因地殊号"之理，颇可重视。知名号和时空有关，则于训诂已可不滞。更重要的考证是《生霸死霸考》，王国维在此恢复了商周的一个根据月相订的时间坐标。

《生霸死霸考》：

> 余览古器物铭而得古者所以名日者四：曰初吉，曰既生霸，曰既望，曰既死霸。因悟古者盖分一月之日为四分。一曰初吉，谓自一日至七八日也。二曰既生霸，谓自八九日以降至十四五日也。三曰既望，谓十五六日以后至于晦也。八九日以降，月虽出未满，而未盛之明则生已久。二十三日以降，月虽未晦，然始生之明固已死矣。盖

---

[1] 《王国维全集·书信》，《致罗振玉》（1916.12.29），168—169页。

月受日光之处虽同此一面，然自地观之，则二十三日以后月无光之处，正八日以前月有光之处。此即后世上弦下弦之由分，以始生之明既死，故谓之既死霸。此生霸死霸之确解，亦由古代一月四分术也。

这里考证初吉、既生霸、既望、既死霸四个月相名词，[1]每个名词都表示一定的时间幅度，实质上是分一月为四个七天或八天，每一周以朔望月亮盈亏的变化来命名。日人新城藏认为此四分月法，系其后西方所发达之周（星期）法的原始形，恐于周初由周民族所传入。此说虽不能确证，而四分月法本身确宜重视。今人全面推算金文月相的相对幅度，证实王国维所考证的四分月相是可行的，而刘歆、孟康等坚持的定点月相是错误的。[2]

考甲骨文中已有"旬"字，则殷周时代既已知二分一月（朔望），又知三分一月（旬），则知四分一月（初吉、既生霸、既望、既死霸）已非不可能。能明种种周期之变，恰有以见其对时间认识的精细，殷周时代具有高度文化，亦非偶然。知王国维如此注意时间节点，则其关于殷周时代的一系列考证，如

---

[1]《说文》："霸，月始生魄然也，承大月二日，承小月三日。从月，䨣声。《周书》曰'哉生霸'。"《尚书·康诰》："惟三月哉生魄。"马融注："魄，朏也，谓月三日始生兆朏，名曰魄。"
[2] 马承源《西周金文中月相的研究》，见吴泽主编《王国维学术研究论集》，华东师范大学出版社，1983年，62—99页。

《洛诰解》《顾命考》《周初开国年表》等，皆已探得其根。

此年，罗振玉经济情况窘迫，王国维不欲牵累之。其时哈同致书邀他为《学术杂志》编辑，乃决意回国。

王国维《丙辰日记》（1916）说："余此四年中生活，在一生中最为简单，惟学问变化滋甚。"《说文》、音韵、训诂，空间、时间，王国维的学问渐渐成熟了。

三、史学（1916—1927）

王国维于1916年丙辰，从日本返回上海，屈身于哈同花园（今上海展览馆）内任学术编辑工作，在沪共七年（1916—1922）。1923年癸丑，受升允之荐，任亡清小朝廷的南书房行走，自此至1927年丁卯去世，在京共五年（1923—1927）。

王国维的最后十一年，由此可分前后二期。前期主要著作有《殷卜辞中所见先公先王考》（1917）、《续考》（1918）、《殷周制度论》（1918），这是国维一生的最高学术成就，而后有《观堂集林》的结集（1921）。后期主要著作有国维任清华学校国学研究院经史小学导师后所作的演讲《最近二三十年中中国新发见之学问》（1925），又集每周讲稿为《古史新证》（1925）。前者代表了王国维根据新发现材料对中国文化史总体的新认识，也是他对自己一生学术的总结。后者揭示了王国维处理地下新发现材料所使用的方法——"两重证据法"。在最后几年中（1925—1927），王国维的精力集中于研究西北史地上，有《长春真人西游记校注》等一系列作品。1927年5月，王国维自沉于颐和园昆明湖，结束了自己的一生。

1916年丙辰，王国维四十岁。正月离开日本，乘船抵沪，应英人哈同之约，任《学术杂志》编辑之职。四月，成《毛公鼎考释》，序云：

> 自周初迄今垂三千年，其迄秦汉亦且千年。此千年文字之变化脉络不尽可寻，故古器文字亦有不可尽识者，势也。古代文字假借至多，自周至汉音亦屡变，假借之字不能一一求其本字，故古器文义多有不可强通者，亦势也。自来释古器者欲求无一字之不识，无一义之不通，而穿凿附会之说以生。穿凿附会者非也，谓其字之不可识义之不可通而遂置之者，亦非也。
>
> 文无古今，未有不文从字顺者。今日通行文字人人能读之能解之，《诗》《书》彝器亦古之通行文字，今日所谓难读者，由今人之知古代不如知现代深故也。苟考之史事与制度文物以知其时代之情状，本之《诗》《书》以求其文之义例，考之古音以通其义之假借，参之彝器以验其文字之变化，由此而及彼，即甲以推乙，则于字之不可释义之不可通者，必间有获焉。然后阙其所不可知者以俟后之君子，则庶乎其近之矣。

数千年文字之变化脉络不尽可寻，势也。具体走通其中任何一段都极难，但既有"古之今"即"今之今"之理存，则有走通的可能性。今日繁复难读的《诗》《书》彝器返至古之当时即化成通行文字，而理清时间中的变化脉络逐步上行犹探求变化规律。这里的基础在于掌握今日通行文字，由能读之进而能解之，由知现代深进而知古代深，上行上行，至秦汉、至周初，又未可以周初自限，更上之，上之邈远之极，如是或可称"文无古今，未有不文从字顺者"。序中所言"无一字之不识，无一义之不通"，犹"独断论"，"谓其字之不可识义之不可通而遂置之者"，犹"怀疑论"，亦即国维《汗德像赞》（1903）中所说"小知间间，敝帚是享"，"大疑潭潭，丧其故居"。坚持"阙其所不可知者以俟后之君子"，亦即文字学著名的"阙疑"原则，不仅见王国维对待学术的审慎态度与平和之心，且有极深的思想意义。康德哲学最终以"不可知论"阙疑，其义亦同。王国维此"阙疑"原则闻之于曾致力于探求"字原""音原"的沈曾植（见前引《尔雅释例序》），乃又俟后之君子。此后之君子未必能及王国维之门，但仍可继之而起，因学术的传承发展，以《易》现之，确有相及的"比"和不相及的"应"二种关系。学者除从师而学，又须"上友古人"，其要亦在于此。王国维所言由今知古的四条方法中，以"考之史事与制度文物以知其时代之情状"为最要，惜每为小学家所忽略。而王国维不仅依此释字通义，而且在释字通义后，返之以考古代社会之情状，此所以有《殷卜辞中所见之先公先王考》和《殷周制度论》之作。

《毛公鼎考释序》论诂训，与《殷墟书契后序》《尔雅释例自序》论字形、音韵，鼎足而三。

1917年丁巳，王国维四十一岁。此年国维写成《殷卜辞中所见先公先王考》和《殷周制度论》二篇文字，登上了他本人学术研究的高峰。

1917年二月，《殷卜辞中所见先公先王考》成。闰二月，《殷卜辞中所见先公先王续考》亦成。王国维于两《考》中据卜辞、彝器、典籍等参互求证，将有商一代先公先王之名见于卜辞者尽行考出，而亦证《世本》《史记》为实录。甲骨文得此年代标准，乃树立基本的时间坐标，遂不复为一盘散沙。论者指出这是甲骨文字出土十九年中第一篇具有重大意义的科学论文。有此论文，才使甲骨文字的史料价值为举世所公认，甲骨学才真正成为一门独立的学科。[1] 试摘引两《考》的主要成果以论述之。

按《史记·殷本纪》略云：

> 殷契，母曰简狄，有娀氏之女，为帝喾次妃。契长而佐禹治水有功。封于商，赐姓子氏。

> 契卒，子昭明立。昭明卒，子相土立。相土卒，子

---

[1] 萧艾《王国维评传》，135页。

昌若立。昌若卒，子曹圉立。曹圉卒，子冥立。冥卒，子振立。振卒，子微立。微卒，子报丁立。报丁卒，子报乙立。报乙卒，子报丙立。报丙卒，子主壬立。主壬卒，子主癸立。主癸卒，子天乙立，是为成汤。

成汤，自契至汤八迁。汤始居亳，从先王居，作《帝诰》。

甲寅岁暮，罗振玉作《殷墟书契考释》，于卜辞中发现王亥之名。王国维读《山海经》《竹书纪年》，并与诸经籍参证，乃知王亥即《史记·殷本纪》中的"振"。国维乃复就卜辞有所攻究，辗转求得卜辞之季即《史记》之冥，卜辞之田即上甲微，且抱乙、抱丙、抱丁亦得其证，即卜辞之示壬、示癸即主壬、主癸亦信而有征。精诚所至，辗转求释，前此甲文之不可通者尽通之，乃理顺冰释，现出新境。由甲寅岁暮（1914）的一点小小感悟始，数年之中日就月将，不断有所得有所积，乃于丁巳（1917）岁初衍成此大篇。此考证不仅可订正《史记》记载之失，且得卜辞之印证，《史记》所载之世数因得具体内容而生动。今将王国维根据卜辞重新厘定的《史记》世数对照如下：

卜辞　　　　《史记》

夒（夋）　　帝喾？

	契
	昭明
◊	相土
	昌若
	曹圉
季	冥
王亥	振[1]
田（田）	上甲微
（报乙）	报丁（《史记》误，当作抱乙）
（报丙）	报乙（《史记》误，当作抱丙）
（报丁）	报丙（《史记》误，当作抱丁）
示壬	主壬
示癸	主癸
大乙（唐）	天乙（汤）

此即卜辞和《史记》互证而重新厘定的商代祖先的历史。又王国维言：王亥为殷人以辰为名之始，上甲微为以日为名之始，昭明等为朝莫晦明之义，故于表中标识之。

王国维作《考》，所据为《铁云藏龟》和《殷墟书契前后

---

[1] 王国维据卜辞考得王亥和上甲微之间尚有王恒（王）一世，《史记》失载，当补入。王亥与王恒疑为兄弟相及。

编》。《考》成踰月，得见哈同戤寿堂所藏殷墟文字拓本凡八百纸，又罗振玉以养病至沪，又得见其行装中新拓的书契文字约千纸，因补正前说，作《续考》。

《续考》继《考》而直接研究商史，乃据卜辞而重新厘定商先王世数为三十一帝十七世，以证《史记·殷本纪》，并纠正《史记·三代世表》和《汉书·古今人表》的错误。今据其《殷世数异同表》摘引主要成果如下：

商先王世数：

帝名	卜辞	
汤	（示癸子）	一世
大丁	汤子	二世
外丙（大丁弟）		
中壬（外丙弟）		
大甲	大丁子	三世
沃丁（大甲子）		
大庚（沃丁弟）	大甲子	四世
小甲（大庚子）		
雍己（小甲弟）		
大戊（雍己弟）	大庚子	五世
中丁	大戊子	六世
外壬（中丁弟）		

河亶甲（外壬弟）		
祖乙	中丁子	七世
祖辛	祖乙子	八世
沃甲（祖辛弟）		
祖丁	祖辛子	九世
南庚（沃甲子）		
阳甲	祖丁子	十世
盘庚	阳甲弟	十世
小辛	盘庚弟	十世
小乙	小辛弟	十世
武丁	小乙子	十一世
祖庚	武丁子	十二世
祖甲	祖庚弟	十二世
廪辛（祖甲子）		
庚丁	祖甲弟	十三世
武乙	庚丁子	十四世
大丁（武乙子）		（十五世）
帝乙（大丁子）		（十六世）
帝辛（帝乙子）		（十七世）

　　此表卜辞项下首尾略阙，补入（加括号）。总计三十一帝十七世。

渔人之路和问津者之路

此据甲骨文所恢复的虽为帝王世系，亦为生存在中国土地上的人种部族目前所存最早有实物可证的家族史，实即在当时一个以汤为开端的家族变迁发展盛衰史，而生老病死、喜怒哀乐等无数情况均消泯其中，抽象为人类世世代代绵延生存的基本事实。此十七世三十一帝仅为人类长足进步史的一个断片，由第一世汤到第十七世帝辛（纣），一个家族已由盛及衰，而文化仍在一世一世逐步积累，此变化积累实永无止息。祖祖父父，往前往前，其始何在？子子孙孙，往后往后，其终何在？人从哪里来，又到哪里去？于此考殷人当时有祖先崇拜的习俗，亦未必不可理解。从汤至帝辛十七世三十一帝的延续，前后约五百年（约前16世纪—前11世纪），而此五百年实未足以衡量人类数万年、数十万年的发展，于生物史相较更有数量级的不同，然则何可执一姓以拟时间之变。

《考》：

　　王亥确为殷人以辰为名之始，犹上甲微之为以日为名之始也。然观殷人之名，即不用日辰者亦取于时为多。子契以下若昭明、若昌、若冥皆含朝莫明晦之意，而王恒之名亦取象于月弦，是以时为名或号者乃殷俗也。夏后氏以日为名者有孔甲，有履癸，要在王亥及上甲之后矣。

《续考》：

疑商人以名为名号乃成汤以后事，其先世诸公生卒之日，至汤有天下后定祀与名号时已不可知，乃即用十日之次序以近明之，故先公之次乃适与十日之次同，否则不应如此巧合也。

辰指地支，子丑寅卯辰巳午未申酉戌亥；日指天干，甲乙丙丁戊己庚辛壬癸；朝莫晦明取象于光线的变化，亦即阴阳之义。《续考》所言较《考》更为审慎，然可知汤所在的商初已明确理解地支亦即十二数的周期，天干亦即十数的周期，以及阴阳的观点。又据罗振玉统计，有商一代，以甲名者六，以乙名者五，以丁名者六，以庚辛名者四，以壬名者二，唯以丙及戊己名者各一。其称大甲、小甲、大乙、小乙、中丁，殆后来加之以示别（《考》引）。帝王姓名均以干支阴阳命名之，可见当时对数何等重视。对时空的认识抽象为数，为人类抽象思维的结晶。而我国殷商时代即有此天干地支和阴阳观点，对这些周期所示的内容及后世的发展正宜深入研究，以明中国文化的基础。王国维于数千甲骨残骸中，抽象以得商先王世数，实已得社会科学的时间坐标。然干支阴阳等观念就在面前，国维于此未再上之，抽象以得自然科学的时间坐标，则尚有再进步的余地。

以"二重证据法"论，甲骨实物为一重证据，文籍为一重证据。王国维精熟于《竹书》《楚辞》《史记》等基本文籍，所以得到地下实物即能迅速发现问题，撷出纲领，而文籍得甲骨之证，面貌亦焕然一新。二重证据互相依存，显亦俱显，隐亦俱隐。写《续考》时，王国维曾发现哈同戬寿堂所藏一骨，与罗振玉《殷墟书契后编》中某一断片为一，开创甲骨缀合之法。此骨凡殷先王先公自上甲至于大甲其名皆在，商代世系研究中的若干积疑，涣然冰释，王国维乃叹其可贵在天球河图上。[1] 重视甲骨缀合以考得先王世数极可贵，而天球、河图或不必非。按《尚书·顾命》："越玉五重，陈宝：赤刀、大训、弘璧、琬琰在西序，大玉、夷玉、天球、河图在东序。"郑注："方有事，陈之以华国。"观其所陈之宝，可分物质和精神两大类，赤刀、大玉等代表当时所认识的最高物质价值，大训、天球、河图代表当时所认识的最高精神价值。且大训所重视当为社会科学，天球、河图所重视则为自然科学。此天地人物之宝，陈于世代更替的顾命之际，何等郑重，又何可轻视其中任何一项意义。且天球、河图皆已不为文字所限，若能深究此一重证据，则甲骨文之意义或可更显。[2]

七月，王国维成《殷周制度论》。此文是《殷卜辞中所见先公先王考》的姐妹篇，乃精心结撰的大文字，参看《观堂集林》卷一《陈宝考》，又同卷《周书顾命考》《周书顾命后考》（1916）。王国维社会研究的具体成果，全萃于此篇。文中精彩

---

1 赵万里《静安先生遗著选跋》，《王国维学术研究论集》第一辑，309—310页。
2 参看《观堂集林》卷一《陈宝考》，又同卷《周书顾命考》《周书顾命后考》(1916)。

之处甚多,不能详述,仅从时、地、制度三者以论其纲。

《殷周制度论》:

> 中国政治与文化的变革,莫剧于殷周之际。
>
> 自五帝以来,都邑之自东方移向西方,盖自周始。
>
> 欲观周之所以定天下,必自其制度始矣。周人制度之大异于商者,一曰立子立嫡之制。由是而生宗法及丧服之制,并由是而有封建子弟之制,君天下臣诸侯之制。二曰庙数之制。三曰同姓不婚之制。此数者,皆周之所以纲纪天下,其旨在纳上下以道德,而合天子、诸侯、卿、大夫、士、庶民以成一道德团体。周公制作之本意,实在于此。

王国维此《论》定时于殷周之际,定地于西北。前者代表他在史学研究中逐渐追溯的中国文化源头,后者代表他史学研究的地理中心点。此文所论的汉民族情况,和晚年西北史地研究所论的少数民族情况,皆相对此中心点而言。[1] 所论之殷周

---

[1] 王国维西北史地研究:一、匈奴史《鬼方昆夷猃狁考》(1915)、《西胡考》(1919)、《西胡续考》(1919)、《胡服考》(1915)等。二、突厥、回鹘史《高昌宁朔将军曲斌造寺碑跋》(1919)、《九姓回鹘可汗碑跋》(1919)等。三、蒙古史、元史《鞑靼考》(1919)、《附鞑靼年表》(1925、1927)、《萌古考》(1925、1927)、《黑车子室韦考》(1927)《金界壕考》(1927)、《耶律文正年谱》(1925)、《长春真人西游记校注》(1927)等。详见余大钧《论王国维对蒙古史的研究》,《王国维学术研究论集》第一辑,249—267页。

制度，立子立嫡制重视下传，庙数之制重视上溯，同姓不婚制重视本代的优生，三制合过去、现在、未来，已见及人类遗传这个社会结构的核心。《殷先公先王考》中商代十七世三十一帝的内容，至此由家族而社会与制度相连，而整个以王权为中心的中国古代社会的主要制度均从此衍化而出。"纳上下以道德，而合天子诸侯卿大夫庶民以成一道德团体"，可见王国维的理想所在。以此而论，王国维于清亡后的《殷周制度论》（1917）和康有为的《大同书》（1913），其思想实无有异，王国维建理想于周公和康有为建理想于孔子，其思想实无有异。于近代外来文化进入时，中国以"国家"二字成词以译西语的country，代表了两种文化的不同认识。知"国""家"为社会的两端，此认识极为深刻，而必欲把国置于某一家之下，又为中国文化中专制思想的重要根源。

于殷周之时的制度变革和西北之地尚可更论之。

《殷周制度论》：

> 殷周间之大变革，自其表言之，不过一姓一家之兴亡和都邑之移转，自其里言之，则旧制度废而新制度兴，旧文化废而新文化兴。又自其表言之，则古圣人之所以取天下及所以守之者，若无以异于后世之帝王，而自其里言之，则其制度文物与其立制之本意，乃出于万世治安之大计，其心术与规摹迥非后世帝王所能梦见也。

此大变革具体内容如下：

殷以前无嫡庶之制。
商之继统法，以弟及为主而以子继辅之，无弟然后传子。
传子之制，实自周始。
由传子之制而嫡庶之制生焉。
由嫡庶之制而宗法和服术二者生焉。商人无嫡庶之制，故不能有宗法。
自殷以前，天子诸侯君臣之分未定也。
男女之别，周亦较前代为严。男子称氏，女子称姓，此周之通制也。
是故有立子之制而君位定，有封建子弟之制而异姓之势弱，天子之位尊。有嫡庶之制于是有宗法有服术，而自国以至天下合为一家。有卿大夫不世之制，而贤才得以进。有同姓不婚之制而男女之别严，且异姓之国非宗法所能统者，以婚媾甥舅之谊通之，于是天下之国大都王之兄弟甥舅，而诸国之间亦皆有兄弟甥舅之亲，周人一统之策实存于是。

结论言：

欲知周公之圣和周之所以王，必于是乎观之矣。

这是王国维通过比较殷周二代制度对中国古代社会的结构进行的溯源性总体认识。殷周之际发生的制度变化，是处于黄河流域上段（今陕西省）的周文化吸收黄河流域中段（今河南省）的殷文化而成。由西周而东周，此制度经中段的三晋地区和下段的燕齐鲁地区的发展变化后，又返入上段由秦肯定之。于是自秦汉而下直至清末，延续二千余年，至清末复有推翻帝制的大变革。

王国维研究殷周制度，其学术根源出于"礼"。当年由文哲阶段转史学阶段之初，即有温经之举。于1913年，曾读《说文解字》和《三礼》。于《说文解字》研究进至社会，即有《殷卜辞中所见先公先王考》；于《三礼》研究进至社会，即有《殷周制度论》。王国维所述的殷周制度，涉及同姓、异姓方面，此与生物学的人有关。他重视王、诸侯世（世袭）和卿、大夫不世（世袭）的社会学方面，而特别强调前者传子之制而衍生出种种制度，可见他对清末推翻帝制的基本态度。王国维所理想的国体当为君主立宪，作于1912年的《送日本狩野博士游欧洲》诗赞叹说："此邦瞳瞳如晓日，国体宇内称第一"，其情其思可见。日本晚于中国被侵入（1854前后），经明治维新（1868—1890前后）迅速由落后跻于富强，而于甲午（1894）一举打败中国，受此刺激，中国久蕴的改良和革命浪潮亦随之而起。日本为何能后来居上，成了近现代许多志士所思考的问题。中日甲午战争对王国维的影响至深，也是他青年时期研究中西学术的动力之一。王国维赞成帝制，日本的实例当为其思想基础之一。此处所提出的王、诸侯世袭以息争，卿大夫不世以进贤，亦见他对君主立宪制的相应。

《殷周制度论》文成，王国维于当日致信罗振玉："此文于考据之中，寓经世之意，可几亭林先生。"[1] 王国维于学术一向推许罗振玉、沈曾植，至此始直接面对顾炎武，可见他对此文的自重。然而考据当知古，经世当知今。于知古论，当澄清种种传说，方可明殷周之际的时代。然而周公制礼之事，几分史实？几分传说？不可不联系孔子而论。于知今论，当知明末和清末时代不同，明末为帝制内一姓之变，清末推翻的是帝制本身。顾炎武思想并不适用于清末，实未可效法。

王国维《殷周制度论》虽为相当精彩的大文字，但是囿于其保守思想与经世之念，他所澄清的殷周之际的制度，仅可视为其理想的社会结构。以观念论，凡一种高华的哲学思想，必有一理想社会和理想人格。此理想社会和人格，非建立此理想者当时所处的社会所能容，必导入于时间之中，而有置于过去和置于未来之异。最初立此理想者或为个人，而一旦为人群所接受，即成集体之表象。此理想社会置于过去或未来，其实质并无不同，要在调节范导人们的行动。《殷周制度论》所建立之理想社会，虽稍薄弱，亦属此类。然而王国维之理想社会仅

---

[1] 《王国维全集·书信》，《致罗振玉》(1917年9月3日)，213页。

据传说中的周公制礼而成,尚未能究传说中文王演《易》,周公作乐的内容。未能知此二端以因时变革制度,此亦其理想社会略显板滞的原因之一。于史实而论,在周公之时,即有管蔡之乱,以后秦汉唐宋元明清,王族内部的继承权之争,无代无之,则传子以息争,则争果可息,果能息?于此王国维非不知,实知之而不顾。由此观国维在《殷周制度论》所建立之理想社会,当另生兴味。

《殷周制度论》于地理言:

都邑者,政治和文化之标征也。自上古以来,帝王之都皆在东方。太暭之虚在陈,大庭氏之库在鲁,黄帝邑在涿鹿之阿,少暭与颛顼之虚皆在鲁卫,帝喾居亳。惟史言尧都平阳,舜都蒲坂,禹都安邑,俱僻在西北,与古帝宅京之处不同。然尧号陶唐氏而冢在定陶之成阳,舜号有虞氏而子孙封于梁国之虞县,孟子称舜生卒之地皆在东夷。盖洪水之灾,兖州当其下游一带,或有迁都之事,非定居于西土也。禹时都邑虽无可考,然夏自太康以后以迄后桀,及他地名见于经典者,率在东土,与商人错处河济间盖数百岁。商有天下不常厥邑,而先后五迁不出邦畿千里之内。故自五帝以来,政治文物所自出之都邑皆在东方,惟周独崛起西土。

武王克纣之后,立武庚置三监而去,未能抚有东土也。逮武庚之乱，始以兵力平定东方，克周践奄，灭国五十。乃建康叔于卫，伯禽于鲁，太公望于齐，召公之子于燕，其余蔡郕郜雍曹滕凡蒋邢茅诸国碁置于殷之畿内及其侯甸，而齐鲁卫三国以王室懿亲并有勋伐，居蒲姑商奄故地为诸侯长。又作雒邑为东都以临东诸侯，而天子仍居丰镐者凡十一世。自五帝以来，都邑之自东方而移于西方，盖自周始。

王国维于五帝地理所言，史实和传说混杂，于得实证以前，未可尽信之。若去其太皞、大庭等诸名，则可以今日遍地出土的文化遗址当之，且证中华文化的源头极多，未可轻易以其中某一种为唯一起源。观王国维所言周以前都邑，虽举证繁富，仍偏于黄河流域，今于考古知长江流域文明的发展尚在黄河流域之先，则二千余年来儒家经典对人们认识范围的若干无形制约已可打破，王国维对先周所作地理认识亦可作若干补充。王国维判断都邑为政治文化的标征，又定唯周独崛起西土，所论至当。然而他于西北地理的认识，于时止于殷周之际，殷周之后则着眼于从匈奴至蒙古的外族，于周崛起西土后对汉民族发展所起的地理影响尚注意不足，试补充论述之。

于中国地理大势论，自周崛起西土后，西北即成北方亦即黄河流域的建都中心。自西周到清末约三千年，此中心呈由西向东移动的趋势，其具体路线在今陕西、河南两点之间徘徊，大抵国势盛时居陕西（西周、秦、西汉、隋唐），国势衰时居河南（东周、东汉、魏晋），宋以后由河南折向河北，传统社会也由此转入后期。于此相应，南方亦即长江流域的中心，亦呈由西向东移动的趋势，即由今之湖北、江苏而上海。最早在湖北，亦即和北方相抗衡的楚文化。战国时在秦的强大压力下，此中心趋于离散。屈子处于变化之时，茫茫南方，竟找不到一个可依止之处，于心理、地理都有一种无家可归的失落感，《离骚》《哀郢》表达了此类双重情绪。孙权建都南京，虎踞龙盘，再次形成南方的中心，此情形一直延续于整个传统社会，直至近代。南京的重要作用甚至在鸦片战争（1840—1842）中也体现了出来，清政府开战后对和战一直举棋不定，一直到英军攻至南京城下，威胁南方的根本，清政府才在心理上屈服，签订了近代第一个不平等条约——《中英南京条约》。此后，由于处在长江入海口的优越位置，上海由一个苏州府属下的小县城，迅速发展成中国最大的都市。由于上海在对外交流中的地位，逐渐取代南京的作用。两次鸦片战争以后，北京和上海成为直接感受国际国内政治经济文化风潮最敏感的南北二个中心，中国近代史的著名人物多至两城市以后才决定自己一生行动的取向。就是王国维本人，也是从家乡到上海以后，才具备了独立探求中西学术的可能。而且一入上海，即感觉西北和东南的相应，决定了他一生的学术取向。南北二个中心由西向东的相对移动，以及南北之间的冲突和交汇，构成了整个中国传统社会政治、经济、军事、文化发展史的空间坐标。而周崛起于西土，则处于此空间坐标的起始点上。王国维所重视的殷周制度延续整个传统社会至清末才被推翻，则辛亥革命为何等重要的开天辟地的大事变。

此年（1917），王国维成《古本竹书纪年辑校》一卷，又成《今本竹书纪年疏证》二卷。《竹书纪年》为汲冢书的一种。晋太康二年（218），汲郡人不準盗魏晋王墓，得竹书数十车，即所谓"汲冢书"。其中有以编年形式纪事者十三篇，即《竹书纪年》。其文简要如《春秋》，所记内容与通行说法有极大不同（《晋书·束皙传》）。《竹书纪年》约于北宋失传，南宋间则有伪托之书出。至清朱右曾始辑原书佚文。王国维《古本辑校》则校补朱右曾所辑得二百四十八条，《今本疏证》又逐条疏其所袭他书之迹，而证其为伪托，今古本《竹书纪年》之案遂定。

此年十月，国维汇文成《永观堂海内外杂文》，国维初号礼堂，改号永观堂或观堂，至晚从此始。《人间词话》60则："出乎其外，故能观之"，永指时间，观堂之意，或出于此。

1918年戊午，王国维四十二岁。此年罗振玉返国，罗王二人相别一载。罗振玉将次女嫁给王国维长子，罗、王除学术关系外，又为儿女亲家。又罗之长女嫁刘鹗第四子刘大绅（？—1955），刘大绅与王国维亦交久情深，所呈诗有"青山青史谁千古，输于渔樵话未休"之句（《新居口号》）。刘氏父子自有其学,未知尚与王国维讲习否。[1]

1918年己未,王国维四十三岁。此外,沈曾植(1851—1922)七十岁,王国维为作《沈乙庵先生七十寿序》。这是国维总结清代学术的最后一篇文章。

《序》略云:

> 我朝三百年间学术三变。国初一变也,乾嘉一变也,道咸以降一变也。顺康之世,天造草昧,学者多胜国遗老,离丧乱之后,志在经世,故多为致用之学,求之经史,得其本原,一扫明代苟且破碎之习,而实学以兴。雍乾以后,纲纪既张,天下大定,士大夫得肆意稽古,不复视为经世之具而经史小学专门之业兴焉。道咸以降,涂辙稍变,言经者及今文,考史者兼辽金元,治地理者逮四裔,务为前人所不为,虽承乾嘉专门之学,然亦逆睹世变,有国初诸老经世之志。故国初之学大,乾嘉之学精,道咸以降之学新。……今者时势又巨变矣,学术之变盖不待言。
>
> 若夫缅想在昔,达观时变,有先知之哲,有不可解之情,知天而不任天,遗世而不忘世,如古圣哲之所感者,

---

[1] 刘氏父子之学来自太谷学派,参看刘德隆等编《刘鹗及老残游记资料》,四川人民出版社1985年7月版。所引诗见萧艾《王国维诗词笺校》,湖南人民出版社,1984年,36—38页。

则仅以一二见于歌诗,发为口说,言之所不能详,世所得而窥见者,其为学之方法而已。

窃又闻之,国家与学术为存亡。天而未厌中国也,必不亡其学术;天不欲亡中国之学术,则于学术所寄之人,必因而笃之。事变愈亟,则所以笃之者愈坚。

前引三序分别从字形、字音、字义三方面总结乾嘉学派。此序进而从时代变化角度总结清代学术,所谓大、精、新之变,均与时势之变相关,此由具体上升抽象,已能观其大。"天而未厌中国,必不亡其学术"的坚定信念,与二十岁时"若禁中国译西书,则生命已绝,将万世为奴矣"的焦虑心情,皆可见王国维忧国忧民之心,贯穿其学术生涯的始终。然而将中国学术等同于清代学术,把中国等同于"我朝",未能两相解释,各归其所,此即王国维有"不可解之情"的关键所在。"缅想在昔,达观时变……为学之方法而已"一段极要,王国维和沈曾植相应处在此,而 1912—1927 史学阶段的思想亦在此,即视为《观堂集林》之自序,亦无不可。"达观"一词出《尚书·召诰》,原意指周公四面踏勘一新建邑。[1] 可知达观指整体以观,若能达观,则不可解之情或有所可解。

---

[1] 《尚书·召诰》:"若翼日乙卯,周公朝至于洛,则达观于新邑营。"注:"周公通达观新邑所营,言周备。"

此年，中国爆发"五四"新文化运动。

1912年辛酉，王国维四十五岁。此年乃汇集前后考证经史诸作，成《观堂集林》。今本《观堂集林》二十四卷，有完成于1921年以后的作品，为罗振玉根据王国维手订《补编》（1927）补入。凡《艺林》八卷，《史林》十四卷，《缀林》二卷。《艺林》包括经学、小学，《史林》包括史地制度，《缀林》为诗词（一卷）文（一卷）。国维不治子，此"三林"实从《四库全书》经史集三部变化而出。前引《序》：

> 若夫缅想在昔，达观时变，有先知之哲，有不可解之情，知天而不任天，遗世而不忘世，如古圣哲之所感者，则仅以一二见于歌诗，发为口说，言之所不能详，世所得而窥见者，其为学之方法而已。

《观堂集林》全书之旨，尽萃于此。变"集部"为"缀林"，表明了国维脱离文哲后对文学的看法。"仅以一二见于诗歌，发为口说"，亦即"缀林"仅短短二卷的原因。而表现其"为学之方法"的"艺林"（八卷）、"史林"（十四卷）有二十二卷之多。[1] 观整篇寿序，知王国维以其"为学之方法"

---

[1] 《沈乙庵先生七十寿序》："夫学问之品类不同，而其方法则一。国初诸老用此以治经世之学，乾嘉诸老用此以治经史之学，先生复广之以治一切诸学。"

贯通"国初之学大、乾嘉之学精、道咸以降之学新",则隐于"为学方法"中的"言之所不能详"之心意,亦可得而喻。变"经部"为"艺林",上溯《汉书·艺文志》"六艺略",且变志于道为游于艺,亦反映清末民初经学崩溃的事实。唯"史部"为"史林",则史可不变,亦何可变,此见国维"达观时变"于思想上的立脚点,知此一隅,可为三隅之反。《艺林》八卷,始于《生霸死霸考》以明月相的时间周期,《史林》十四卷,始于《殷卜辞中所见的先公先王考》和《殷周制度论》,见《观堂集林》之编撰自有体例,与早年《静安文集》的相对散碎已不同。

《观堂集林》有罗振玉、蒋汝藻二序(癸亥,1923)。二序皆琐碎,似未足以方王国维之志。然罗蒋二人与王国维均极接近,而国维的思想和行动,亦可从此侧面以观之。又罗序结尾有一言:

> 君(王国维)尝谓今之学者于古人之制度文物学说无不疑,独不肯自疑其立说之根据。呜呼,味君此言,可以知君二十年中学问变化之故矣。

自疑其根据,方可谓之"批判",自证其根据,方可谓之"判断力"。王国维于《红楼梦评论》发出绝大之疑问,以后学术方向屡变,至此方化为《观堂集林》于学术的一系列判断,其间恰为二十年（1904—1923）。然而康德之"批判"并非对文籍而言，其"判断"亦在文籍之外，而王国维之判断有所局限于文籍之中，则《观堂集林》仍未足消释早年之疑惑。

1922年壬戌，王国维四十六岁。十月，沈曾植逝世（1851—1922），王国维治乾嘉学术和西北史地，曾受其相当影响。其时宿老如柯绍忞、缪荃孙等相继谢去，学术界渐渐公认王国维为第一流之学者。这是王国维在沪六年（1917—1922）的最后一年。

1923年癸丑，王国维四十七岁。此年王国维应升允之荐，为清废帝溥仪的南书房行走，遂于此年上京。这是王国维一生的最后阶段（1923—1927）。王国维此时的心情是舒畅的，试录其一篇《诗经》考证文字《肃霜涤场说》的结尾，以见其情。按《诗经·豳风·七月》："九月肃霜，十月涤场"，国维云：

癸亥之岁，余再来京师，离南方之卑湿，乐此土之爽垲。九、十月之交，天高日晶，木叶尽脱，因会得肃霜涤场二语之妙，因为之说云。

诗人之情，不禁于篇尾流露。观此何者情，何者境，何者艺术，何者学术，已混然不可分。艺术之精神，早已脱离诗文形式的桎梏，化为对学术的颖悟。《人间词话》6则云："境非独谓景物也，喜怒哀乐，亦人心中之一境界。故能写真景物、真感情者，谓之有境界，否则谓之无境界"，于此又得一例证。又《豳风》为十五国风之殿。《国风》始于西周初年的《周南》《召南》，经西周至东周的邶、鄘、卫、王、郑、齐、魏、唐、秦、陈、桧、曹诸风的盛衰变化，于终篇又以《豳风·七月》返入先周的草创时代。此《诗经》编者的思想，若以爱因斯坦（1889—1955）说方之，或谓之"时间倒流"云。

1924年甲子，王国维四十八岁。此年罗振玉亦入直南斋。王国维其时已为全国第一流学者。清华学校（清政府用美国退还的庚子赔款建于1911年，名清华学堂。1912年民国成立，改名为清华学校）欲聘国学研究院院长，胡适（1891—1962）以王国维荐，王国维婉谢。

1925年乙丑，王国维四十九岁。清华学校改称清华大学，国学研究院亦正式成立。王国维受废帝溥仪之命，应聘就任国学研究院经史小学的导师。研究院虽仅七八人，皆一时之选，而以梁启超、王国维、陈寅恪（1890—1969）三人名最著，史称"三巨头"。当时北有清华国学研究院（1925），南有无锡唐文治兴办的无锡国学专修馆（1921），二三十年代后从事古文献研究者，多出于此二校。而梁启超、王国维、陈寅恪彼此相知相敬，见其友谊之醇。

此年王国维的主要作品有二，《最近二三十年中中国新发见之学问》和《古史新证》。前者是国维对学生所作的演讲，是他在材料变化下对中国文化总体的新认识，亦为其治史的总结；后者集每周讲稿而成，述纸上材料和地下材料相证的方法——"二重证据法"。

前文云：

> 古来新学问大都由于新发见，有孔子壁中书出而后有汉以来古文家之学，有赵宋古器出而后有宋以来古器物古文字之学，惟晋时汲冢竹简出土后即继以永嘉之乱，故其结果不甚著，然同时杜元凯注《左传》，稍后郭璞注《山海经》，已用其说。而《纪年》所记禹益伊尹事，至今成为历史上之问题。然则中国纸上之学问赖于地下之学问者，固不自今日始矣。自汉以来中国学问上之最大发现有三：一为孔子壁中书，二为汲冢书，三则今之殷墟甲骨文字，敦煌塞上及西域各处之汉晋木简，敦煌千佛洞之六朝及唐人写本书卷，内阁大库之元明以来书籍档册。此四者之一，已足当孔壁汲冢所出，而各地零星发现之金石书籍于学术有大关系者尚不与焉。故今日之时代可谓之发见时代，自来未有能比者也。

试将王国维所述汉以来之发现和今之发现分（A）（B）二栏表解如下：

(A)
↑ 孔壁书　　　　　　汉　武帝末（元光六年，前129—后元二年，前87）
　汲冢书　　　　　　晋　武帝末（太康二年，281）
　殷墟甲骨文字　　　清　德宗末（光绪二十五年，1899）

(B)
↑ 殷墟甲骨　　　　　　　　　　　　　　（殷周）
　敦煌塞上及西域各地之汉晋木简　　　　（汉晋）
　敦煌千佛洞之六朝及唐人写本书卷　　　（六朝唐）
　内阁大库之元明以来书籍档册　　　　　（元明）

　　（A）栏是王国维在材料变化下对中国文化总体的新认识，（B）栏为所列四项国维已治其三，为其史学阶段的治学之纲。

　　于（A）栏可见中国文化史上三次大出土对中国文化所起的作用。第一次出土对儒家经学的形成关系甚大。从武帝末年（前129—87前）孔壁书发现酿成今古文之争到东汉末年郑玄融合今古文，为经学基本面貌的形成时期。于时而论，恰当董仲舒（前179—前104）"罢黜百家、独尊儒术"，到郑玄（127—200）遍注群经、融合今古文。儒家经学的基本形成，在当时有可贵的作用，但是反过来也阻碍人们认识六经作为核心参与文明的形成，阻碍人们认识这些典籍和其他典籍的联系。文化创造在不同时间、不同地域所显示的万端之变，皆收入经学的一隅之得，由此对六经的其他认识均视为异端，学术尽化为宗教。经学形成后居于中国文化的正统地位，历代的思潮变化都跟经学变化有关。若不知经学，对中国传统思想的认识必然步步生障碍。而经学内部的今古文之争，从两汉到清末，竟与王朝的形成和衰亡相始终。

汲冢书在晋初（281）的出土，正值印度佛教思想进入的时期，于学术体现为魏晋玄学对两汉经学的反冲，汲冢书中出土的《易》和经学易不同，《竹书纪年》亦和经学家的《春秋》不同，得此材料，正可打破汉代经学的凝固面貌。然魏晋玄风可以自由改变对经籍的理解来适应时代风会，竟无所求于对客观材料的研究，其典型例子是王弼（226—249）注《易》，郭象（252—312）注《庄》，汉学的典实作风乃荡然无存。玄学之胜处，在化堆垛为空灵，然其大弊，在知老庄而不知黄老，知美学而不知伦理学。虽然其弊处恰为其胜处，但王弼扫象实贻误后世无穷，使后来学者为理解汉易，花费了几十代人的努力。而汲冢书处于整个学术界重视清谈的情况下，仅采入个别注解中，其极为可贵的易学资料首先亡佚，盖汉学原已保存之象尚须扫去，则新出土的先秦易学何能再引人重视。永嘉之乱，加速这批材料的散亡，唯《竹书纪年》若存若亡地延续到宋。宋代理学吸收佛教、道教的思想兴起，于学内求之于心，外则尊崇孔子。若孟子已开始丝毫不容訾议，孔子更是高高在上。《竹书纪年》处此时期，自然更乏人注意，于北宋末终于亡佚。学术界的风气在先，两晋、两宋间的战乱在后（永嘉之乱，311年前后；靖康之乱，1126年前后），汲冢书遂郁而不彰，未能起到应有的作用。当时改变思潮的主要动力在外来影响，而非地下发现的材料。魏晋玄学处于吸收印度佛教之始,宋代理学处于吸收印度佛教之终,汲冢书的存亡,亦与时代息息相通。

《竹书纪年》散佚不久,北宋即有人辑成伪《竹书纪年》,足见此书并未从人们的记忆中消失。伪《竹书纪年》抄撮诸书而成,且据王国维考证,几乎无条无来历,则与完全以意为之伪造古书有所不同,足见当时人们尚有从经学以外认识古史的需要。中国历代都有伪书出现,皆可与当时的时代思潮相证,不宜仅据考据之功而轻易判断其是非。宋代重视史学之风,北宋有司马光(1019—1086)《资治通鉴》,又有邵雍(1011—1077)《皇极经世》。南宋有朱熹(1030—1200)《通鉴纲目》,罗泌《路史》。司马光、朱熹两《通鉴》于时间皆承《春秋》而下,而《皇极经世》《路史》更追及《春秋》以前。此见宋代理学有其认识历史的基础,非末流空谈心性者可比。伪《竹书纪年》之出,可与《路史》之出相证,其内容有所异,其用意有所同。至清代考证之风起,学术界已知流行的《今本竹书纪年》为伪,至朱右曾始有《汲冢纪年存真》据诸书辑出古本,又有雷学淇《竹书纪年义证》考证今本,至王国维成《古本竹书纪年辑校》《今本竹书纪年疏证》(1917),今古本之案遂定。清代学术,始则有阎若璩定《尚书》今古文真伪,终则有王国维定《竹书纪年》今古本真伪,两相对证。然而阎若璩定《尚书》今古文真伪,为震动当时整个学术界的大事,而王国维定《竹书纪年》今古本真伪,不过是以余力治之的史学小册而已。于此亦可见孔壁书和汲冢书的不同地位：孔壁书在经学传统中，地位高而显，汲冢书在经学传统外，地位卑而隐。孔壁书和汲冢书竟与整个经学发展相始终，其一兴一衰，正可说明传统思想的两面。然而清末中断，二者俱往，其时则有甲骨文的出土。

甲骨文的出土，于世界史当十九世纪和二十世纪之交国际性的学术变化之机，于中国史当中西文化交汇中清廷覆灭、经学崩溃的时代而上承孔壁书、汲冢书以成第三次大出土，不仅于中国文化史关系极大，而且也和世纪之交国际性的学术变化相应。甲骨文的出土，至为偶然，如无刘鹗、罗振玉等人的热心发现和传播，甲骨文可能一现即隐。而乾嘉以来学术界通过对《说文解字》、音韵学等的研究，久蓄其势，早已为理解甲骨文作好充分的准备。有此一重证据，甲骨文一旦出土，敏锐者即时抓住上出，于此得解开小学的钥匙；[1]而王国维从文字更上之，进行了社会研究。然而甲骨之意义，非仅止于社会，亦远非小学所能限，天干地支花甲阴阳所含的深邃的数学意义，可与世纪之交西方正在变化的物理学、数学的发展相应。从小学而研究甲骨，不仅为甲骨研究奠定了基础，而且客观上为保存甲骨起了关键作用。乾嘉学术的种种之失，亦借此一救而免。

王国维所列的（A）（B）两栏，甲骨文为（A）栏之末，又为（B）栏之首，得此关键，（B）栏的下三项皆可括入（A）

---

[1] 当时小学大师章炳麟（1869—1936）则滞于《说文解字》，不信甲骨文。

栏之中。(A)(B)两栏合观,已贯穿整部中国历史。王国维所重视的三次大出土和四项新发现材料,或为传统的"正经""正史"之根,或在"正经""正史"之外,体现了他在学术文化变化之机时敏锐把握关键问题的能力。且王国维于文学哲学阶段,就已注意戏剧和小说,体现了越出《四库全书》范围的求新意识,今于史学得出(A)(B)两栏,更已涉及中国文化发展和文化交流的根本。

以西方而论,绵延于十三至十六世纪的文艺复兴,首先就跟考古有关。当时知识分子所依据的思想材料主要为拜占庭灭亡时抢救出来的手抄本(1453年伊斯兰教徒攻陷君士坦丁堡,东罗马帝国灭亡)和罗马废墟中发掘出来的古代雕像,人们在拂去这些实物上的尘垢时,突然意识到了自己的历史,一个崭新的未知世界活生生地呈现在眼前。希腊的科学精神,成为人们探求知识,尤其是探求自然科学知识的主要精神动力之一。此科学精神,从伽利略、牛顿、康德到爱因斯坦一气贯穿,至今未衰。而考古探索的首先是人类生存的历史,此与自然科学虽有不同,实为人类探求生存根源的总体行动的一部分。且人类对自身的认识和对自然界的认识有相互深化的关系,天与人,人与天,相互唤醒。以考古而论,从西方工业革命开始,尤其是进入十九世纪以来,考古逐渐成为一门系统的科学,对不同地域的文明源头探索,导致了一系列重大的考古发现:

欧洲：希腊文化　　　荷马史诗中特洛依城的发现

前 2500—前 1375　　爱琴海克里特岛：米诺斯文化

前 1400—前 1200　　希腊中部：迈锡尼文化曾入侵
　　　　　　　　　　小亚细亚的特洛依城

前 1200　　　　　　 以雅典为中心的希腊文化始。

1871—1882 年，德人谢德曼（1822—1890）三次发掘特洛依古城，后被称为"近代考古学之父"，其发掘结果通过《泰晤士报》和《每日电讯》向世界公布。

1900—1908 年，英人伊文斯（1851—1941）发掘克里特岛的米诺斯文化。

非洲：埃及文化

前 2500—前 1000　　大量建造金字塔。

前 1000 始　　　　　停建金字塔，改葬于王陵谷。

1799 年，拿破仑（1769—1821）入侵埃及，其部下发现刻有埃及象形文字的罗赛达碑，后由法人尚波荣（1790—1832）进行了读解（1822）。

1880 年，法人佩利特进行了再发掘。

亚洲：亚述和巴比伦

前 2000—前 400　　 老巴比伦、亚述、新巴比伦、
　　　　　　　　　　波斯等。

1840年，法人博塔，1846年，英人雷亚德进行了发掘。英人罗林生（1810—1895）译出部分楔形文字。

中美洲：玛雅文化
约公元初—十世纪，十六世纪被西班牙摧毁。
1839年，美国人斯蒂芬斯发现。
1879年，莫德雷斯七入丛林考察。

以上材料引自《湮没的世界》一书。[1]观此可知十九世纪下半期西方的考古活动转盛。此全球性的考古活动伴随着西方对中国侵略的加深，于世纪之交自然延伸入中国境内。一些外国人如加拿大明义士，匈牙利斯坦因，法国伯希和在中国境内的活动也由此得到解释。外国人对文物的发现自然伴随着掠夺，他们活动加速了文物的散失，但由于引起了中国学术界甚至国际学术界对这些考古材料的普遍重视，也为保存这些考古材料创造了条件。文化交流常依凭于活动者经济目的（如哥伦布）和宗教目的（如玄奘）而行，为文化交流的普遍现象，此无足怪。而在这些活动中，罗振玉在民间的活动起着极为重要的作用。如果没罗振玉等人的努力，（B）栏中前三项的文物可能全部流往

---

[1] 《湮没的世界》，〔美〕安娜·泰利·怀特著，冯纪民、张冶译，知识出版社，1985年。

国外，即使在国内，在清末民初的动乱形势下，亦可能全部散失。罗振玉为保存这些考古材料作了大量努力，罗振玉、王国维并对这些文物进行了开创性研究，王国维的成绩尤为显著。

当时明义士、斯坦因、伯希和等人也在研究这些考古材料，王国维站在研究这些考古材料的中国一方，代表了中国学术界和国际文化对话的关系。[1]尽管由于时代的限制，王国维对这些材料的认识未能更深一步，但他毕竟进行了开创性研究，所获得的成果当时无人可及。这些成果和王国维个人有关，更和他所处的时代有关。王国维指出"今日之时代可谓之发现时代，自来未有能比者也"，表现了他对时代的敏锐认识。然而，以时代论，自来未有能比者有二：一是西方本身正在变化的科学（数学、物理学）的传入始终未断，一是中国地下出土的考古发现始终未断，此两大现象，清末以前从未有过。两者之合，对于受经学笼罩的中国传统文化，有彻底改观的趋势。今距王国维所处的时代，无论西方科学和中国考古学，都陆续有重大进展，而王国维所标示的孔壁书、汲冢书、甲骨文对认识中国文化仍有重要参考价值，在当时可谓卓识。

---

[1] 比较处于不同文化体系中的人对同一考古材料的认识是很有意味的。试举一例，明义士译卜辞为 The Oracle Records，即希腊宗教圣殿上的神谕。如果考古能得希腊神谕的材料，那么再读希腊悲剧和柏拉图对话录，必然会有一种直接的感受。在当时希腊人心目中，神谕有着使俄狄浦斯王离家出走而终于弑父娶母的不可逃避的力量。

王国维的学术和人生

此年，王国维又成《古史新证》。《中国最近二三十年中中国新发见之学问》是为学生所作的演讲，而每周一次的讲稿则集为《古史新证》。《新证》凡五章，首章为总论，以下数章分别述禹（第二章），商先公先王（第三章），商诸臣（第四章），商之都邑（第五章），大抵根据旧作重加考订而成。讲课停止于学期结束，故《新证》不复及宗周的史实。要在首章总纲，在此国维明确揭示据地下材料补正纸上材料的"二重证据法"，试引其概要如下：

> 上古之事，史实与传说合而不分。史实之中，固不免缘饰；而传说之中，又往往有史实为之素地。前者当指群经、《史记》诸书言之，后者则指《楚辞·天问》而言也。如欲于古史材料为系统之整理，则除纸上材料外，更得地下材料为助。地下材料如甲骨文、金文，皆于整理匡谬古史，可为两重证明者也。[1]

此即王国维所揭示的"两重证据法"。依此二重证据法，王国维对史实采取了重新审视的态度：不唯"正经""正史"有伪，即百家不雅驯之言，无不表示一面的事实。此种史实和

---

[1] 据王国维弟子赵万里对首章所作的概括，见《静安先生遗著选跋》，《王国维学术研究论集》，298页。

传说合而不分的情况，源于上古史巫合一的时代。若不局限其名称，可知人类知识中史实和传说混合的情况，在人类社会的发展中一直延续下来。对知识总体进行重新审视，此即每一代人所面临的"批判"任务，而关键在于"证据"。天长地久，人处其间，何可不与之相证，地下材料当仅为其中之一。随着科学文化的进步，人类对自身的认识亦在逐步加深，此中有大美存焉。人类知识的每一次具体的进步，都伴随着一次证明，而每一次证明本身都伴随着一次美感体验，认识由是上出。王国维写《殷先公先王考》时曾致信罗振玉惊叹，"古今真实见解未有不得其证者"，"真乃不可思议"，[1] 此即由后天综合判断返入先天综合判断，美感由是而生。

1926年丙寅，王国维五十岁。1927年丁卯，王国维五十一岁。1924年春天，王国维拟治西北史地，以后两年均以此为中心，为国维一生治学的最后内容。在《最近二三十年中中国新发见之学问》演讲中，于新发现的学问在总纲中言其四，已列出（B）栏。在演讲的具体论述中则举其五，其五曰："中国境内的古外族遗文"，所言为立国于中国西北部的古代匈奴、鲜卑、突厥、回纥、契丹、西夏、蒙古的遗物。与（B）栏一、二、三项有部分地理上的重合，所重视皆为蒙新高原一带外族文化和汉族文化的关系，可见中国境内不同民族相互影响相互渗透的事实。

---

1 《王国维全集·书信》，189页。《致罗振玉》，1917年4月18日。

早在1915年，王国维就有《鬼方昆夷猃狁考》，为考证西北史地的第一篇文字。继之有《西胡考》《西胡续考》等。于突厥、回鹘史，王国维有一系列序跋（1919）。至此1925—1927年阶段，始集中精力写成《鞑靼考》（附鞑靼年表）、《萌古考》（以上二种1925年初稿，1927年改写）等文章，所完成的尚有《耶律文正年谱》（1925）、《古行记四种校注》（1925）、《蒙鞑备录笺证》《黑鞑事略笺证》《圣武亲征录校注》（三种均1926年）、《长春真人西游记校注》（1927）。此两年所作考证较前更为精密，涉及面亦更广，如最后完成《长春真人西游记校注》，已涉及丘处机（1148—1227）和全真教史。然国维对西北史地的研究仅及时地的考证而止，对于活动于此时此地上的人，似缺少注意，整理仍偏重资料本身。王国维曾言："国初之学大，乾嘉之学精，道咸以降之学新"，治西北史地，当属"道咸以降之学新"的一部分。王国维于国初之学、乾嘉之学、道咸以降之学三者皆致其精力，取得了极为精湛的成果，而竟以治西北史地而终。一生之学，结束于此。

1926年丙寅，王国维五十岁。是年他长子病笃，终亡故。王国维父送子丧，乃益寡欢。复因子女间家务事和罗振玉发生抵牾，使罗、王二人数十年友谊出现裂痕。于王国维相知甚深者在学术上唯沈曾植和罗振玉，然沈和王国维有许多见解并不相同，又于数年前亡故，唯罗和王国维终生相契。罗、王晚年失欢，王国维心情当极为痛苦，茫茫大地，竟未能得一人可谈如屈子之相诉于郑詹尹者。以国事而论，王国维致愚忠于已废之清廷，视其为中国旧文化的象征，然而溥仪小宫廷内的倾轧黑暗和北洋军阀政府中的倾轧黑暗，实无有异，王国维入京五年，对此所知渐深。

1927年丁卯，王国维五十一岁。国维久郁之身心，于此年又患咯血之危症。于家于国于身，均未能观得生机显出，脚下之地基处处裂痕，何处可得一块净土以再建观堂。在环境的不断压迫下，终于决然撒手，于五月初二日自沉于颐和园昆明湖，终年五十一岁。遗书云："五十之年，只欠一死，经此世变，义无再辱。"可谓沉痛。五十之年，古今学者于此前后发生思想巨变者甚多，所谓"五十而知天命"。王国维之志之学，在当时学者中出类拔萃，如于若师若友间得一助力，穷上反下以脱出此不可解之危机，于学必能开出新境。然而国维终于未能得此，由于种种不得已而自灭其生机，此不能不令人深感惋惜。

《人间词话》26则：

众里寻他千百度，蓦然回首，那人却在，灯火阑珊处。

若回首灯火相续从阑珊之境走出，抬眼可望见头顶的星空。年年此日，星空永恒。

一九八六年十月二日至二十六日初稿
十一月一日至二十四日再改

主要参考文献

《王国维遗书》1—16册,四十三种一百零四卷,上海书店1983年版

《王国维全集·书信》,吴泽主编,中华书局1984年版

《王国维年谱》,赵万里编

《王国维学术研究论集》第一辑,吴泽主编,华东师范大学出版社1983年版

《王国维评传》,萧艾著,浙江文艺出版社1983年版

《王国维诗词笺校》,萧艾著,湖南人民出版社1984年版

《纯粹理性批判》康德著,蓝公武译,商务印书馆1960年版

《实践理性批判》康德著,关文运译,商务印书馆1960年版

《判断力批判》康德著,宗白华、韦卓民译,商务印书馆1964年版

《作为意志和表象的世界》,叔本华著,石冲白译,商务印书馆1982年版

《批判哲学的批判》,李泽厚著,人民出版社1979年版

附：最近二三十年中中国新发见之学问

古来新学问起，大都由于新发见。有孔子壁中书出，而后有汉以来古文家之学。有赵宋古器出，而后有宋以来古器物、古文字之学。惟晋时汲冢书简出土后即继之以永嘉之乱，故其结果不甚著。然同时杜元凯注《左传》，稍后郭璞注《山海经》，已用其说。而《纪年》所记禹、益、伊尹事，至今成为历史上之问题。然则中国纸上学问赖于地下之学问者，固不自今日始矣。自汉以来，中国学问上最大发见有三：一为孔子壁中书，二为汲冢书，三则今之殷虚甲骨文字，敦煌塞上及西域各处之汉晋木简，敦煌千佛洞之六朝及唐人写本书卷，内阁大库之元明以来书籍档册。此四者之一已足当孔壁、汲冢所出，而各地零星发见之金石书籍与学术有大关系者尚不与焉。故今日之时代可谓之发见时代，自来未有能比者也。今将二三十年来发见之材料并学者研究之结果，分五项说之。

（一）殷虚甲骨文字 此殷代卜时命龟之辞，刊于龟甲及牛骨之上。光绪戊戌、己亥间始出于河南彰德府西北五里之小屯，其地在洹水之南，水三面环之，《史记·项羽本纪》所谓"洹水南殷墟上"者也。初出土后，潍县估人得其数片以售之福山王文敏（懿荣），文敏命秘其事，一时所出，先后皆归之。庚子，文敏殉难，其所藏皆归丹徒刘铁云（鹗），铁云复命估人蒐之河南，所藏至三四千片。光绪壬寅，刘氏选千余片影印传世，所谓《铁云藏龟》是也。丙午，上虞罗叔言参事始官京师，复令估人大蒐之，于是丙丁以后所出多归罗氏，自丙午至辛亥所得约二三万片。而彰德长老会牧师明义士（T. M. Menzies）所得亦五六千片，其余散在各家者尚近万片。近十年中乃不复出。其著录此类文字之书，则《铁云藏龟》外，有罗氏之《殷虚书契前编》《殷虚书契后编》《殷虚书契菁华》《铁云藏龟之余》，日本林泰辅博士之《龟甲兽骨文字》，明义士之《殷虚卜辞》(The Oracle Records of the Waste of Yin)，哈同氏之《戬寿堂所藏殷虚文字》，凡八种。而研究其文字者，则瑞安孙仲容比部始于光绪甲辰撰《契文举例》，罗氏于宣统庚戌撰《殷商贞卜文字考》，嗣撰《殷虚书契考释》《殷虚书契待问编》等。商承祚氏之《殷虚文字类编》，复取材于罗氏改定之稿。而《戬寿堂所藏殷虚文字》，余亦有考释。此外孙氏之《名原》亦颇审释甲骨文字，然与其《契文举例》皆仅据《铁云藏龟》为之，故其说不无武断。审释文字自以罗氏为第一，其考定小屯之为古殷虚及审释殷帝王名号，皆由罗氏发之。余复据此种材料作《殷卜辞中所发见先公先王考》，以证《世本》《史记》之为实录；作《殷周制度论》，以比较二代之文化。然此学中所可研究发明之处尚多，不能不有待于后此之努力也。

（二）敦煌塞上及西域各地之简牍汉人木简宋徽宗时已于陕右发见之，靖康之祸为金人索之而去。当光绪中叶，英印度政府所派遣之匈牙利人斯坦因博士（M. Aurel Stein）访古于我和阗（Khotan），于尼雅河下流废址得魏晋间人所书木简数十枚，嗣于光绪季年先后于罗布淖东北故城得晋初人书木简百余枚，于敦煌汉长城故址得两汉人所书木简数百枚；皆经法人沙畹教授（Ed. Chavannes）考释。其第一次所得印于斯氏《和阗故迹》(Sandburied Ruins of Khotan)中，第二次所得别为专书，于癸丑甲寅年出版。此项木简中有古书、历日、方书，而其大半皆屯戍簿录，于史地二学关系极大。癸丑冬日，沙畹教授寄其校订未印成之本于罗叔言参事。罗氏与余重加考订，并斯氏在和阗所得者影印行世，所谓《流沙坠简》是也。

（三）敦煌千佛洞之六朝唐人所书卷轴汉晋简牍，斯氏均由人工发掘得之，然同时又有无尽之宝藏于无意中出世而为斯氏及法国伯希和教授携去大半者，则千佛洞之六朝及唐五代宋初人所书之卷子本是也。千佛洞本为佛寺，今为道士所居。当光绪中叶道观壁坏，始发见古代藏书之窟室，其中书籍居大半而画幅及佛家所用幡幢等亦杂其中。余见浭阳端氏所藏敦煌出开宝八年灵修寺尼画观音像，乃光绪己亥所得，又乌程蒋氏所藏沙州曹氏二画像，乃光绪甲辰以前叶鞠裳学使（昌炽）视学甘肃时所收，然中州人皆不知。至光绪丁未斯坦因氏和伯希和氏（Paul Pelliot）先后至敦煌，各得六朝人及唐人所写卷子本书数千卷及古梵文古波斯人及突厥回鹘诸国文字无算，我国人始稍稍知之。乃取其余约万卷置诸学部所立之京师图书馆，前后复经盗窃，散归私家者亦当不下数千卷。其中佛典居百分之九五，其四部书为我国宋以后所久佚者，经部有未改字《古文尚书孔氏传》，未改字《尚书释文》，麋信《春秋穀梁传解释》，《论语郑氏注》，陆法言《切韵》等。史部则有《孔衍春秋后语》，唐西州沙州诸图经，慧超《往五天竺国传》等（以上并在法国）。子部则有《老子化胡经》、摩尼教经、景教经，集部有唐人词曲及通俗诗小说各若干种。己酉冬日上虞罗氏所寄景本写为《敦煌石室遗书》，排印行世。越一年，复印其景本为《石室秘宝》十五种。又五年癸丑复刊行《鸣沙石室遗书》十八种，又五年戊午刊行《鸣沙石室古籍丛残》三十种，皆巴黎国民图书馆之物。而英伦所藏则武进董授经（康）、日本狩野博士（直喜）、直喜羽田博士（亨）、亨内藤博士（虎次郎）虽各抄录景照若干种，然未有出版之日也。

（四）内阁大库之书籍档案 内阁大库在旧内各衙门之东，临东华门内通路，素为典籍厅所掌。其所藏书籍居十之三，档案居十之七，其书籍多明文渊阁之遗，其档案则有历朝政府所奉之硃谕，臣工缴进之敕谕批摺黄本题本奏本，外藩属国之表章，历科殿试之大卷。宣统元年大库屋坏，有司缮完，乃暂移于文华殿之两庑，然露积库垣内尚半。时南皮张文襄（之洞）管学部事，乃奏请以阁中所藏四朝书籍设京师图书馆，其档案则置诸国子监之南学，试卷等置学部大堂之后楼。壬子以后，学部及南学之藏复移于午门楼上之历史博物馆。越十年，馆中复以档案四之三售诸故纸商，其数凡九千麻袋，将以造还魂纸。为罗叔言所闻，三倍其价购之商人，移贮于彰义门之善果寺。而历史博物馆之剩余亦为北京大学取去渐行整理，其目在大学日刊中。罗氏所得以分量太多，今整理其十分之一，取其要者汇刊为《史料丛刊》十册，其余今归德化李氏。

（五）中国境内之古外族遗文 中国境内古今所居外族甚多，古代匈奴、鲜卑、突厥、回纥、契丹、西夏诸国均立国于中国边陲，其遗物颇有存者，然世罕知之。惟元时耶律铸见突厥阙特勤碑及辽太祖碑。当光绪己丑俄人拉特禄夫访古于蒙古，于元和林故城北访得突厥阙特勤碑、苾伽可汗碑、回鹘九姓可汗三碑。突厥二碑皆有中国、突厥二种文字，回鹘碑并有粟特文字。及光绪之季，英法德俄四国探险队入新疆，所得外族文字写本尤夥。其中除梵文、佉卢文、回鹘文外，更有三种不可识之文字。旋发见其一种为粟特语，而他二种西人假名之曰第一言语、第二言语，后亦渐知为吐火罗语及东伊兰语，此正与玄奘《西域记》所记三种语言相合。粟特语即玄奘之所谓窣利，吐火罗即玄奘所谓货逻，其东伊兰语则其所谓葱岭以东诸国语也。当时粟特、吐火罗人多出入于我新疆，故今日犹有其遗物，惜我国人尚未有研究此种古代语者，而欲研究之，势不可不求之英法德诸国。惟宣统庚戌俄人柯智禄夫大佐于甘州古塔得西夏文字书，而元时所刻河西文大藏经后亦出于京师。上虞罗福苌乃始通西夏文之读，今苏俄使馆参赞伊凤阁博士（Ivanoff）更为西夏语音之研究，其结果尚未发表也。

  此外近三十年中中国古金石器物之发现，殆无岁无之。其于学术上之关系亦未必让于上五项，然以零星分散故不能一一缕举，惟此五者分量最多，又为近三十年中特有之发见，故比而述之。然此等发见务合世界学者之全力研究之，其所阐发尚未及其半，况后此之发见亦正自无穷，此不能不有待少年之努力也。

（《静安文集续编》）

中国地理大势分析

第三纪渐新世后期延续至第四纪更新世的喜马拉雅运动，对地球的地质变化有重大影响，使中国大陆的地形分异出三个不同发展方向的大自然区：东部季风区、蒙新高原区和青藏高原区。青藏、蒙新二个高原区相加，占此区域总面积百分之五十略强，东部季风区占百分之五十略弱。以世界范围而论，渐新世是高等哺乳动物猿猴类出现的时期，喜马拉雅运动对人类产生有直接影响。以中国范围而论，喜马拉雅运动造成中国地形的基本状况，对中国历史有直接影响。如果不是这样特定的舞台，中国历史发展的大剧也许会成为另外的样子。

在人类生产工具的进步没有出现大的飞跃情况下，地理条件允许人所改造的自然环境有一限度。东部季风区比青藏、蒙新高原区的自然条件相对优越，人类对自然界的影响广泛而深刻，中国文化比较地集中于此一区域。

东部季风区自北向南可粗略分为四个地区：东北地区、华北地区、华中（东）地区、华南地区。华北地区以黄土高原为首,华北平原为中,辽东和山东丘陵为尾,为黄河流域。华中地区大致范围为整个长江中下游平原,以湖北、湖南为首,安徽、江浙为中,上海为尾,为长江流域,而其首又延伸入四川盆地。东部季风区以华北(黄河流域)、华中(长江流域)为主干,东北、华南两区一北一南,呈两翼展开的形势。中国绝大部分人口居住在东部季风区内,黄河流域和长江流域连成一片,人口密度最高。华人向来尊天时而崇地利,清代建旗以黄龙为标识,民国建旗以青天白日为标识,新中国建旗以五星为标识,均隐含尊天时的意识;而以黄河、长江为中华民族的象征,则隐含崇地利的意识。

从地形上看,青藏、蒙新两个不同走向的高原形成的大夹角,给予东部季风区厚实的背景,使整个中国地形呈现倚山面水的形势。青藏、蒙新高原既是东部季风区面对沿海外来势力的背后依托,本身也对东部季风区形成居高临下之势,是东部季风区背后的险要,对东部季风区的安危关系重大。

中国大陆在五十年代初期至六十年代,由于感受到美国的威胁,沿海东部季风区和美国呈互相封锁状态,于是东面门户关闭。五十年代后期至六十年代,由于感受到苏联的威胁,蒙新高原和东北门户关闭。青藏高原与印度接邻,由于存在喜马拉雅山脉的天然屏障,也由于近代以来印度的发展尚不足以构成强大威胁,两国基本相安无事。五十年代后期,中印边境发生冲突,以后青藏高原的门户也因此关闭。进入六十年代以后，中国大陆的经济和文化基本呈封闭状态，提出的口号就是自力更生，丰衣足食。这种闭关状态到"文化大革命"发展至极，而后终于出现转折。在"文化大革命"后期，以毛泽东、周恩来主持中美建交为枢纽，中国逐步加强了对外联系，渐渐导向七十年代末八十年代初以振兴经济为目的的对外开放政策。一九八四年，中国政府宣布开放沿海十四个城市，标志着东部季风区对外联系的恢复。与此同时，随着中美关系的缓和，中苏、中印关系也相继缓和，中国由封闭逐步转向开放，这是重要的转折。

从中国地理形势看，东部季风区的黄河流域和长江流域是中华民族生存和发展的主干，历代建立的中央政权没有脱离过这两个地区。从长期趋势看，此南北两主干基本状况是北为主，南为辅。在近三千年历史中，北方的重心以建都为标志，历代建都由陕西—河南—河北，由西而东，呈向沿海移动的趋势；相应地，南方的重心也由湖北湖南—安徽江浙—上海，也由西而东，呈向沿海移动的趋势。黄河流域和长江流域存在着互感互应关系。从中国历史来看，大致在北方居西建都者国势较盛，居东建都者国势稍衰，而居南方建都者往往呈偏安之势，最终以亡国居多。

从周秦到唐宋，北方的重心大抵在陕西、河南二点之间徘徊。西周全盛时建都陕西，国势渐衰后东周建都河南。平王东迁后，西周遗留之地为秦所得，秦原先仅为附庸，得地后国势渐盛,数百年后取代东周统一中国。秦以后,西汉建都陕西,国势较盛,东汉建都河南,国势较衰。魏、西晋建都河南,均沿袭东汉积衰之势,非有为的朝代,以后异族入侵,造成南北朝大乱。隋唐重振,又建都西安,国势大盛,故中国历史以汉唐并称,是最强盛的朝代。北宋建都河南,又落相对衰势,异族频繁入侵,抗击甚为无力,终于灭亡而迁移为南宋。宋金之际,又出现转折。辽金元连续建都北京,北京成为北方的重心。明灭元后,明成祖深感居南不足以有为,乃迁都北京,北京重新成为汉文化的重心。清灭明后承袭之,民国建都南京,新中国又建都北京,其领导地位延续至今,这是北方重心由陕西而河南而河北转移的全过程。从地域中心变迁观察中国历史,可成一说。

南方文化发达亦极早,其源可上溯至考古时代。在东周时期,位于长江中上游湖北湖南的楚国,经过历代"筚路蓝缕,以启山林"(《左传》宣公十二年)式的开拓,逐渐成为南方的重镇。春秋时代,楚已成为南方大国,北方霸主齐桓公率诸侯联军伐楚,入境后感受到彼此的实力,终不敢轻举妄动而悄然退师,这就是所谓"召陵之盟"。战国时秦兴,渐次荡平六国,楚地糜烂,而实力犹存,当时谚云:"楚虽三户,亡秦必楚"。陈胜吴广起义,率一小队戍卒至安徽起而造反,短时期内竟迅速聚集起一支大军。陈吴并无多大才华而能得此成果,跟他们的起义地点处于楚的影响区有绝大关系,建国号"张楚",正是这种影响的说明。陈、吴之后,安徽人刘邦、江苏人项羽继之而起,终于推翻了秦王朝。此后楚汉相争,楚败汉胜,其中很大原因在于刘邦及其辅佐萧何等人有着包括南北的广阔战略眼光,而项羽则相当程度上心心念念局促于南方家乡。项羽得势时称"富贵不归故乡,如穿锦衣夜行";失势时听到四面楚歌竟军心涣散,最后败死于归乡途中,就是他思想的一种说明。而刘邦得胜回乡后吟诗:"安得猛士兮守四方",足见开国雄主之志,绝不留恋于一隅。然而南北矛盾依然存在,刘邦先后处置楚王韩信、九江王英布,以后汉景时又有"吴楚七国之乱"。

春秋战国时期,楚文化之外,又有吴越文化的兴起,南方重心逐渐东移。汉以后,南方重心已东移至吴。三国时吴孙权建都南京,"宁饮建业水,不食武昌鱼",标志着东移的初步定位。其后西晋由北而南退为东晋,南朝的宋、齐、梁、陈皆随后建都,形成六朝繁华之地,前后延续三百余年。隋兴,南北复归统一,建大运河沟通南北交通,目的也是加强对南方控制。唐时南方安定,无大变乱。唐末五代,北方混战,南方实力人物则乘机割据一方。宋兴,北方势又转盛,"卧榻之侧,岂可许他人酣睡",建都南京的南唐李煜,建都杭州的吴越钱镠,深感不足与抗,前后降附。然而北宋在隋唐之后建都河南,国力稍逊,在异族辽、西夏、金的压迫下,宋的势力被迫南退。南宋建都杭州,江浙一带,极度繁华。元灭宋,建成横跨欧亚的蒙古大帝国。元王朝把人分为四等：蒙古人、色目人、汉人、南人。色目人指蒙新高原和东北的各少数民族，汉人指黄河流域的北方民族，南人指长江流域的南方民族，由北而南，地位依次降低，这也是以地域人种分尊卑的例子。元末红巾军起义，安徽凤阳人朱元璋继之而起，数年后建都南京，又十数年后攻入北京，元势力退居蒙古。在中国历史上，由南攻北而得胜的，汉高祖和明太祖是仅有的两例。刘邦、朱元璋都不是贵族出身，没有祖先流传下的实力凭借，他们开创王朝，其得位之正，自不待言。刘、朱的起义都发生在南方民族受到最残酷迫害的时候，所以能迅速集合南方的力量，实行反攻。他们得到时空之力，所以变化已成格局，亦非偶然。

南方的重心，在春秋战国时在湖北湖南（江陵），至刘邦时已渐有东移倾向。汉末孙权建都南京，标志着新重心的出现，此后经历代变革延续至明。明成祖迁都北京后，南京仍然保留整套中央政权机构，其地位和北京政权机构平行。明末李自成、张献忠据陕西的黄土高原起义，十数年后闯王入京，推翻明王朝。清由东北入关，把李自成军逐出北京，一年后攻占南京，南明小王朝溃散。清统一后，取消南京的陪都地位，但南京仍然是南方政治经济的重心。一八四〇年中英鸦片战争爆发，清最高决策层或战或和，举棋不定，直至英军攻至南京城下，清政府才在心理上屈服，签订了近代第一个不平等条约——《中英南京条约》。鸦片战争以后，广州、厦门、福州、宁波、上海五口通商，沿海五口皆在南方，其中最南一口在南京东面原属苏州的上海。由于西洋势力的进入和特殊的地理位置，上海由一个小县城迅速发展成为中国最大的都市，甚至一度成为远东最大的都市，并逐渐接替了南京的地位，重心再次东移。从地理因素分析，南京位于长江下游，西接长江中上游诸省，东连下游最繁华的江浙（所谓"上有天堂，下有苏杭"），又有京杭大运河沟通南北，处于十字水道的中心，在地理上有全国意义。然而，上海则更有国际意义。

上海位于长江的东端入海口，在东西方向上，其连接长江与南京同；在南北方向上，铁路的兴起，使大运河重要性相对降低，而且海运的发达，海道的广阔，也胜于大运河的时需疏浚。上海通北京，从陆路可从铁路入，从海路可从天津入。北京是全国的中心，不可能而且也不应该偏于沿海，故北京倚山而不靠海，其不利于水的一面由天津来弥补。北京通天津，天津通沿海，天津是北京的辅市，完全跟其沿海地位有关。河北狭长一带，竟有北京、天津两个直辖市，原因也在于此。在全国仅有的三个直辖市中，北京是全国的心脏，上海天津一南一北，分别占据着两个最大的港口。而天津的灵气全在北京，故南北两个重心主要由北京和上海担任。北京倚山，上海靠海，一阳一阴，占尽形势，但上海仍有其独立地位。上海位于东部季风区向东最突出的部位，如果把眼光局限于中国范围来看，上海处于边缘部分，所以它在古代没有得到大发展。但是，从

中国地理大势分析　　　　　　　　　　173

世界范围来看，如果把西半球的美洲和东半球的亚洲拼合，上海的位置则处于中心。随着近代科学的进步，海洋已不复成为天堑，而美洲的兴起，更使上海的地位有了重要意义。上海成为中国走向世界的重要门户之一，"沪"者，户也，"上海"者，上"海"也。南京成为南方的重心，受了中国地理的影响，上海成为南方的重心，更受了世界地理的影响。

回顾历史，东部季风区分别存在着黄河流域（华北）和长江流域（华中）两个重心，两个重心分别呈东移的趋势。更进一步看，南北合论，其趋势为北胜于南；南北分论，其趋势为西胜于东。从历史看，所有的南方政权都属偏安型，最后终被北方统一。汉高祖和明太祖是起于南而得胜的仅有两例，但两人所处均为南方民族受到最深重压迫的时代，乘天时而得人和，弥补了地利的不足，而且一旦得手后即迅速入北，仍然恢复居北制南的局面。这是北胜于南，再看西胜于东。位于黄土高原的陕西，是黄河流域之首，再往西入青藏高原，则属源头。黄土高原是中华民族的发祥地，中华民族推远祖为"黄帝"，或取义于此。陕西为周、秦、汉、唐建都所在，建都于此者，国力充、年代久，而建都于河南的各个朝代，从东周至宋，则相对国小力促。金元明清以后，北方重心往东北移至北京，但陕西地气未尽，仍有作用。李自成、张献忠起义于陕西，十数年灭明。中国工农红军在江西虽数破"围剿"，但格局终未宏大。被迫长征至陕西后获大发展，十数年后攻入北京，顺势渡江，统一全国。这是北方西胜于东的情况，南方的西胜于东亦如此。长江从青藏高原流出，经过四川盆地，进入平原就是湖北湖南，然后经赣皖江浙入海。湖北湖南为首，即楚文化兴起之地，也是南方最早的重心。春秋战国时吴越一度兴盛，但终为楚所灭，这是上游统一下游。三国时刘备、孙权联军在赤壁之战击败曹操后，联盟立即因争夺荆州而破裂。荆州就在湖北江陵，争夺荆州就是争夺长江上游的主动权。刘备失去荆州后，即局促于四川盆地，虽有诸葛亮那样的英杰鞠躬尽瘁，死而后已，终未能挽回局势。而吴夺取荆州后，即保持了长江流域首、中、尾的形势完整。吴自孙权以后，几代均为暗弱之主，而在三国中却最后灭亡，跟其控制长江得地利有一定关系。东晋、南宋能够维持偏安局面，也是在安定上游后取得的。

太平天国起义于广西金田，约有两年徘徊于广西、云南一带，在清军围击下迹同流窜，然而在久久徘徊后终于突入湖北武汉，势力大盛，举军号称百万，顺流东下，一路势如破竹，仅用两月就攻占了南京，定都天京。定都天京后，随即北伐西征，北伐军直攻北京夺天时，西征军返攻上游取地利。北伐失败，天国已不能取胜。西征在石达开主持下一度得手，则天国尚能暂时不败。然而天国内讧，上游尽失，英王陈玉成苦苦撑持于中游的安庆，已无战略优势。安庆失守后，天国大势已去，纵有进攻上海等局部胜利，已不能有补大局。而战胜太平天国的主要武力不是清军,而是起于上游的湘军,起于中游的淮军,而力量居于下游的天国军队竟不能久支。以后辛亥革命的胜利也是武昌起义首倡义旗,引起长江流域闻风响应后取得的。这是南方西胜于东的情况。

综上所述,在东部季风区,就南北而论,居北可以制南,而居南者不得北则不能安。就南而论,居上游可以制下游,而居下游者不得上游则不能安。综观历史,大体如是,地理对人的活动有如此巨大影响,使人惊叹。这里是不是还有深一层的原因呢?

东部季风区以黄河流域和长江流域为主体,东北地区和华南地区为两翼。东北地区在历史上曾经有过金和清两个王朝,先后入主中原,对中国历史产生了重大影响,而华南地区的影响相对较弱。这种情况在近代史上发生了改变。在明末,中国已与西洋文化接触,广州作为商埠,逐渐占有了重要地位。英法等欧洲国家十七世纪末完成资产阶级革命,逐渐向全球扩张。十八世纪英国已控制印度和东南亚各国,进而向中国沿海渗透,广州正处要冲。外国势力入侵中国的鸦片战争从广州始,并非偶然。包括广东、广西、福建三省的华南地区,是接受西洋文化最早的地区,也最先感受西洋势力的威胁。毛泽东《新民主主义论》提到近代史上起而救中国的四个人,洪秀全、康有为、孙中山是广东人,严复是福建人,并非偶然。从欧洲出发,经过印度东南亚进入中国的西洋之风,由南而北影响东部季风区。从空间上说,最深的是华南,其次为长江流域的华中，再次为黄河流域的华北，至东北则止于青萍之末。从时间上说，最先是近代，在华南。其次是现代，则推移进入长江流域，在华中。而其时继欧洲英法之后，美国也成为新兴的世界强国，故欧美势力除了从大西洋、印度洋而来由南而北进入长江流域的一路以外，尚有从太平洋而来由西东向西进入长江流域的一路，位于长江口的上海也在这种情势下一跃成了南方的中心。继近代史的华南地区以后，中国现代史是长江流域的一批人起作用。毛泽东、刘少奇、彭德怀是湖南人，林彪是湖北人，是长江上游人。朱德、邓小平是更上游的四川人。周恩来是江苏人，蒋介石是浙江人，是长江下游人。最后毛泽东等统一中国，亦属上游胜下游之例。近现代历史这两次变化，有其地理方面的部分原因，这里仅揭示若干现象，供有兴趣者探讨。

东部季风区的东北一翼在中国历史曾经起过相当作用。满清势力入关后，东北作为满清的发祥地受到特别重视。而其时俄国势力也正在兴起。康熙时，清俄势力在东北发生冲突，清胜。十八世纪中叶，沙皇尼古拉二世在欧洲资本主义影响下改革农奴制，实力渐充，对东北虎视眈眈。一九〇〇年义和团运动后，俄国侵占东北，引起对东北也有野心的日本的嫉恨，于是引发日俄战争，俄国势力败退（若干年后抗日战争结束时苏军全歼驻东北日军主力关东军，报了一箭之仇）。俄国失败后内外交困，结果爆发十月革命，建立了世界上第一个社会主义国家。这是欧洲马克思主义理论经过修正后的第一次成功实践，给予当时的中国人以极大震动，所谓"十月革命一声炮响，给中国送来了马克思主义"。在中西文化交流中，欧洲资本主义理论主要从海路由东南一带进入，其最初影响区域主要以华南和长江流域为大。欧洲社会主义理论主要从陆路由东北等方向进入，其最初影响区域主要是东北和华北。"五四"前后，长江流域的毛泽东入北京，周恩来入天津，蒋介石入上海，在那里他们逐渐形成自己的思想，先后兴起。京津大致是苏俄影响区，上海是英美影响区，他们的思想形成期处于两个不同的影响区，对他们后来选择不同道路也有一定影响。由华南进入的欧洲资本主义文化经过东南亚，在相当程度上是东南亚化的资本主义。从俄国进入的马克思主义，在相当程度上是俄国式的马克思主义。中国当时迫切需要外来理论以应付现实问题，求速效下猛药，故当时所接受的只能是资本主义创立后的近代理论，而对希腊、希伯来以来整个西方思想文化不可能作全面的系统的深入探讨，以后在相对安定的环境下，对西方文化是否可以进行更深入的认识呢？

以南北两翼而论，华南最初由欧美入，基础在商业，东北最初由俄国入，基础在工业。中华人民共和国成立初期，照搬苏联建设经验，花大力于重工业和基本建设，苏联的电影、小说也充斥中国。六十年代中苏论战，苏联势力退出中国，但其潜在影响仍有留存。而其时华南地区香港的经济高度发展，显示相当的实绩，成为英美资本主义影响中国的窗口。因此，南北两翼对中国的主体有着不同的影响。建国初期到六十年代特重东北一翼，故北兴南衰，"文化大革命"结束后，华南一翼首先开放，则南又兴于北。东部季风区的形势在东西方向呈鸟形，在南北方向呈蛇形。中国目前还不具备黄河、长江流域主干坚实、两翼张开的条件，主要结构仍是蛇形。北京历史悠久，博大精深，是政治文化的中心，疏通引导，主持大局。上海位于长江的东端，可以感受整个长江流域的信息，又位于太平洋西岸，与美洲相望，可以感受美洲的信息，处于纽十字的中心，是最大的信息流通场，极易融会诸家之长，前途无量。中国政治经济文化的复兴，必有赖于北京、上海两点的联接，而两点的真正联接，必有待于且有助于华南、东北两翼的舒展。而两翼一旦舒展，中国的战略态势即由南北的蛇形转成东西的鸟形，中国将同时作为经济大国和文化大国走向世界，真正的腾飞就开始了。

中国文化历来重视天、地、人三才之道，此仅举地之一端，以指出中国历史上若干有趣的巧合，竟如示诸掌。天地人三才循环无端，盖有无穷解，其精微幽深处，竟不可识。笔者试列其中之一解，愿将来有兴趣探讨者能见出其可合处和不可合处，作出更有益的解释。

一九八五年二月十九日至二十四日

渔人之路和问津者之路
——《桃花源记》解释

《桃花源记》本文约四百余字,中心是"桃花源",后来成为理想世界的代称。如果从解释学角度重读此一名篇,深味其文本结构中的意义,可形成一种全面的隐喻读法。其中通往桃花源的两条路—渔人之路和问津者之路,具有突出的象征意义。

渔人之路是一条通路。试读原文:

> 晋太元中,武陵人捕鱼为业。缘溪行,忘路之远近。忽逢桃花林,夹岸数百步,中无杂树,芳草鲜美,落英缤纷。渔人甚异之。复前行,欲穷其林。林尽水源,便得一山。山有小口,仿佛若有光。便舍船,从口入。初极狭,才通人。复行数十步,豁然开朗。

首先应注意渔人的三次前行:"缘溪行","复前行","复行数十步"。没有最初的"缘溪行",将不会发现桃花林。没有后来的"复前行",将不会发现桃花源。没有最后的"复行数十步",将不会进入桃花源。行行复行行,包含着渔人一路的精进。

其次应注意渔人途中经历的三种心理现象:"忘路之远近""甚异之""豁然开朗"。前二种分别表现渔人的纯朴质直和凿破天真时的惊奇之感,后一种是久久寻找后的顿悟。"忘路之远近"极要,精神由此凝聚,而能不能舍弃一切功利计较,正是渔人之路和问津者之路的根本区别。途中人"忘路之远近"与目的地中人"不知有汉,无论魏晋",一忘空间,一忘时间,存在思想上的相应。渔人之路最终能通往桃花源,这是潜在的基础。

再次应注意渔人之路上的两处坐标:桃花林和山口。从发现桃花开始,由见花而上升为见树,由见树而上升为见林,初步所得的整体就是第一处坐标:桃花林。桃花林景象虽美,却不可止步于此,知林而不知源,终属半途而废,"芳草鲜美,落英缤纷",正见其中的消息。桃花、桃树、桃林,既为路途必经之景,同时又为到家之障。只有将花、树、林由得而舍,由逐步舍弃到全部舍弃,乃至最后"舍船",才可到达第二处坐标:山口。山口"初极狭才通人",正是进入桃花源前的艰难境地,所谓"黎明前的黑暗",坚持走完最后的数十步,终于"豁然开朗"而到达目的地——"桃花源"。渔人之路上的两处坐标,通过前者仅为小成,通过后者方为大成。

问津者之路是一条塞路。试读原文:

此中人语云:"不足与外人道也。"既出,得其船,便扶向路,处处志之。及郡下,诣太守,说如此。太守即遣人随其往,寻向所志,遂迷不复得路。……后遂无问津者。

渔人既出桃花源,沿途"处处志之",则渔人之路化为问津者之路。渔人之路上的天真和天机,为问津者之路的"诣太守,说如此"和"处处志之"所室塞。"忘路之远近"而行,每一次前行伴随着一次新的发现;"处处志之"而行,触目都是人为的记号,成为处处相隔的障碍。桃花源的中心景象是"不知有汉,无论魏晋",既有时间的变化,则此路已非彼路,彼人已非此人,渔人一旦走出桃花源,原路早已山高水复。执"处处志之"而行,渔人已不可走通,何况问津者。然而渔人之路和问津者之路实质上是同一条路,渔人如走不通,即成问津者;问津者如能走通,即成渔人。问津者一旦拆除"处处志之"的误导,抬眼复见自然变迁中的桃花林和山口,则问津者之路又可化为渔人之路。陶诗云:"采菊东篱下,悠然见南山",问津者当观此向上一着的指引。

在渔人和问津者之上,更有已处于桃花源中的"此中人"。"此中人"怡然自乐,其"不足与外人道也"的态度,有"知者不言,言者不知"之象。渔人、问津者若能与"此中人"相通,或者无需更觅进入桃花源之路,低头饮泉水一滴,已可尝知源头活水的滋味。

一九八七年二月

附：《桃花源记》原文

晋太元中，武陵人捕鱼为业；缘溪行，忘路之远近。忽逢桃花林。夹岸数百步，中无杂树，芳草鲜美，落英缤纷，渔人甚异之。复前行，欲穷其林。

林尽水源，便得一山。山有小口，仿佛若有光，便舍船，从口入。初极狭，才通人。复行数十步，豁然开朗。土地平旷，屋舍俨然，有良田、美池、桑竹之属，阡陌交通，鸡犬相闻。其中往来种作，男女衣着，悉如外人；黄发垂髫，并怡然自乐。

见渔人，乃大惊，问所从来，具答之。便要还家，设酒杀鸡作食。村中闻有其人，咸来问讯。自云先世避秦时乱，率妻、子、邑人来此绝境，不复出焉，遂与外人间隔。问今是何世，乃不知有汉，无论魏晋。此人一一为具言，所闻，皆叹惋。余人各复延至其家，皆出酒食。停数日，辞去。此中人语云："不足为外人道也。"

既出，得其船，便扶向路，处处志之。及郡下，诣太守，说如此。太守即遣人随其往，寻向所志，遂迷不复得路。

南阳刘子骥，高尚士也。闻之，欣然规往，未果，寻病终。后遂无问津者。

中西象棋异同论

主要流行于欧亚大陆欧洲部分并传至美洲的国际象棋和主要流传于欧亚大陆亚洲部分的中国象棋之间,存在着种种相似和不同,棋史研究者对此有同源、不同源两种说法。同源者谓起源于印度,此后分别传入欧洲和亚洲;不同源者谓分别产生于欧亚两地,也不排除相互影响的可能性。不论哪一种说法为是,有一点可以先行确定:两种棋都产生于对社会组织的模仿,对棋的理解必然涉及对社会文化的理解。而且不论两者是否同源,由于它们长期存在于不同环境中,其演变、传播、定型的过程渗透着不同文化的深层心理。

首先来看棋局的构成。国际象棋横八格,纵八格,共六十四格。中国象棋横十路,纵九路,共九十路。中国象棋多中间一条八格,楚河汉界的非此非彼,和国际象棋的一分为二有所不同。如果抽去此八格,则两者棋局形式相同,只是国际象棋走的是八八六十四格,中国象棋走的是九九八十一路。而格和路也反映着思维差异,格居线与线的中间,路为线与线的交叉，前者重空间，后者重关系。棋局上的棋子分布，国际象棋排列为两层，中国象棋排列为三层，在纵深感上，中国象棋稍强。这里的差异，既是棋局的差异，也是文化的差异。

棋子的数目，国际象棋和中国象棋同为十六乘以二等于三十二枚，而棋子代表的形象系列有所差别。中国象棋为将（帅）、士（仕）、象（相）、马、车、炮、兵（卒），共七种；国际象棋为国王、王后、相、马、车、兵，共六种。两个系列基本可以对应，中国象棋多一种为炮，似与古代中国为火药发明国有关，这是四大发明之一。

中国象棋的将（帅）相当于国际象棋中的王（King），将（帅）和王是棋局的中心，棋的无穷变化围绕对将（帅）和王的攻防而展开。将（帅）实际上就是王，中国象棋称将（帅）而不称王，是中国社会君权意识的反映。在王权天授，弑君大逆的思想下，即使游戏也体现意识形态的压力。两国相争（以楚河、汉界标明），将（帅）可被杀，王则避讳不言。

奇怪而有趣的是：国际象棋的王随着棋局的展开可以自由进退，有时甚至身先士卒，王有将帅的职责。而中国象棋的将（帅）始终不能走出田字形的封闭圈子，将（帅）有王的形象。此一进取和保守的区别，似乎也和不同民族文化的潜在心理有关。以田字而论，有洛书的形象，九路虽小，对整个棋局却有决定性影响，所谓"运筹帷幄之中，决胜千里之外"。然而君王的端居禁区，固守本有，也是传统文化保守性质的反映。

国际象棋中王后是最有作用的棋子，中国象棋却没有相当的形象。这一区别仍和中西不同的文化有关。人类社会的发展自进入父系社会以来，基本倾向是男尊女卑。然而西方从希腊文化绵延至今，一直有尊重妇女的传统，所谓 Lady first。荷马史诗中的特洛伊大战因争夺海伦而起，虽然战争的结果死伤惨重，但海伦本人仍受到交战双方的敬重。这种情形在视妇女为亡国祸水的中国传统文化中不可能出现。故中国除重君权外，还重夫权，重君权则退王为将，重夫权则取消王后。在中国象棋的演变过程中，宋以前的士尚为女性形象，意为女官，而宋以后将女性变为男性，意为卫士。中国象棋中妇女形象的痕迹，因理学大盛而消亡了。

中国象棋士、相（象）结合，相当于国际象棋的相，两者皆走斜线。中国象棋的士、相（象）均以拥卫将（帅）为中心，士居于田字格维护紫禁城安全，相（象）居于本土维护境内安全，分工精密为其长，但未能全攻全守亦成其短。中国历代常有攘外安内的矛盾，可相应于此。国际象棋的相可活动于整个棋局，没有分散力量之失。

马、车、炮。车，中国象棋和国际象棋略同。炮，国际象棋无，原因前已论。马最有特色，中国象棋的马有拐脚不行的规则，见出中国文化的复杂处。因马在遭遇拐脚之后，确实难以通行，此观察入微，甚为精妙。然而在社会生活中，很多有益之事竟因中间掣肘而受阻，和马遇拐脚不行相似，令人痛心。国际象棋无此规则，思想较简单，但也使马便于通行，有行政效率较高之象。

兵（卒）最有趣，中国象棋五，国际象棋八，数当五行八卦之分合。以棋子系列而论，将（帅）和兵处于两端，最为关键。中国象棋和国际象棋兵的运行规则，如有进无退等基本相同，但有一根本差异。国际象棋的兵冲到底可升格为王后，由至卑升到至尊，从作用最小者升为作用最大者。虽然升格之路艰难而漫长，但保留这条升格之路，和西方文化激励个人奋斗的思想有关。而中国的兵永远是兵，尊卑等级不可动摇。将兵两端，完全和中西社会的文化心理相应。

一九八七年七月

《石头记》与《红楼梦》*

任何文学作品，开头和结尾都最见立意之处，《红楼梦》这样的大作品，尤其如此。对《红楼梦》一书所设计的任何一种结尾，根基必然在于对《红楼梦》开头所作的认识。设计者对开头的认识深浅不同，所设计的结尾也随之深浅不同。说实在话，我对电视连续剧《红楼梦》的改编还是相当欣赏的，能把一部名著以目前的规模拍摄出来，并且有许多独具匠心之处，确实难能可贵。尤其是电视剧编导者积集了"五四"以来数十年红学研究的成果，毅然改动高鹗续作的结尾，我敬佩他们的魄力。至于结尾成败如何，那是另外一回事，实际跨出的一步才是至关重要的。迄今为止，红学研究认识到的《红楼梦》的结尾，所相应的往往偏于《红楼梦》开头立意的一半，如果仅据此一半来设计结尾，不可能得出独创性学术见解，也就不能理解后四十回的"兰桂齐芳"确有其理，和前八十回在

---

* 本篇讨论1987版电视剧《红楼梦》，原文是回复友人的来信。

精神上仍有相通之处。

《红楼梦》这部中国伟大的古典小说，其立意可以说有两层。如果以书名来概括，《石头记》可以概括一层立意，《红楼梦》可以概括一层立意，两层立意互相包含。《石头记》这层立意反映整部书的缘起和石头的经历，其内容集中于第一回，即起于"此开卷第一回也"，终于"满纸荒唐言，一把辛酸泪。都云作者痴，谁解其中味"。《红楼梦》这层立意反映这部书中各个具体人物的命运，其内容集中于第五回，始于"那宝玉才合上眼，便恍恍惚惚地睡去"，一直到"宝玉不怕，我们在这里呢"，具体情节为贾宝玉神游太虚境中所见的金陵十二钗正册副册又副册及所闻的悲金悼玉的《红楼梦》曲。整部书一至五回是小说总的序论，两层立意首尾相衔。这五回中还出现过《情僧录》《风月宝鉴》《金陵十二钗》等书名，反映了作者立意的其他侧面，但《石头记》《红楼梦》两层立意确为总纲，其他侧面的立意均可反映在内，起烘托调节作用，而不能逾其范围。现在的红学研究偏重于根据第五回《红楼梦》金陵十二钗词曲来推测小说的结尾，这样往往把注意力分散于个别人物的命运，而不能见及这些人物总的命运。仅仅反映了《红楼梦》这个纲，而未能反映《石头记》这个纲，于两个相衔相连的纲仅关涉其中之一，则不能上究作者立意的整体。而《石头记》《红楼梦》两层立意，以小说本文的原来次序而论，是《石头记》（第一回）出现在先，《红楼梦》（第五回）出现在后。以小说的流传过程而论,此书也是先以《石头记》的书名流传,以后才改称《红楼梦》。必以《石头记》和《红楼梦》两层立意互相映照,理解这部小说才能抽象而深入。尝试分析之。

以《石头记》的立意而论。石头何来?便是开卷第一回所述女娲在大荒山无稽崖炼石补天时,那三万六千五百零一块中多出的零一块。三万六千五百块石头所补的是空间,但此数从一年三百六十五天的时间周期扩展而来,仍属以时补空,重视的是时空相合的大周天循环。以古代神话而论,女娲补天是因为天之不周,但小说继之更进一解,补天石在三万六千五百块之外还有一块,则天之历数不但补前不周,补后仍然不周。补前少了,补后多了。此最初一笔,含有极深的哲理。女娲炼三万六千五百块石头,属以地补天的宏大壮举,结果却多出了一块。如果以三万六千五百块石头当物理世界,则多出的一块石头非地非天,已非物理世界可尽。石头之通灵,以今之知识而论,可当生命起源之象。由天地而人,其间有着极大的时空数量级,而小说中随即出现一僧一道将石头从青埂峰携离,此一僧一道以"茫茫大士"和"渺渺真人"为名,正是对宏观和微观时空的隐喻式相应。不能究及宏观和微观时空之根本,则不能理解石头的通灵。而小说中茫茫大士和渺渺真人最终化成"空空道人",既表示了宏观和微观之间的相通,也代表了作者依据当时所可能有的佛道思想对石头通灵现象所作的哲学认识。这就是涵盖全书的《石头记》小说立意，将大荒山无稽崖青埂峰的石头通灵经茫茫渺渺而化为空空，和另一部伟大的古典小说《西游记》亦以石头通灵而取名"悟空"的思想并无二致。大荒山无稽崖青埂峰的这块石头（大荒山无稽崖者，荒远无稽也，青埂峰者，东方生气也），灵性既通，自来自去，可大可小，进入《红楼梦》则成为"通灵宝玉"，也就是贾宝玉的命根。以今天的认识水平而论，这块通灵石头亦即通灵宝玉，有遗传密码之象。如此小说中通灵宝玉的几次失而复得，蒙垢和通灵，均可以解释。在小说情节发展中，《石头记》这块石头在关节点上一再出现，不但锁住了小说的开头和结尾，也调节着整部书大段落之间的结构变化，贯彻始终。

　　《石头记》和《红楼梦》两层立意相通相连。由《石头记》观《红楼梦》，则《红楼梦》之所以称为"梦"，其依据即在于《石头记》。知"石头"亦即通灵宝玉之不梦，乃可知《红楼梦》之梦。奥地利心理学家弗洛伊德释梦，所依据的参照坐标尚属人本身的早年经历，而《石头记》释《红楼梦》之梦，所依据的参照坐标已经是生命起源后的漫长进化过程，那是生命本身的早年经历了。这也就是小说中"石头"通灵的象征意义所在。而《红楼梦》之所以称为"红"，其依据也在《石头记》。以人类感觉器官所感知的七色光谱言，红、紫恰为两端。在传统文化中，儒家重入世相应于红，道家重出世相应于紫，所谓红尘、紫微，遥相对应，《论语·阳货》记孔子恶紫之夺朱,正反映这位大思想家注重人生的积极态度。

在全书立意中,《石头记》一端重紫,《红楼梦》一端重红,两端色彩的相映,奠定了小说色彩的基调。全书第一回"无才可去补苍天,枉入红尘若许年",以"苍天""红尘"对举,正见其意。而小说以两类书分别相应主人公的思想,亦可以见此两端。小说一百十八回写宝玉赴考出走前将素来最得意的《庄子》《参同契》《元命苞》等书收起,这类书关涉《石头记》一端,属哲学,当紫,而前八十回屡屡提及宝玉读《西厢记》《牡丹亭》等,这类书关涉《红楼梦》一端,属文学,当红。凡宝玉的蒙垢,亦即局限于光谱内的可见光;而由可见光贯通于不可见光,突破红紫两端及于红外紫外,亦即宝玉之通灵。能认识光谱的整体以及自身通灵之玉,则不但《西厢记》《牡丹亭》等可以搁置,即《庄子》《参同契》等亦尽成筌蹄。宝玉弃家出走前将后一类书处置干净,似有其决绝。但重《石头记》,不等于废《红楼梦》,《石头记》不入《红楼梦》,生命如何进化?然而进入《红楼梦》后,即为《红楼梦》所囿,生命又如何进化?在小说的两层立意之间,《红楼梦》构成循环,《石头记》则走出循环。《红楼梦》由盛转衰,"兰桂齐芳"又开始由衰转盛,则见世间法中不但《红楼梦》式的循环将一直继续下去,而且还将派生一些其他的梦,如"圆梦""补梦""续梦"等,亦即以后种种续书之所为。另一方面,宝玉的出走,又使《红楼梦》式的循环出现破缺,这一循环和循环破缺的对立,是小说结局的张力所在,它相应着开头三万六千五百块的循环和零一块的循环破缺,也相应着小说的两层立意。由此开头和结尾密合,使整部书结局呈开放状态,这样才可以和人生经验互相印证。

对于《红楼梦》原著和高鹗的续书,我还想谈一些看法。这部小说两层立意浑涵相成,意境相当高远。但在两层立意的衔接之间,作者本人似乎也没有能完全安排妥当。这表现在他对《红楼梦》这层内容模棱两可的态度上。一方面,他对《红楼梦》似乎过于痛恨,必欲使之破灭而无憾,由此《红楼梦》十四曲,以"食尽鸟投林,白茫茫大地真干净"结局,这样过于否定人生,实未知《石头记》与《红楼梦》二而一之理,孔子所谓"未知生,焉知死"(《论语·先进》)?另一方面,他对《红楼梦》似乎也过于留恋,而且越写越留恋,这样也使他把这部巨著写得过于艰难。沉重凄苦的心理负担,极为艰难的物质条件,使他终于未能完成全书,"泪尽而逝"。然而作者之未能完成《红楼梦》,又是天之玉成《红楼梦》,高鹗继起续作,使前八十回和后四十回形成一种又接又不接的状态,恰如西方艺术中维纳斯的断臂,给小说平添了无穷魅力。比起前八十回,续作的后四十回才情稍弱,但正因为如此,数百年来,多少研究者和读者的注意力都被集中到续作上,依据着前八十回想象后四十回。这样围绕着续书形成了一种浓重的氛围,反而使高鹗续作成了既不令人满意又难以逾越的障碍。在这种情形下，不但高鹗续作以外的其他续书都未能成功，而且即使曹雪芹本人复生，重写后四十回，也未必能成功。因为完成续作的时空条件已然改变，其分也，成也，其成也，毁也。影视编导者改变高鹗续书的结尾，吃了观众心理上的亏。而且读高鹗续作，不但要注意其劣处，还要注意其佳处。高鹗续作和原作仍然存在着精神上的相通。我甚至相信，高鹗在当初是有可能看到曹雪芹部分手稿的。而"兰桂齐芳"的结尾不管是否为曹雪芹的原义，即使不是原义，它仍然可以不矛盾而且深化小说的立意，因为它补全了《红楼梦》，也补全了《石头记》。

说实在话，我个人还是相当欣赏电视连续集《红楼梦》开头的。在"开辟鸿濛"的悠扬歌声中（这是第五回的《红楼梦》），逐渐出现岿然天边的巨石（这是第一回的《石头记》）。在声像缓缓进行的过程中，字幕缓缓隐去，又缓缓显出，这种由显之隐，又由隐之显的声像组合，对于现代的影视艺术来说，并不是复杂的技巧，但剧情从这里进入，已和原作的由《石头记》而《红楼梦》，将真事隐去，显出假语村言的思想相合。编导者非熟读原作，不会作出此设计，故此开头浑厚有力，结尾也应该更上一层楼。

一九八八年二月

《薄伽梵歌》引介

　　东方文明的主体部分包括印度和中国两大体系。在两大体系之间，由于地理条件的关系，印度文明影响中国文明深且久，而中国文明对印度的影响要少一些。理解东方文明，如果缺少理解印度，那将是不完整的，反之如果缺少理解中国的善于吸收变化，那也就不能理解东方文明的若干最为精粹之处。因此理解古代的东方文明，最初可以从印度始，而最终必须落实到中国。如果贯通印度和中国，亚洲其他地区如东南亚和日本的文明都能达成顺理成章的理解。当代世界文化的发展，隐伏的危机极多，加强各种不同文明间的交流，也许有助于消除其间若干矛盾，这也正是文化工作者应尽的责任。

　　理解印度文化的整体，首先必须认清婆罗门教和印度教的主流，然后才能穷其源流之变。其本源在吠陀经典，形成的时间大约在公元前1500年到公元前1000年左右，约相当于中国的殷商时期；其后演变出梵书和森林书，形成时间大约在前1000年到前700年，约相当于中国的西周；其末则为奥义书时代，形成时间大约在前770年到前500年，约相当于中国东周时代的春秋。吠陀经典是印度的原始宗教，"梨俱吠陀"（赞颂明）是主干，化出娑摩吠陀（歌咏明）和夜柔吠陀（祭祀明），而以阿达婆吠陀（禳灾明）作结。此四部吠陀的内容完全跟祭祀相关，以后加上祭仪等的解释，乃有散文作品梵书、森林书等，而梵书、森林书之终即为奥义书——吠陀的终极意义，形成一种新型的哲学体验和思辨，有深刻的内容。至奥义书衰落时期，印度才有佛教和耆那教的兴起。吠陀经、梵书、奥义书属于婆罗门教的系统，佛教、耆那教则属于反对婆罗门教的新兴宗教，而在佛教、耆那教之后，综合吠陀、奥义书，并吸收佛教等新兴宗教的内容，重新建立经典，使长期潜流的婆罗门教复兴为印度教并代替佛教的，就是《薄伽梵歌》。《薄伽梵歌》作为最著名的哲学插话，其具体依托是印度大史诗《摩诃婆罗多》，并作为史诗的核心，时间与吠陀相齐；另一大史诗《罗摩衍那》，则大致和奥义书相齐。《薄伽梵歌》本身的原始部分可能形成于公元前三四世纪，约相当于中国的战国时代，而最后写定很可能在公元三四世纪，约相当于中国的汉末魏晋。《薄伽梵歌》是印度教最重要的经典，也是印度文化最后的主要经典之一，其地位和伊斯兰教的可兰经、基督教的新旧约圣经大致相当，在印度历史上影响深远。

以上所说，是今日理解印度古文化的基本知识。真正深入地理解其内容，则必须到达现代，而在中国大陆还是最近十年以来的事。1984年徐梵澄译的《五十奥义书》出版（中国社会科学出版社），于此可探吠陀文化之根；1989年12月张保胜以语体、1990年6月徐梵澄以骚体译的《薄伽梵歌》出版（张译，中国社会科学出版社；徐译，中国佛教文化研究所），于此可探印度教文化之根。在中国历史上，汉末至唐宋为吸收印度文化的高峰期。经历的时间约千年，而实际吸收的主要是佛教文化。这一吸收，对中国文化的发展，有至关重要的意义，但也由于时代的限制，此一吸收基本不是以印度文化而是以佛教文化为坐标。这不但对深入认识印度文化不利，而且对深入认识佛教文化也有所不利。而认识印度文化的整体，认识佛教和此一整体的相应处，则必须对印度整体的文化典籍有所认识，而此条件的具备直到最近十年才有可能。

昔时佛教文化的传入，经历了包括鸠摩罗什、玄奘等大德在内的历代译者近千年持续不断的努力，宋以后至今则寂寞约千年，再未有印度典籍的重要翻译。不期到了现代，而且还在最近十年，又重新出现了对印度典籍的高质量翻译。这两本典籍的翻译，对认识印度文化的整体具有重要的促进作用。得此二部著作，结合中国历代佛典翻译和其他相关著作，乃可尝试理解婆罗门教、印度教和佛教而感受其最高智慧之所在，认识印度文化至今尚在的活的精神。

一九九一年一月

记亡友胡河清先生

鲁迅曾经说过,收存亡友的遗文就好像捏着一团火,常要觉得寝食难安,给它设法流布的。我觉得王晓明等友人顶着各方面的压力,极力筹划胡河清书稿的出版是做了一件大好事,不如此不足以告慰亡者英灵,不如此也不足以完成生者对死者的责任。近年来,文学界多有中断自己生命的事件发生,社会对此有所议论。但河清性格光明磊落,和他们中的一些人有天渊之别,他没有伤害周围的人,只是伤害了自己。在我看来,尽管有种种个人原因,河清还是不该走这条路的。他的死使我们想起了一些深远的东西。

我和河清是读书上的朋友,他对我极信任也极好,感情上相当亲近。河清禀性正直,疾恶如仇。他最突出的优点是对学术、对朋友非常真诚。和他相处,这两个优点使他非常吸引人,也深深令人感动。我们平时见面不多,大约半年左右见面一次,有时我去,有时他来,见面必谈学术。他常谈起他的家世和情感,他对神秘文化有一种特殊爱好,我感觉到他心中有一股不平之气。尽管我们对许多问题的观点并不相同,但我们曾经互相帮助。河清研究过钱锺书,对此我们所谈不多。我早年喜爱过金庸,有一回向他推荐,他果真就此读了全部金庸,写了好几篇文章,我至今还记得他找文章给我看时的欣喜心情。而当时我还没有读过王朔,他就把新买的王朔文集全让我带回去,我周围的友人也都传看了河清的书。河清去世后,我还没有把书全部还清,有时睹物思人,真有不胜沧桑之感。

我们见面中印象较深的一次,大约就是河清和晓明来我家了。那天下着细雨,但河清兴致勃勃。他对稍稍有点古色古香的环境非常欣赏,却不喜欢其中一些有现代色彩的摆设。我们谈了鲁迅,谈了金庸,也谈起了当代大学问家潘雨廷先生。河清在我家看了潘先生的照片,深有感触,回去后就写了一篇文章,也就是现在收入《胡河清文存》(上海三联版)的那篇《潘雨廷法相记》。潘雨廷先生学究天人,实在是不世出的大学者之一,但世尚罕知。河清从来没有见过潘先生,却能认识潘先生的价值,充分体现了一个青年学人的热忱和敏感,也体现了他的识力。文章虽然还有部分技术性错误,但仍不失为认识河清思想和感情的佳作之一。那天我们讨论金庸却发生了争执。河清说他最憎恶《鹿鼎记》里的韦小宝,中国的事情就是他们搞坏的。我说我读大学时也不喜欢,我喜欢的是《天龙八部》的乔峰和《笑傲江湖》的令狐冲,但踏上社会以后阅世阅人渐多,才逐渐明白《鹿鼎记》是金庸看懂中国社会后写的,对韦小宝甚至抱一种欣赏的态度。对此河清坚决不能同意。河清为人宁折勿弯，如此看待韦小宝正是他爱憎分明之处，但是不是说明他多少还有点偏激呢？河清的死有着多方面的原因，绝不单单是学术问题，但也绝不是和学术完全无关的。

我们虽然不常见面，但由于联络河清书稿的出版，河清离开世间的前几天，我们还是见面谈了一次话，也许这里有一种缘。那天我去华山路他的家，进门以后，只见烛光摇曳，我吃了一惊。一段时间未见，河清人脱形了，神志也有点恍惚。我有点着急。我问他是不是受到了民间宗教的吸引，赶快停止。我要他尽快找电工来修灯，不要把房间搞得阴湿晦暗的。有病去治病，有困难说出来大家商量。我说生命有其意义和美，就是退一万步放弃搞学术写文章又怎么样呢。我们还能教学生，我们能自己养活自己，怕什么呢。我们可以看看春天的花，看看春天的树，看看枝上的小鸟，看看路边的女孩。就是走在路上的陌生行人冲你一笑，你也会感到自己没有白活。那天我说了很多，河清静静坐在长桌边，很愿意听的样子，不时插几句："哦，是这样吗？""原来是这样啊！"临走时，他支撑着送了我出来。他说他还有许多话想对我说，过几天约时间来看我。然而几天后却传来了噩耗，河清那天送我的一程竟成了永诀。死生有命，河清是不是能在朋友的帮助下度过他的精神危机呢，我不知道，也许我们都没有这个能力。但河清是一个非常需要温暖的人，如果我们能多尽点力，河清是可能再轻松一点的。我感到沉痛和内疚。

对河清的死,一段时间以来,我非常愿意保持沉默,有些精微的意思和细节在纸上是讲不清的,近似于所谓"心丧"的态度也许是最好的纪念方式。但我终于还是写了几句话,为我们的交往留下了一点痕迹。从更深广的意义来说,生命和时间皆属变化之象,过去没有凝固,它本身还在变化,就如我们自己本身还在变化,我们其实还能做些什么。

一九九六年七月

关于《安提戈涅》

一位朋友在看完《安提戈涅》[1]后，说这部戏演的是 logos。Logos 是欧洲文化的中心观念之一，很难翻译，《约翰福音》开篇 In the biginning was the Word，这里的 Word 在拉丁文中就是 logos。Logos 在中国文化难以找到相应的观念，老子《道德经》所谓"道可道，非常道；名可名，非常名"仿佛似之。我以为就这部戏而言，其中心思想如果可以用 logos 来概括的话，那么在中文里可以找到的相应观念之一是"天道"。这部戏的戏剧冲突来自安提戈涅和克瑞翁两方面，剧作家在两方面维持平衡，而把主要推动力放在安提戈涅，最后以安提戈涅突破克瑞翁结束。其实相反的情形也可能存在，即以克瑞翁突破安提戈涅结束，如同萨特名剧《肮脏的手》以总书记贺德雷突破小青年雨果一样，不过那就是另外一部戏了。

---

[1] 〔法〕让·努阿依编剧，郭宏安翻译，谷亦安导演，1998 年 4 月演出于上海戏剧学院黑匣子剧场。

克瑞翁步步进逼追问，安提戈涅在几乎已经垮掉的情况下，"幸福"这个词使她突然间获得了能量支持，重新振作而起。这时的情形有点像两位武学高手过招，其中一个已经倒地准备认输，突然看见胜利者门户大开，破绽尽露，于是从地下捡起一把被丢弃的剑，中宫直进，一下洞穿了对手的要害。这确实是一个值得现代人沉思的问题，"老婆孩子热炕头"，难道这就是"幸福"吗？

剧中克瑞翁无奈地说："没有办法阻止她，她生来就是为了要去死的。"（大意）从某种意义上说，安提戈涅之死实际上是一种自杀，然而是一种哲学意义上的自杀。加缪说："只有一个真正严肃的哲学问题，那就是自杀。判断人值得生存与否，就是回答哲学的基本问题。"如果说安提戈涅第一次求死是一个小女孩的英雄主义冲动的话，那么第二次求死就是成年人为理想献身的严肃选择了。安提戈涅的一心求死构成了剧情发展的内在动力，而克瑞翁为她揭示政治的真面目以阻止其死，正是构成了安提戈涅上出的台阶。安提戈涅如果第一次求死成功，她的死没有多大的意义。而第二次死是死于和哲学的最高观念的相应，生命也由此获得了意义。如果没有克瑞翁的阻止，安提戈涅达不到最高层次，从这个意义上讲，克瑞翁成全了安提戈涅。安提戈涅的死，点燃了她自己，也照亮了克瑞翁，进而照亮了全场。安提戈涅临死前说："没有安提戈涅，你们每个人本来都是可以心安理得的。"这是剧中一句非常吃紧的话，它促使每个人反思自己的生存状态，to be or not to be, that is a question。

我认为戏剧是一种大的艺术样式，它相应于整个人类的生存状态，有活的精神。春夏秋冬，人类的生存状态改变，戏剧样式也相应改变。在中国历史上，元杂剧、明传奇以及清代和民初的昆曲与京剧各领一时风骚，都相应于当时人的生存状态。然而今日人的生存状态已然改变，传统的戏剧形式无法全面相应。不可否认，京剧是一种伟大的表演体系，足以和斯坦尼、布莱希特体系鼎足而三。然而，今日的京剧演出能反映其博大精深而又生生不息的内涵吗？不得已，只得用宏大的场面、华丽的布景以救其穷。好的戏剧对布景的要求应该是能简则简，所谓"一桌二椅"足矣。它不需要外在的东西来分散观众的注意力，而要求直达内心。

好的戏剧必须相应人的生存状态，包括导演、演员以及观众的生存状态。这里有着息息相通的关系，形成交流的"场"，达成共振效应的"当下"。剧本是一个封闭的花园，尽管里面有着奇花异草，但它对一般人不开放。而导演的任务是打开花园的门，甚至拆除其篱笆，使其美色尽露，由此达成和游人的交流。人群以至个人的生存状态日日不同，戏剧的相应方式也日日不同，所以同一出戏在不同时间的演出中产生差异，有不同的感受是很自然的。

《安提戈涅》写作于一九四二年的法国，当时的演出曾引起极大的争论。这部戏确实触及了四十年代法国人的生存状态，然而这部戏的一些核心观念具有人类文化的普适性，其内涵绝非仅相应一时一地。而且时势迁移，在东西方文化交流和全球一体化的大趋势下，在今日上海重排这部戏，也许更能触及观众的生存状态，反而超过巴黎。要知天道酬勤，上海话剧人未必可以妄自菲薄呢。

一九九八年四月

读《自题小像》

鲁迅留存下来的诗计有六十一题七十八首,其中旧体诗四十八题六十三首。真正和鲁迅一生命运和思想有深入关联的不过几首,《自题小像》就是其中之一。这首诗相关鲁迅一生的成就和志向,可以作为理解鲁迅一生实践的出发点之一。

1903 年,鲁迅把《自题小像》题写在东京剪辫时的照片上,并把照片和诗题赠给好友许寿裳。1931 年,鲁迅又重新书写这首诗,再赠许寿裳,并附记:"二十一岁时作,五十一岁时写之,时辛未二月十六日也。"相隔三十年题写同一首诗,是老来对少作的重新肯定,在鲁迅诗中是唯一的一例,有理由特别重视。三十年前,鲁迅初写此诗时,尚英俊年少;三十年后,鲁迅再写此诗时,已清峻成熟,渐臻深沉无比的境界。三十年风风雨雨,中国社会几经大变,鲁迅本人也几经大变,但这首诗所内含的思想根基却始终贯穿其中,屹立不变。《自题小像》和《自嘲》(1932)是鲁迅诗中的双璧,可作为鲁迅一生自认的思想写照。《自题小像》全诗如下:

灵台无计逃神矢,风雨如磐闇故园。
寄意寒星荃不察,我以我血荐轩辕。

　　这首诗的题旨,许寿裳有解说:"首句写留学外邦所受刺激之深,次写故国风雨飘摇之状,三述同胞未醒,不胜寂寞之感,末了自抒怀抱,是一句毕生实践的格言。"许氏是鲁迅老友,相知极深,其言精粹扼要,后来笺注者纷如,皆不能越此范围。今试从社会文化和鲁迅个人命运角度再作阐说。

　　首句"灵台无计逃神矢"含中西两个不同来源的典故。"灵台"用中典,有二义:一指天文台,《诗经·大雅》有《灵台》,郑玄注:"天子有灵台者,所以观祲象,察气之妖祥也";一指心,《庄子·庚桑楚》:"不可内于灵台"。二义实可相成:灵台感觉到的气象变化,即相关国家兴亡变迁的大势。"神矢"用西典,即希腊罗马神话中爱神丘比特之箭,人一中此箭,终身再也无法逃脱。首句开启全诗,双关含有世界、国家大环境和个人思想状态两个层次。

　　次句"风雨如磐闇故园"是一种深重的难以改变的黑暗状态,承国家而来。三句"寄意寒星荃不察"正是鲁迅一生孤独之感的写照,承个人而来。风雨如磐,故园如是,虽经奋斗,能有多少改变?"寒星"是极长的时空数量级,相应于"星"而超时代,又相应于"寒"而甚感孤独,则与"荃不察"相关(语出《离骚》)。论者指出鲁迅小说的最大特色在于写出了现代中国一群沉默的国民的灵魂,如孔乙己、老栓、阿Q、祥林嫂等,正是"荃不察"意象的笺释。值得注意的是,鲁迅此诗写于剪辫和满清决裂之时,1903年前后在日本反满已渐成风气,如投身反满绝不乏同志,如此孤独感何来?于是不得不从较深层次寻求解释,即从鲁迅对中国国民性的基本估计中寻求解释。

末句"我以我血荐轩辕",轩辕黄帝为中华民族始祖,鲁迅一生直接为民族的危亡、民族的觉悟、民族的发展而服务的基本立场,即于此句表现之。这种直接服务于中华民族利益的基本立场,和社会环境的变化无关,和具体政权的变化也无关,正是鲁迅可贵的品格。鲁迅一生有着极其鲜明的独立是非观,"我以我血荐轩辕"就是这一是非观的基本出发点,所以是一句毕生实践的格言。而另一方面,鲁迅一生事业主要还偏重于中国,和世界文化的发展还不能有更深的关涉,似乎也是"我以我血荐轩辕"的局限。比较欧洲近代学者康德、歌德、马克思等以"世界公民"(weltbürger)自居的胸襟和气象,中国现代文化和文学以及鲁迅一生事业均有再进步的余地,也可以于此句见之。

一九八八年十一月

鲁迅早年的七篇作品和思想趋向的两次变化

鲁迅在日本时期的早年作品主要有七篇，以1906年弃医学文和1907年创办《新生》为界，可分为前二和后五：前二为1903年发表于东京留日学生刊物《浙江潮》的《斯巴达之魂》和《说鈤》，后五为1907—1908年发表于《河南》杂志的《人之历史》《摩罗诗力说》《科学史教篇》《文化偏至论》《破恶声论》。在前二和后五之间，似有理、文之别。如果以同时期译作参证，《月界旅行》(1903)、《地底旅行》(1903)以科学幻想为主（相应前二），《域外小说集》(1909)以纯文学为主（相应后五），其间区别更明显。沿着前二的道路走下去，鲁迅可能成为一个有文学修养的医学家；沿着后五的道路走下去，鲁迅终于成为一个有科学思维的文学家。

二十年后，鲁迅在编成第一本文集《坟》时，将后五中的四篇作为一组置于文集之首，以纪念自己从事文学活动的开端。这就是后来极受研究者注意的"早期四篇论文"，然而其余三篇也非常重要。如果把四篇和三篇合观,能见出鲁迅早年思想趋向的变化在文本上留下的痕迹。《坟》刊载的四篇论文是鲁迅后来追认的思想起源,而七篇合观可了解当时的实际状况,两者并非完全一致。探讨七篇作品的关联可以了解鲁迅早年思想趋向的两次变化。

《斯巴达之魂》和《说钼》是鲁迅最早成形的两篇论文。两篇文章涉及西方文化的时空跨度极大,是鲁迅接触西方文化的纲领之一。《斯巴达之魂》极古,它描写公元前480年希腊抗击波斯大军的一次战役。斯巴达王率领数百勇士在众寡悬殊的状况下殊死作战,全部壮烈牺牲。《说钼》极新,它记述法国科学家居里夫人(1867—1934)于1895年和1898年发现放射性元素镭和钋的事迹。居里夫人接着又在1899年发现锕,1901年发现铈。《说钼》是中国最早介绍镭发现的文字,和居里夫人的最新成果相差仅三年。《斯巴达之魂》和《说钼》一古一新,恰成两端。

西方文化的传统基本由两个方面组成:一、希腊传统;二、希伯来传统。简要说来,希腊传统重入世,希伯来传统重出世。希伯来传统姑置不论,而希腊传统又由两个方面组成:一、雅典精神;二、斯巴达精神。雅典精神尚文,崇尚纯学术、纯哲理;斯巴达精神尚武,崇尚爱国,崇尚精神不死。鲁迅早年文章《斯巴达之魂》相应斯巴达精神,而《说钼》则从雅典精神衍出。一个国家、一个民族的健康发展,需要斯巴达精神和雅典精神的平衡互补。在鲁迅时代，中国正处于民族危亡之中（典型意象就是《义勇军进行曲》），鲁迅的思想自然而然地趋向发扬斯巴达思想的一路。在《斯巴达之魂》和《说鈤》所代表的两路中选取一路为主，构成了鲁迅思想趋向的第一次变化。鲁迅的弃医学文，就是他在行动上作出的抉择。

鲁迅后来在《坟》中收取的四篇论文是《人之历史》《科学史教篇》《文化偏至论》《摩罗诗力说》。和《斯巴达之魂》《说鈤》仅仅涉及时空中的两个点不同，四篇论文基本采用史的写法，涵盖更为宽广。《人之历史》从西哲泰勒斯述至达尔文进化论以及英国赫胥黎《天演论》、德国海克尔种族发生学，此为对生物和人的认识。《科学史教篇》从希腊、罗马述至牛顿以来，是科学文化史概要，此为对物质的认识。《文化偏至论》介绍西方社会文化史，而归宗于近世哲学，主张"掊物质而张灵明，任个人而排众数；人既发扬蹈厉矣，则邦国亦以兴起"，此可归入社会学和哲学。《摩罗诗力说》从印度四吠陀、摩诃婆罗多、希伯来、埃及、伊朗的诗篇述至近代拜伦、雪莱以及裴多菲的"恶魔诗派"，此为文学。四篇主旨归宗于《摩罗诗力说》所引的尼采题辞：

　　求古源尽者将求方来之泉，将求新源。嗟我昆弟，新生之作,新泉之涌于渊深,其非远矣。[1]

这段题辞是《摩罗诗力说》的总根,也是鲁迅其时思想的总根。题辞中的核心词是"新生",鲁迅1907年拟创办的刊物与之同名,并非偶然。[2]

总观四篇论文,其次序似乎由生物和人、物理、社会学和哲学而归结于文学,其实不然。因为如此排列是二十年后编辑《坟》时的思想,是已经确立文学道路后对历史的追认,而当时情形并非如此。在《河南》杂志发表时的次序是:《人之历史》《摩罗诗力说》《科学史教篇》《文化偏至论》。前三篇发表于《河南》第一号(1907年12月),第二、三号(1908年2、3月),第五号(1908年6月),署名令飞。第四篇发表于第七号(1908年8月),署名迅行。四篇之外,还有一篇未完成的《破恶声论》,发表于第八号(1908年12月),署名迅行,而此篇谈宗教。

依照《河南》杂志的次序观察鲁迅当时的思想,基本线索是由《人之历史》的生物和人导入《摩罗诗力说》的文学,又

---

[1] 据赵瑞蕻《鲁迅"摩罗诗力说"注释·今译·解说》(天津人民出版社1983年版),鲁迅此段译文和德语原著意义有些出入,原文可译成如下:
"谁对古老的渊源已经悟彻了,看啊,他终于要去追寻那未来的流泉与新的渊源了。
兄弟们啊,不消多长的时日,就会有新的民族兴起;新的流泉将奔到新的深谷里了。"
据此,"新生"的原义是"新的民族"。
[2] "新生"之名,周作人以为或许借用于但丁(《关于鲁迅之二》)。

由《科学史教篇》的物质导入《文化偏至论》的社会学和哲学，而探索的领域最终进入《破恶声论》的宗教。这和《坟》以《人之历史》《科学史教篇》《文化偏至论》《摩罗诗力说》的次序归宗于文学的思想截然不同。《破恶声论》的主旨在培"本根"而立"正信"，且谓："宗教由来，本向上之民所自建，纵对象有多一虚实之别，而足充人心向上需要则同然。"又谓："吾则谓此向上之民，欲离是有限相对之现世，以趣无限绝对之至上者也。"屡言"向上之民"，鲁迅其时的思想，可见一斑。《破恶声论》文虽未完，主旨已见，此一趋向应予重视。然而宗教内涵深广，绝非一篇论文所能尽，故此文确不足以总结前四篇而定于一尊，宜乎其未能完成。

在鲁迅其时发表的五篇论文中，如果以《摩罗诗力说》和《破恶声论》代表两个趋向加以比较，《摩罗诗力说》确实较强，鲁迅后来最终选择文学道路，绝非偶然。然而《破恶声论》也有一定的作用，鲁迅回国后有相当长一段时间研读佛经，就是这一趋向的延续。然而宗教没有能满足他的心灵需要，鲁迅在长久徘徊之后，终于舍弃宗教而走向了文学。[1] 这构成了鲁迅思

---

[1] 据《鲁迅日记》中保存的书账，鲁迅在1912年开始购阅佛经，1914年猛增，几乎占全年购书量的一半，1915—1916年购阅量才开始大幅度降低。鲁迅对友人说："释迦牟尼真是大哲，我平常对人生有许多难以解决的问题，而他居然一部分早已明白启示了，真是大哲。"又说："佛教和孔教一样，都已经死亡，永不会复活了。"（许寿裳《亡友鲁迅印象记》）这两段话，大致可相当早年鲁迅研究佛教的结论。

想趋向的第二次变化。这次变化,于鲁迅本身有着内在的原因。

在早年的五篇论文中,鲁迅后来最不重视的就是《破恶声论》,1926年在编辑《坟》时即不取。而十二年后,1934年在编辑《集外集》时,收入以前删去的《斯巴达之魂》和《说钼》,仍不取《破恶声论》。直到鲁迅逝世多年后,在编辑《集外集拾遗补编》时才收入《破恶声论》,而此文对研究鲁迅早年思想趋向的变化有着不可缺少的作用。

鲁迅早年的七篇论文,前二而后五,体现了鲁迅"别求新声于异邦",支持民族文化新生之愿。但外界环境始终有着深重的压力,鲁迅经受种种挫折,殆属必然。种下的根苗既已发芽,以后的开花结果就不可避免了。

一九八八年十一月

《呐喊》《彷徨》的结构分析

鲁迅从日本归国后,在 1910—1917 年间基本沉默。抄古碑,辨拓片,"以代醇酒妇人"[1],似乎无声无息。然而,长长的沉默正是积聚的过程,鲁迅的心没有真正死去,也不可能真正死去。在时代变化的触动下,鲁迅终于冲破沉默,写出震动一时的《呐喊》《彷徨》,迈出了决定性的一步。本文试对《呐喊》《彷徨》的形式结构及其核心内容进行分析。

《呐喊》中的小说写于 1918—1922 年间,结集后出了两版(1923,1930)。两版的思路略有不同,初版共收十五篇,二版删去一篇,共十四篇。此文以初版为准,考察成集前后的信息。《呐喊》所收的十五篇小说,如果从最初发表的杂志来看,可一分为二:《新青年》五篇,其他杂志十篇。《新青年》发表的五篇是:《狂人日记》(1919)、《孔乙己》(1919)、《药》

---

[1] 《致许寿裳》,1910 年 11 月 15 日。《鲁迅全集》第 11 卷,人民文学出版社,1981 年,327 页。

(1919)、《风波》(1920)、《故乡》(1921)。这五篇小说首先可注意,《呐喊》之所以为"呐喊",它们就是先锋。这些小说最能代表《新青年》时期的狂飙突进精神,《狂人日记》"救救孩子"的呼声,在当时振聋发聩。五篇小说以写作年代和内容划分,又可分为两个层次:《狂人日记》以及《孔乙己》《药》激烈尖锐,可当"狂者进取";《风波》和《故乡》抒情和缓,可当"狷者有所不为"。五篇小说几乎篇篇精彩,是《呐喊》的精锐和生力。其他杂志发表的十篇程度参差不齐,有极佳作,也有较平庸的作品。《阿Q正传》是极佳作(《晨报》,1921),其次尚有《社戏》(《小说月报》,1922)和《不周山》(《晨报》,1922),此外《一件小事》(《晨报》,1920)介乎小说和杂文之间,也是重要的作品。如果说,《新青年》诸作相当程度上和当时的"将令"有关的话,《阿Q正传》是鲁迅久久酝酿的结果[1],未必和"将令"有直接联系。《阿Q正传》为重心,《社戏》和《不周山》等配合之,构成了《呐喊》的主体部分。而最后写作的《呐喊自序》(1922)也是有机组成部分,可作为全书的结论。《呐喊》各部分的相互配合,可列出下表(见217页),作为此书的读法之一。

《新青年》五篇小说,有突出的中心意象,就是《狂人

---

[1] 《见〈阿Q正传〉的成因》:"阿Q的影象,在我的心目中似乎确已有了好几年。"《华盖集续编》,《鲁迅全集》第3卷,378页。

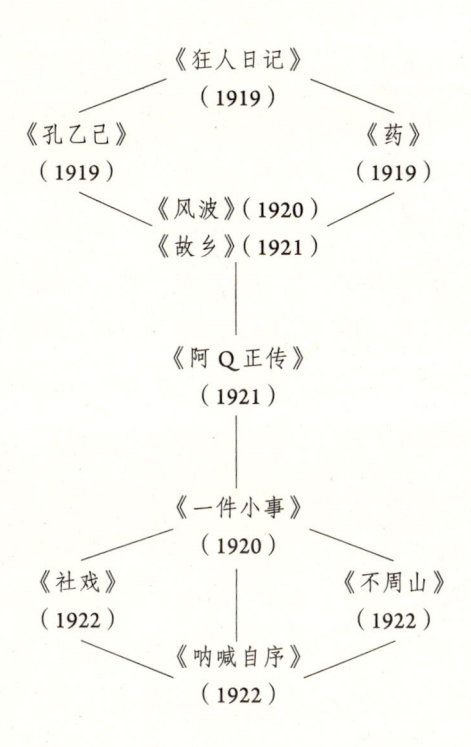

```
            《狂人日记》
             (1919)
    《孔乙己》         《药》
    (1919)          (1919)
         《风波》(1920)
         《故乡》(1921)

         《阿Q正传》
          (1921)

         《一件小事》
          (1920)
    《社戏》          《不周山》
    (1922)          (1922)
         《呐喊自序》
          (1922)
```

日记》发出的控诉和呼吁:"我翻开历史一查,这历史没有年代,歪歪斜斜的每叶上都写着'仁义道德'几个字。我横竖睡不着,仔细看了半夜,才从字缝里看出字来,满本都写着两个字是'吃人'!""没有吃过人的孩子,或者还有?救救孩子!"《狂人日记》这一中心意象,既强烈贯穿于《孔乙己》和《药》,又联系于《风波》和《故乡》,构成了《呐喊》的前一部分。鲁迅当时相信青年必胜于老年的进化论,与此密切相关。《阿Q正传》是《呐喊》的重心,它是一篇文化小说,"写出一个现代的我们国人的灵魂来","画出这样沉默的国民的灵魂来"[1]。如果说《新青年》小说表示着时代意义的话,《阿Q正传》在一定程度上超出了这意义;如果说《呐喊》其他小说的主要影响在本国的话,《阿Q正传》在一定程度上具备了世界的影响。《阿Q正传》以辛亥革命为背景,不仅因为辛亥革命失败给予鲁迅深深的痛苦,而且也因为辛亥革命结束了数千年的帝制,从这一角度切入,能照见整个传统社会延续至今的若干国民性,也就是所谓"默默生长、萎黄、枯死,象压在大石底下的草一样,已经有四千年"!此即《阿Q正传》所隐含的"大时",恰与《狂人日记》所谓"四千年来时时吃人"对应。《阿Q正传》的"大时"如此,地点人物则相应泛化。小说地点取未庄,没有具体指明某处,可解为未有之庄。[2] 人物或无名,如赵太爷、钱太爷;或无姓,如阿Q、小D、小同。前者取自《百家姓》,后者取自西文字母,似有中西文化结合之象。以历史文化解其意象,阿Q的Q可作为圆相O的对立。圆相O可作为传统文化的代表,包含数千年内容,然而受到外来文化冲击,其说已不能圆。而Q这个字母横加一杠,恰可成为打破圆相的象征。O与Q对立之间的对称性破缺,在中西文化

---

[1] 《俄文译本〈阿Q正传〉序及著者自叙传略》,见《集外集》,《鲁迅全集》第7卷,81—82页。
[2] 1934年袁牧之改编《阿Q正传》,决定未庄在绍兴,鲁迅表示了不同意见。《答〈戏〉周刊编者信》,见《且介亭杂文》,《鲁迅全集》第6卷,145—146页。

交流时代有深刻的意义。这里既有着西方文化对中国文化的冲击，也有着中国文化上出的动力。

《阿Q正传》的阿Q精神，是整部小说的灵魂。鲁迅1903年在日本时就已经注意国民性问题，《阿Q正传》是他多年考察的成果之一。鲁迅写阿Q精神，是作为中国国民性的弱点来写的，哀其不幸，怒其不争。然而中国国民性有着多方面内容，如果仅以阿Q精神一端概括之，并不妥当。而且阿Q精神也可以从正反两方面理解。鲁迅当其所处的时代，基本从反面观之，故以哀、怒矫之。然而也可以从正面理解，相应中华民族的自强不息而乐天知命的精神，阿Q精神是前者的丢失，后者的异化。矫正阿Q精神亦可从矫正异化入手，恢复人类智慧的性分之全，如果能自觉清醒，点缀些阿Q精神，或不足为碍。[1]鲁迅颇赞赏尼采的"超人"理想，阿Q精神恰与其相成，然而终以自强不息而又乐天知命为是。《阿Q正传》以大团圆式的九章结束，虽似敷衍枝蔓，[2]仍属自然，显示了一位大小说家的功力。

---

[1] 聂绀弩在他的诗集"后记"中，记"文革"时某狱中难友说，"他不喜鲁迅，因为他反对阿Q气，人没有阿Q气怎能生活？"聂评论说："阿Q气是奴性的变种，当然是不好的东西，但人能以它为精神依靠，在某种情况下活过来，它又是好的东西。"见《散宜生诗》，人民文学出版社，1982年，245页。

[2] 钱锺书曾批评："鲁迅的短篇小说写得非常好，但他只适宜写'短气'的篇章，不适宜写'长气'的篇章，象是阿Q便显得长了些，应当加以修剪才好。"见水晶《侍钱抛书杂记》，《钱锺书研究》第二辑，325页。

《呐喊》《彷徨》的结构分析

如果说《阿Q正传》是鲁迅对国民性的解剖的话，《一件小事》则是他对自己的解剖，两种解剖紧密相连："我的确时时解剖别人，然而更多的是更无情面地解剖我自己。"[1]《社戏》《不周山》除了本身的价值外，又和《风波》《故乡》联系，概括了过去的回忆和未来的希望。而且《社戏》回忆童年是《朝花夕拾》的前导，《不周山》运用古代题材是《故事新编》的发端。最后《呐喊自序》为总结，回顾此书的缘起和主题，有较深的哲理意义。《呐喊》主题来自下面一段对话：

"假使一间铁屋子，是绝无窗户，万难破毁的。里面有许多熟睡的人们，不久就要闷死了。然而是从昏睡入死灭，并不就感到新的悲哀。现在你大嚷起来，惊起了较为清醒的几个人，使这不幸的少数者来受无可挽回的临终的苦楚，你倒以为对得起他们么？"

"然而几个人既然起来，你绝不能说没有毁坏这铁屋的希望。"

《呐喊自序》的铁屋子意象，以哲学论，类似于柏拉图《理想国》中的洞穴寓言。该寓言说，人群类似于关在洞穴里的囚犯，不能见到真正的光明。因为火堆在他们背后，重重束

---

1 《写在〈坟〉后面》，《鲁迅全集》第1卷，284页。

缚使他们不能转动，只能见到火光把他们投射到墙上的影子。最后有一个人逃出洞穴来，看见了火光，才发现过去一直受到了影象的欺骗。但当他回去把真相告诉同伴时，洞穴里的人却不相信他。鲁迅和那个逃出洞穴的人有所类似，然而处境却有同有异。其同在于他已经看出：对于洞穴里锁着的人，要解除他们的束缚，几乎绝少可能，所可存的只能是打破铁屋子的努力。其异在于柏拉图自以为已经看见了实在的火光，而鲁迅对火光的真伪仍然存在怀疑。打破铁屋子的努力就是《呐喊》的作用，而对火光的怀疑则形成了《彷徨》的局面。

《呐喊》写于 1918—1922 年，《彷徨》写于 1923—1924 年。在两书的接续之间，鲁迅生活有较大的变化。首先，在 1922 年 7 月，《新青年》停刊，同一战阵的伙伴"有的高升，有的退隐，有的前进"[1]，鲁迅的"呐喊"是听从"将令"的，但现在"将令"在哪儿呢？其次，在 1923 年 8 月，鲁迅和周作人之间长期积累的矛盾爆发。鲁迅终于迁出入京后长期居住的八道湾，买宅另居。鲁迅对事业和家庭虽曰"希望必无"而实际尚存的幻想，至此全部破灭。这是鲁迅最为痛苦的时期之一，作品的内容也不得不深入一层。

如同《呐喊》，《彷徨》的十一篇小说，既有极精品，也有相对芜杂之作。最重要的作品是开首的《祝福》，而《孤独者》

---

[1] 《自选集·自序》，见《南腔北调集》，《鲁迅全集》第 4 卷，456 页。

和《伤逝》也极可注意,此外《在酒楼上》以及《肥皂》也有一定的意义。整部《彷徨》此五篇可扼其要,而卷首又以《离骚》诗句点题。《彷徨》各部分的互相配合,可图示如下:

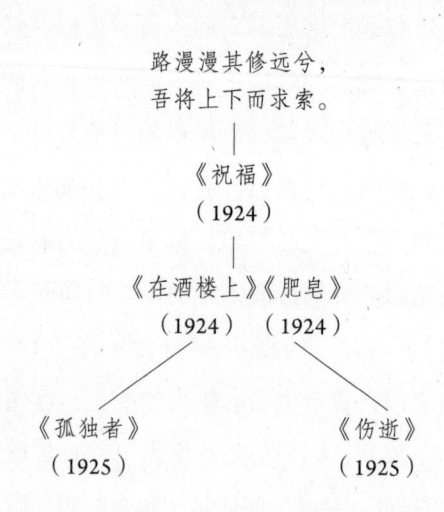

```
        路漫漫其修远兮,
        吾将上下而求索。
              │
           《祝福》
           (1924)
              │
        《在酒楼上》《肥皂》
         (1924)   (1924)
          │          │
       《孤独者》   《伤逝》
        (1925)    (1925)
```

沿袭《呐喊》的分析手法,《彷徨》小说也可分为两类。大部分作品可以用《祝福》来代表,这类作品发表于各种杂志上。而另一类只有两篇,这两篇在成集前没有发表过,直接从手稿收入集子,它们就是《孤独者》和《伤逝》。《祝福》是《彷徨》的重心,《孤独者》和《伤逝》是全书的两个"眼"。

通观《彷徨》,全书以故事背景为新旧年之交的《祝福》开篇,似有寓意。祥林嫂提出的三大疑问,正是要点:

　　一个人死后,究竟是有没有魂灵的?

渔人之路和问津者之路

那么，也就有地狱了？

那么，死掉的一家的人，都能见面的？

从传统民间信仰而来的三大疑问，极难解答。《彷徨》以这样的疑问镇住全篇，既和《呐喊》"救救孩子"的呼声相应，又比前者进了一步。《孤独者》和《伤逝》可以关联起来看。和《彷徨》中的其他小说不同，这两篇未曾单行发表，是否别有原因？从文本特征来看，《呐喊》小说篇末均署"某年某月"，《彷徨》小说篇末均署"某年某月某日"，可见《彷徨》比较细密。而《孤独者》和《伤逝》篇末则署"某年某月某日毕"，多一"毕"字，为《彷徨》中仅有的两例。这些特殊标记是否说明鲁迅在这两篇小说上花去更多的时间和精力？《孤独者》以送殓始，以送殓终；《伤逝》以同居始，以分居终；结局同归于空虚失败。小说中充满了痛苦、悔恨和悲哀，正是鲁迅其时心境的写照。[1] 两篇小说皆以求索的意象作结，说明鲁迅精神体验的趋向仍然是积极的：

> 我快步走着，仿佛要从一种沉重的东西冲出，但是不能够。耳朵中有什么挣扎，久之，久之，终于挣扎出来

---

[1] 周作人认为这里写的全是鲁迅家里的事，包括兄弟、夫妻、父子间的事。这虽然也说明了鲁迅小说精神体验的部分来源，但毕竟把鲁迅小说的象征和美学意义看狭窄了。

了，隐约象是长嚎。象一匹受伤的狼，当深夜在旷野中嚎叫，惨伤里夹杂着愤怒和悲哀。

我的心地就轻松起来，坦然地在潮湿的石路上走，在月光底下。

——《孤独者》

我要向新的生路跨出第一步去，我要将真实深深藏在心头创伤中，默默的前行，用遗忘和说谎做我的前导。

——《伤逝》

从象征和美学的意义来看，《彷徨》有着基本的矛盾。其中既有深刻的怀疑，又有对怀疑的怀疑。既有超上的沉思，也有世俗的智慧。如《祝福》既有祥林嫂的三大疑问，也有"我"的支吾不知以对；《在酒楼上》吕纬甫是颓废了，而"我"却并非如此。这里的矛盾其实是无法解决的，因为疑问永远存在，答案尚须探索，而人的行动才是主要的。《在酒楼上》两人在酒楼门口分别，方向完全相反，"在寒风和雪片里独自往自己的旅馆走"，正是富于象征意义的一笔。故《呐喊》尚有长篇大论以抒发其意，而《彷徨》径以《离骚》诗句作为前行的引导：

路漫漫其修远兮，
吾将上下而求索。

这一无尽求索的意象，衔接起《呐喊》和《彷徨》，也贯穿鲁迅的一生。

一九八八年十一月

《故事新编》的象数文化结构

1932 年，鲁迅编选了《自选集》。在《自选集》序言中，鲁迅回顾自己的所有创作，自认为只有五种：即《呐喊》《彷徨》《野草》《朝花夕拾》和《故事新编》。[1] 这一回顾确实包括了他的主要创作成就。五种著作中，《呐喊》（1923、1930）、《彷徨》（1920）、《野草》（1927）、《朝花夕拾》（1928）完成于鲁迅居住北京以及厦门、广州时期，其时尚属中年；《故事新编》（1936）完成于鲁迅居住上海时期，其时已属晚年了。五种著作的前四种各两两相对，后一种收束之，似有总结一生所学之象。

理解鲁迅晚年的整体文化思想，《故事新编》有重要的意义。在鲁迅编选《自选集》的 1932 年当时，《故事新编》实际仅完成三篇，即《补天》（原名《不周山》）、《奔月》《铸剑》

---

[1] 鲁迅:《自选集·自序》，见《南腔北调集》，《鲁迅全集》第 4 卷，人民文学出版社，1981 年，456 页。按此五种创作为小说三种，散文二种，以象数喻之，可当"参天两地"之象。

（原名《眉间尺》）。而《自选集》序言把《故事新编》作为一种创作提出，可见他此时对完成全书已成竹在胸了。1935年，《故事新编》完成，1936年出版，当年鲁迅逝世。《故事新编》是鲁迅最后的创作。

《故事新编》写作的最初起因，和《呐喊》的写作同时，"那时的意见，是想从古代和现代都采取题材，来做短篇小说"。[1] 现代题材就是当时的《呐喊》和《彷徨》，古代题材就是后来的《故事新编》。《呐喊》《彷徨》写作的持续时间较短，写完即编定出版。《故事新编》酝酿写作的时间极长，八篇小说从第一篇《不周山》（1922）到最后一篇《起死》（1935），前后经历了足足十三年，至最后编定成集时，已经是晚年成熟的思想了。《呐喊》《彷徨》基本按照写作年代排列，联系比较松散，虽然也具有若干形式特征，内在线索仍较隐晦。两书如果保存其佳作，而删除无关紧要的几篇，并不影响其整体结构。《故事新编》则不然，删去其中任何一篇，都会使整部作品残缺不全，发生结构性的破坏。

在鲁迅一生的创作历程中，后来编成《故事新编》的八篇小说由于写作时间延续极长，和其他创作有其历时性相应。例如《呐喊》可相应于《不周山》（《补天》），《彷徨》《野草》可相应于《奔月》《眉间尺》：《不周山》的女娲试手补天，正

---

[1]《故事新编·序言》，《鲁迅全集》第2卷，341页。

是《呐喊》打破"铁屋子"的努力,《奔月》的孤独落寞之感和《眉间尺》的悲愤绝望,又和《彷徨》《野草》的情绪相通。鲁迅1923年以《不周山》结束《呐喊》,最初似乎仅仅是试笔运用古代题材而已,其思想属《呐喊》的一部分。但在陆续写成《奔月》《眉间尺》之后,则已有集聚古代题材为一类的设想。1930年,在《呐喊》出第二版时,鲁迅删除了卷末的《不周山》,则重编新集的决心似乎已下,所谓回敬成仿吾当头一棒,事后看来,或许仅是涉笔成趣的玩笑罢了。[1]《故事新编》是"神话、史实和传说的演义",八篇小说追溯中国民族文化历程的起始,犹如《朝花夕拾》十则追溯他个人文化历程的起始,其根本主题有严肃的意义。八篇小说组成了颇为庞大复杂的结构,其内容亦真亦幻,既是历史,又是现实,既是小说,又掺以杂文笔法,隐含了鲁迅强烈的思想个性,有着颇深的象征意义。

《故事新编》八篇,如果按照写作顺序排列,其次应为(1)《不周山》(《补天》,1922,北京);(2)《奔月》(1926,厦门);(3)《眉间尺》(《铸剑》,1927,广州);(4)《非攻》(1934,上海);(5)《理水》(1935,上海);(6)《采薇》(1935,上海);(7)《出关》(1935,上海);(8)《起死》(1935,上海)。这一历时性的写作顺序,在编定成集时,作了

---

[1] 同上书,341—342页。

两方面的重要调整，一是顺序调整，一是篇名调整。成集后的顺序调整，其次为（1）《补天》；（2）《奔月》；（3）《理水》；（4）《采薇》；（5）《铸剑》；（6）《出关》；（7）《非攻》；（8）《起死》。这里的调整主要有两篇，即原来在写作时间上居前的《铸剑》《非攻》在成集时被分别移后了。成集后篇名调整也有两篇，即《不周山》改名为《补天》，《眉间尺》改名为《铸剑》。《故事新编》在编定成集时所作的这些调整相当重要，各单篇作品在调整后互相结合，由历时性转为共时性，形成了浑然整体。它们已不再作为单篇作品和其他时期作品发生关系，而是作为整部作品和其他时期作品发生关系。《故事新编》在编定后隐含着一种象数文化结构，其思想内容颇为丰富。今试排列如下，并作若干阐发。

↑	上古	补天 1922		奔月 1926		天
	三代（夏至西周）	理水 1935	禹	采薇 1935	儒	地
	春秋	铸剑 1927	侠	出关 1935	儒道	
	战国	非攻 1934	墨	起死 1935	道	人

在《故事新编》的象数文化结构中,八篇小说按横栏看,其次序为时代的上溯。《补天》《奔月》是开天辟地的神话,此为上古。《理水》是大禹治水,此为夏;《采薇》是殷周之际伯夷叔齐饿死首阳山的故事,此为商周;两篇小说的时间跨度为夏、商、西周,此为三代。《铸剑》写楚王的剑客,《出关》写孔老相继,此为东周的春秋。《非攻》写墨子,《起死》写庄子,此为东周的战国。《故事新编》八篇小说就这样从远古神话延续至战国,给整个中国先秦历史勾勒了一幅完整的图画。对于中国历史文化,鲁迅早年在《呐喊》首篇《狂人日记》中有过振聋发聩的评价:"我翻开历史一查,这历史没有年代,歪歪斜斜的……满本都写着两个字是'吃人'!"《故事新编》则从《狂人日记》再往上溯,系统探求中国历史文化多方面内容,这些内容如果仅以"吃人"两个字概括,并不恰当。《故事新编》构成了鲁迅对中国历史文化的整体认识,其思想比早年丰厚得多。

八篇小说按竖栏看,可分为左、右两组。左边一栏的小说主人公为《补天》的女娲、《理水》的禹、《铸剑》的侠、《非攻》的墨,鲁迅基本持肯定态度,其思想核心为禹墨侠,此为阳。右边一栏的小说主人公为《奔月》的羿,《采薇》的伯夷叔齐,《出关》的老子、孔子,《起死》的庄子,鲁迅基本持否定态度,其思想核心为儒道,此为阴。虽然肯定和否定的提法未必恰当,但基本倾向还是可以感觉出来。鲁迅对中国传统文化是有所继承的,其主要内容就是禹墨侠。大禹的三过家门不入,墨子的摩顶放踵利天下而为之,侠的嫉恶如仇,在鲁迅极其强烈的内在性格中,可以看出这三种精神的影子。而在中国传统文化中,鲁迅一生批判的主要方面就是儒道。在禹墨侠和儒道两方面一褒一贬,既和"五四"以后的时代风气相关,而鲁迅的独特个性也有重要作用。从禹墨侠上升到《补天》,从儒道上升到《奔月》,八篇小说四阳四阴,涉及鲁迅对中国传统文化的取舍两方面以及他一生的思想倾向,结构极为严整。

《理水》《铸剑》《非攻》三篇,其思想核心为禹墨侠。鲁迅晚年曾经指出:"我们从古以来,就有埋头苦干的人,有拼命硬干的人,有为民请命的人,有舍身求法的人,……虽是等于为帝王将相作家谱的所谓'正史',也往往掩盖不住他们的光辉,这就是中国的脊梁。"[1]这段话如果作为鲁迅晚年对中国民族文化的体认,有强烈的积极作用。如果把这段话和《故事新编》的禹墨侠思想例如《理水》对禹及其同事的描写加以对照,不难看出其间的相通。鲁迅的家乡绍兴是大禹陵的所在,如果把禹墨侠的思想和鲁迅若干生平事迹和思想予以对照:例如鲁迅喜爱并多次引用明末王思任的一段话:"会稽乃报仇雪耻之乡,非藏垢纳污之地"[2];《药》中在夏瑜的坟上添一只花环

---

[1] 《中国人失掉了自信力了吗》,见《且介亭杂文》,《鲁迅全集》第6卷,118页。
[2] 《女吊》,见《且介亭杂文末编》,《鲁迅全集》第6卷,614页。又《致黄苹荪》(1936年2月10日),见《书信》,《鲁迅全集》第13卷,306页。前者语气尚平和,后者直截说:"'会稽乃报仇雪耻之乡',身为越人,未忘斯义。"

以及早年自号"戛剑生"等,更可以看出其间的相通。三篇小说中,《铸剑》写作时间最早,《理水》《非攻》在编集前没有发表过。《铸剑》由侠入手,《理水》《非攻》写禹墨,乃探求侠之根。鲁迅后来在一封信中说:"《故事新编》真是塞责的东西,除《铸剑》外,都不免油滑。"[1]鲁迅小说中漫画化的戏笔极多,但对侠的精神在内心深处还是敬重的,这也和鲁迅嫉恶如仇的峻急性格一致。鲁迅一生正面表露自己思想的文字极少,在《故事新编》中它们透露出来了。

《采薇》《出关》《起死》三篇,思想核心为儒道。《采薇》涉及的主体思想是后世的儒;《出关》写孔老,涉及的是儒道;《起死》涉及的是道。三篇小说写于同时,《出关》是最重要的一篇,也最精彩入神,《采薇》《起死》则信笔而写,似由《出关》化出。对于儒道思想,鲁迅基本持批判的态度。这里既相关着他对中国传统文化的基本认识(参见《在现代中国的孔夫子》[1935]、《〈出关〉的关》[1936]),也相关着他对自己的严格解剖。鲁迅早年曾经回顾自己:"就是思想上,也何尝不中些庄周韩非的毒,时而很随便,时而很峻急。孔孟的书我读得最早、最熟,然而倒似乎和我不相关。"[2]涉及的就是儒道思想的影响。鲁迅其实还是受到儒家思想影响的,而且据说也

---

[1] 《致黎烈文》(1936年2月1日),见《书信》,《鲁迅全集》第13卷,299页。
[2] 《写在〈坟〉后面》,见《坟》,《鲁迅全集》第1卷,285页。

深通老庄[1],但并不影响他对两家所持的批判态度。至于儒道两家本身的优劣,鲁迅后来这样评价:"至于孔老相争,孔胜老败,却是我的意见:老是尚柔的;'儒者,柔也',孔也尚柔。但孔以柔进取,而老却以柔退走。……于是加以漫画化,送他出了关,毫无爱惜。"[2]尽管同为批判,却仍然重进取而轻退走,鲁迅尚刚的精神品格,由此可见一斑。

《故事新编》以《补天》和《奔月》两篇开始,两篇小说的互相补充,犹如《呐喊》《彷徨》的互相补充,定下了全书的基调。两篇小说中,《奔月》的心境比较悲凉,技法也较为成熟。小说取材于上古神话,但现实背景却是大革命失败后的时代气氛。《新青年》团体散掉后同一战阵中的伙伴"有的高升,有的退隐,有的前进",以及同一营垒的"青年战友""射过来一条暗箭"等等,均在小说中留下痕迹。羿以盖世箭艺射月,而月亮仅仅"只一抖",毫无伤损,说明了敌方营垒的强大。小说的基调以抑为主,充满英雄迟暮之感。然而《奔

---

[1] 参见徐梵澄《星花旧影——对鲁迅先生的一些回忆》:"先生也深通老庄,胸襟几乎达到了一极大的沉静境界。"《鲁迅研究资料选辑》第11辑。在鲁迅遗留手迹中,有应"伯先生"嘱而写的两幅字。其中一幅是郑所南《锦笺余笑》:"昔者可读书,今已束高阁。只有自是经,今亦俱忘却。时乎歌一拍。不知是谁作,慎勿错听之,也且用不着。"这首诗基本属道家思想。另一幅是李长吉诗句:"金家香弄千轮鸣,扬雄秋室无俗声。""伯先生"即徐讦,徐讦到香港后,晚年很怀念这两件墨宝。见柳苏《徐讦也是"三毛之父"》,《读书》1988年第10期。
[2] 《〈出关〉的关》,见《且介亭杂文末编》,《鲁迅全集》第6卷,520页。

月》之前还有《补天》,此篇小说"原意是描写性的发动和创造,以至衰亡的",但由于一些其他原因,"将结构的宏大毁坏了"。[1] 就单篇小说而论,《补天》不是结构完备之作,艺术上也不能算成功,但从《故事新编》整体来说,它是完成全书结构的最重要作品。在鲁迅作品中,以正面描写为主的作品不多,[2] 但《补天》在相当程度上可归入此类。以哲理而言,天其实是不可能周的,"天缺西北,地不满东南"实际是永恒现象,人所能做的,只能是不懈的"补天"努力。《补天》的入世胜于《奔月》的出世,鲁迅以"补天"开场,定下了全书的昂扬基调。在中国古典小说中,以"补天"为题材开场的小说还有《红楼梦》。《红楼梦》的思想根基在佛道,故小说以一僧一道的飘然出入作为沟通全书的线索;而《补天》的思想根基则在西方的精神分析家茀洛特(今译弗洛伊德),故小说着力描写"性的发动、创造和衰亡"。高层次文学作品对核心内容的处理,实际上离不开对当时最先进思想的体认。《红楼梦》体认佛道思想颇有深入之处,所以声华烨烨,其味弥久。《补天》则对近代西方的某些思想有所体认,虽然未必充分,但也是东西方文化交流时代思潮的反应。在《故事新编》中,《补天》运用中国古代题材并结合西方的近代思想,开创了一种写法,

---

[1] 《我怎么做起小说来》,见《南腔北调集》,《鲁迅全集》第4卷,513页。
[2] 《答国际文学社问》:"我大约只能暴露旧社会的坏处。"《鲁迅全集》第6卷,8页。

就是这部结构不完备之作完备了全书的整体结构，所以镇住全书。《故事新编》如果从象数文化结构的角度观之，八篇小说的互相耦合，似有八卦之象，而《补天》上出之，犹乾象焉。《故事新编》可作为"五四"以后中国高层次文学对传统文化的体认之一，其内容确实多姿多彩，而对中国传统文化的内容当然还可以有其他体认，也应该有其他体认。

一九八八年十一月初稿
一九九三年三月再改

论《坟》和鲁迅作品的格局

在《且介亭杂文》的《序言》中，鲁迅将文章归为分类和编年两类，并指出：分类有益于揣摩文章，编年有利于明白时势，"倘要知人论世，则非看编年的文集不可的"。[1]在《南腔北调集》的《题记》中，他承认自己有把书名或题目"配对"的"积习"。[2]如果以分类和编年为纲，以"两两相对"的方式读解鲁迅全部作品，则其作品基本呈相对之象，而首先宜标出《坟》，作为此种读解方式的起点。以《坟》为起点，不仅因为《坟》的内容前后历时约二十年，可当鲁迅作品的长期大底；而且因为它在鲁迅作品中独立无俦，绝无其他作品可以相对。《坟》是鲁迅作品的第一书，以它为起点，不但可以读解鲁迅的早期作品，而且可以顺利贯穿其后期作品，从而理出鲁迅作品的格局及其内在脉络，皆呈"俪俪如贯珠"之象，可全

---

[1]《且介亭杂文·序言》，《鲁迅全集》第6卷，人民文学出版社，1981年，3页。
[2]《南腔北调集·题记》，《鲁迅全集》第4卷，417页。

部读通。

在鲁迅早期作品中,《坟》编成和出版的时间极迟(1926年10—11月编成,1927年出版),实际时间在《呐喊》(1922年编成,1923年出版)、《热风》(1925年编成并出版)、《华盖集》(1925年编成,1926年出版)和《彷徨》(1926年出版)这两部小说两部杂文之后,仅与《华盖集续编》(1926年10月至1927年1月编成,1927年出版)的编成时间相当。鲁迅其时已离开北京到达厦门,编成此集,正是对自己的早年活动和作品作一总结。所以《坟》虽然编成时间在后,但在鲁迅作品中位置却居于最前,实际上已成为鲁迅作品的理论起点。

在鲁迅晚年手定的两种著述目录中,《坟》均为第一书,位置在《呐喊》前,[1] 可见受重视程度。《坟》之为"坟",有埋藏过去之意。唯有封严封死过去,能量才会自然积聚,在一定时机喷发而出。由《坟》而至《呐喊》(及《热风》),则由死而生,当"贞下起元"之象;而由《呐喊》而至《坟》,内在逻辑就分散了。如果说,《呐喊》是鲁迅接受友人劝告,终于出来参与打破"铁屋子"是一种破位的话,那么《坟》的自我解剖和反省则对应破位前后的状况,并指出破位的根源。《坟》是大器晚成之作,它的重新编定并前置,是作者"鸳鸯绣出从

---

[1] 许广平《鲁迅全集编校后记》引用了鲁迅晚年手定的两种著述目录,见《鲁迅全集》1938年版,第20卷,647—649页。

君看"后的金针相度。

《坟》的内容前后经历十九年，时间跨度极大。如果参照其他作品予以分析，《坟》的二十三篇作品可分为三个层次（此外尚有一小节），实际发生了两次破位，基本有前疏后密之象。试列其目。

其一，1907—1908年在日本写作的《摩罗诗力说》等四篇文章。这组文章虽仅寥寥四篇，而且没有参照的作品，但它们却是鲁迅后来追认的思想起点，地位重要，其变化另论。这组文章为两年四篇，或十年四篇，数量较疏。

其二，1918—1924年在北京写作的八篇文章，参照的作品为《呐喊》《彷徨》《热风》，内容为向旧营垒冲击。这组文章以《我之节烈观》《我们现在怎样做父亲》起始，两篇文章一论夫妇，一论父子，标示了鲁迅最为重视的伦理批判方向，极其显目。《父亲》宣称"自己背负着因袭的重担，肩住了黑暗的闸门，放他们到宽阔的地方去，合理的做人"，和《狂人日记》"救救孩子"的呼声，互相呼应。这组文章为七年八篇，数量加密，实际已破位。

其三，1925年在北京写作的十一篇文章，参照的作品为《华盖集》。这组文章中最后一篇《论"费厄泼赖"应该缓行》最为重要，这篇文章是鲁迅早期思想的总结，标明了他一生"痛打落水狗""绝不宽恕"的性情，可当《坟》的结论。这组文章为一年十一篇，数量进一步加密，实际又是破位，表明鲁迅渐渐以此类写作为主了。

以上三个层次外，尚有一小节，即 1926 年 10—11 月写于厦门的《题记》和《写在〈坟〉后面》，参照的作品是《华盖集续编》，这两篇作品充满了自我解剖和反省，确立了"坟"的主题，是研究鲁迅思想的重要资料，也是全书的点睛之笔。总上所述，《坟》和鲁迅早期其他作品的关系，可以用下图表示之：

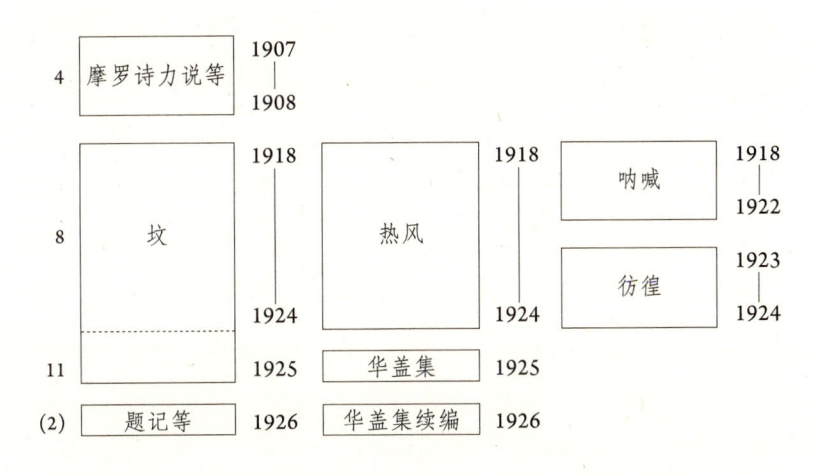

4　摩罗诗力说等	1907—1908	
8　坟	1918—1924	热风 1918—1924　呐喊 1918—1922　彷徨 1923—1924
11	1925	华盖集 1925
(2)　题记等	1926	华盖集续编 1926

在鲁迅的早期作品中，如果以《坟》为长期大底的话，则其他作品皆可以"两两相对"而读解。首先是小说集和杂文集的相对，也就是《呐喊》和《彷徨》、《热风》和《华盖集》（以及《续编》）的相对。在"五四"时期的文化狂飙中，鲁迅小说的影响似乎比杂文为大，故以小说为阳，杂文为阴。考察鲁迅其时的笔名，也可以印证这一分别。鲁迅当时于小说所用

的笔名基本为"鲁迅",而于杂文所用的笔名基本为"唐俟",犹如小说和杂文相辅相成,两个笔名也相辅相成。周、鲁、唐为同姓国,笔名取"鲁""唐"为姓,相当由父、母而亲族,意义一贯。由意象而论,"鲁迅"笔名以实为主,"鲁"朴实无华,为踏实苦干之象,有拙意,而"唐"则语当空虚。"鲁迅"取义于早年笔名"迅行""令飞",意义积极,但由"鲁"而"迅",较"迅行""令飞"基础显然厚实得多。"唐俟"则取义于早年另一笔名"俟堂",然"俟堂"以俟为主,"唐俟"以不俟为主。"唐俟"似可解作今语"空等候",亦即"等候"为空,即古词《满江红》"莫等闲,白了少年头,空悲切",故此笔名略带忏悔意味,核心仍勉人向上,看似空灵,意义却并不消极。鲁迅小说和杂文相辅相成,正如"鲁迅""唐俟"相辅相成,有阴阳之别。两种文类的本身,如果进一步分析,则小说以《呐喊》为阳而《彷徨》为阴,杂文以《热风》为阳而《华盖集》(以及《续编》)为阴。《华盖集》对宗教和文学道路以及自己命运的思考,直接导向了《坟》,而《坟》为总镇,终于提前为首。凡此种种,皆为自然之节奏,犹如呼吸。

如果以《坟》为参照,观察鲁迅创作小说和杂文两类的变化,则《坟》中出现的前疏后密现象,明显和杂文同步,和小说并不一致,此为重要的变化之机。与《坟》同时的两本杂文集中,《热风》收五年写作的文章四十一篇,《华盖集》收一年写作的文章三十一篇,两书编成时间分别为1925年11月、12

月，基本属同时编成，故五年、一年的时间跨度为作者自定，而其内含韵律的前疏后密，相应作者自身的感觉。从历史来源考察，《坟》中相当一部分文章是《新青年》中的主要文章，而《热风》相当一部分文章则归属于《新青年》的"随感录"专栏。因此形成了《坟》和《热风》《华盖集》的基本分别：《坟》一般收比较大型的文章，当时被称为"杂文"（《写在〈坟〉后面》）；《热风》《华盖集》则收比较短小精悍的文字，当时被称为"短评"（《热风》题记）或"杂感"（《华盖集》题记、《续编》小引）。

在《鲁迅全集》后来的版本中，《坟》是被标示为"论文集"的[1]，而在鲁迅当时，则称它为"古文和白话合成的杂集"（《写在〈坟〉后面》）或直接称为"我的杂文集"（《致陶元庆》，1926年10月29日）。其实，《坟》所收录的是当时种种难以归类的文章，其中有文言，有白话，大部分和后来的杂文相当，如《论雷峰塔的倒掉》等，也有一些比较严格意义上的论文，如《宋民间之所谓小说及其后来》，体裁驳杂不纯，而《热风》《华盖集》相对整饬一些；而另一方面，也由于《坟》的包罗众多，收入了包括《论费厄泼赖应该缓行》在内的一些真正有思想意义的篇章，《热风》《华盖集》相对辞气浮露一些，倒是《华盖集》中《青年必读书》一篇斩钉截铁，极见胆

---

[1] 《鲁迅全集》1981年版第1卷中《坟》的题解。

力,可与《论费厄泼赖应该缓行》互相呼应,多读能自识之。随着《坟》和《热风》《华盖集》同时由疏转密,鲁迅早期文体实验中的论文、杂文、杂感的分别也渐渐融化,它们毕竟同根所生,化入一体后得到长足的发展。

在鲁迅编成《坟》时,正是他思想和文体的过渡时期,完成过渡后,开创了新局。在《坟》的参照下,创作小说和杂文各有不同的表现。杂文通过《华盖集续编》和《而已集》的衔接,从前期过渡到后期。《华盖集续编》卷末的题辞("泪揩了,血消了,屠伯们逍遥复逍遥"),又被作为《而已集》卷首的题辞,正标示其中的消息。而完成过渡以后,出现了后期杂文的灿烂大观。

鲁迅后期在上海共十年(如果除去1927年的尾数不计,共九年),编杂文集共九年,基本一年一册,数量密集。九册杂文可分三组。

其一,《三闲集》(收1928—1929年的杂文,1932年4月编成)、《二心集》(收1930—1931年的杂文,1932年4月编成)两种。两书涵盖时间共四年,同时编成,为初入上海时的思想。

其二,《南腔北调集》(收1932—1933年的杂文,1933年12月编成)、《伪自由书》(收1933年上半年的杂文,1933年7月编成)、《准风月谈》(收1933年下半年的杂文,1934年3月编成)、《花边文学》(收1934年的杂文,1935年12月编成)

四种。其中又可分析:《南腔北调集》和《伪自由书》《准风月谈》在时间上有部分重合。《伪自由书》《准风月谈》主要收刊登在《申报·自由谈》上的作品,《南腔北调集》所收在两书之外。《花边文学》和后来的《且介亭杂文》在时间上有部分重合,而且同时编定,但此书是鲁迅继《自由谈》不能刊用他的文章之后,变换各种笔名在其他刊物上的投稿,所以是《伪自由书》《准风月谈》的继续而不是《南腔北调集》的继续,《南腔北调集》的继续应当属后来的《且介亭杂文》。以上四书涵盖时间共四年,为在上海中期的思想。

其三,《且介亭杂文》(1934年的杂文,1935年12月编成)、《且介亭杂文二集》(1935年的杂文,1935年12月编成)、《且介亭杂文末编》(1936年的杂文,生前开始编集,逝世后由许广平于1937年编定出版)。以上三书涵盖的时间为三年,基本一气呵成,为鲁迅在上海后期的思想。

以上九部杂文集,从内容上看,《南腔北调集》和《且介亭杂文》较为丰实,似从《坟》等而来;《伪自由书》《准风月谈》《花边文学》等直接趋时,则和《热风》等关系密切。从"俪俪如贯珠"的角度看,鲁迅此期的作品仍可分类相对,其中有形式上的工对,也有较为松散的意对。如《三闲集》和《二心集》成工对。《南腔北调集》原拟和《五讲三嘘集》成对,惜后书未成,未能成为工对。《伪自由书》《准风月谈》成对,但《伪自由书》一名《不三不四集》,则又和《南腔北调集》成对了。《伪自由

论《坟》和鲁迅作品的格局

书》《准风月谈》和《花边文学》成为松散的意对。最后《且介亭杂文》的"且介亭"由"半租界"拆字而成,属缩字型的本身成对("且"对"介"),则又和《南腔北调集》复合型的本身成对("南腔"对"北调")隐含呼应。总上所述,可成下表:

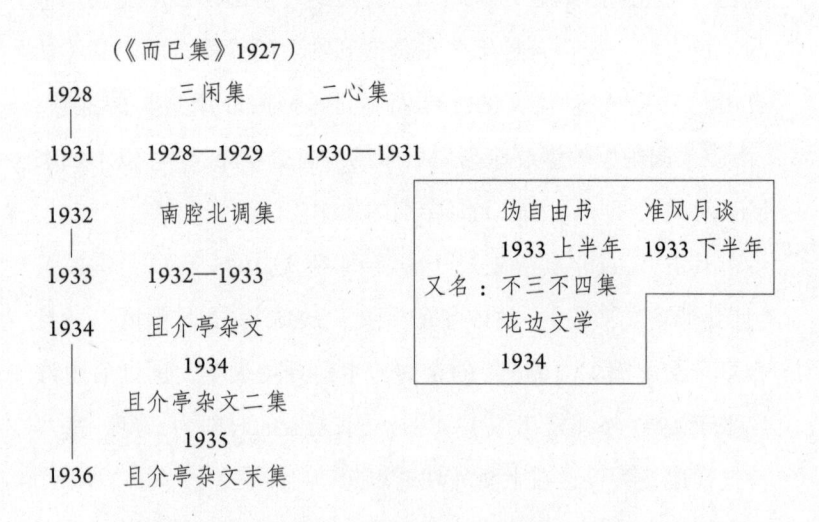

```
          (《而已集》1927)
1928      三闲集         二心集
 |
1931      1928—1929     1930—1931

1932      南腔北调集              伪自由书      准风月谈
 |                               1933上半年    1933下半年
1933      1932—1933              又名:不三不四集
                                  花边文学
1934      且介亭杂文               1934
           1934
          且介亭杂文二集
           1935
1936      且介亭杂文末集
```

创作小说则另成格局。《呐喊》小说写于1918—1922年,1925年初版,共十五篇。《彷徨》写于1923—1924年,1926年出版,共十一篇。在1924年以后,也就是在《呐喊》《彷徨》和《热风》以后,鲁迅的杂文写作加密,小说创作逐渐稀疏,发生了转向。这一转向就是继《呐喊》《彷徨》的相辅相成以后,在创作上横出一支,产生了《野草》(1927)和《朝花夕拾》(1928)的相辅相成。

《野草》共二十三篇，时间跨度为三年，主要部分写于1924—1925年，仅两篇写于1926年，大致和《华盖集》同时。正如《华盖集》的"华盖运"是《坟》主题的来源之一，《野草》的《过客》《墓碣文》也是《坟》主题的来源之一。《朝花夕拾》共十篇，时间跨度为一年，主要写于1926年。从《野草》到《朝花夕拾》，气氛完全不同。鲁迅有诗云："曾惊秋肃临天下，敢遣春温上笔端"（《亥残秋偶作》），如果说《野草》是"秋肃"的话，《朝花夕拾》就是"春温"了。《朝花夕拾》的第一、二篇写于1926年2、3月，在《野草》的最后二篇（写于4月）之前，是否因为《朝花夕拾》的写作，使《野草》终于难以继续下去，不得不匆匆收场？《野草》的"题辞"写于1927年4月，《朝花夕拾》的"小引"写于1927年5月，两书同编成于广州，其间相隔不满一周，思想当有所相应。在《野草》《朝花夕拾》的同时及其以后，鲁迅始终保持着和许广平的通信，以后在1933年集成《两地书》出版，《两地书》的探讨和印证，可认为是《野草》和《朝花夕拾》的调剂，所谓"绝望之为虚妄，正与希望相同"。[1]

---

[1]《两地书》鲁迅复许广平的第一封信所说的"自己如何在世上混过去的方法"是关键的一段，但许广平在第三封信以下对此并没有作出反应，只是围绕一些枝节谈。一直到三个月后，也就是第三十一封信，许广平醒悟了这段话的重要，感到"独食难肥，还想分甘同味"，请求加上标题发表。这段话所述"走人生的长途"，如何应付"歧路""穷途"云云，极重要，作者思之久矣，可反复读之。

在《呐喊》《彷徨》后，鲁迅的小说创作逐渐稀疏，但创作信息仍未中断。在北京写作了《呐喊》中的《不周山》后，又在厦门写作了《奔月》(1926)，在广州写作了《眉间尺》(1927)。直至晚年到达上海，于 1934—1935 年间重又加密，连续写作了《非攻》(1934)、《理水》(1935) 等，编成了最后一部小说集《故事新编》(1936)，总结了一生的创作。在可以印证《野草》和《朝花夕拾》的《两地书》后，鲁迅和许广平又分别编成了贯通前后创作的诗文合集《集外集》(1935) 和《集外集拾遗》(1938)，这两集在鲁迅逝世前后分别编成，既可以和鲁迅前后五种创作参证，也是鲁迅和许广平之间感情的无言纪念。总上所述，可成下表：

《呐喊》(1923)   (《集外集》)(1935)
《彷徨》(1926)
     《野草》(1927)
     《朝花夕拾》(1928) 《两地书》(1933)
《故事新编》(1936)   (《集外集拾遗》)(1938)

  总上三表，鲁迅作品的纲目已现，乃蔚为大观。而《坟》在里面承前启后，居于重要的地位。鲁迅后来在编辑文集时，将《坟》置于最前，作为自己写作的出发点，不得不予以重视。

  《坟》是鲁迅 1926 年 10 月—11 月在厦门时编定的，其时鲁迅结束了在北京的十四年生活，正处于转折时期。此书中的文章，写作时有写作时的思想，编定时又有编定时的思想，两者差别甚微，却相当重要。编写时的思想体现在《题记》和《后记》中，也体现在编排选择上，例如把早年的四篇文言论文变换次序，再次肯定对宗教的舍弃。编定后取名为《坟》，有埋葬过去之意，但也不无留恋："电灯自然是辉煌着的，但不知怎地忽有淡淡的哀愁来袭击我的心，我似乎有些后悔印行我的杂文了。我很奇怪我的后悔；这在我是不大遇到的，到如今，我还没有深知道悔者是怎么回事。但这心情也随即逝去，杂文当然仍在印行。"——《坟》本身为封闭之象。但"淡淡的哀愁"从中逸出，则封闭仍未严密。这样的心境虽已逝去，仍会再来，应该说吗？不应该说吗？其间的疑惑难以解脱净尽，于是上下串联，沟通了鲁迅整个作品的网络。

一九八八年十一月初稿
一九九三年七月再改

《鲁迅全集》的三次编纂及其意义

荟萃鲁迅作品的《鲁迅全集》，自鲁迅 1936 年逝世以后，主要经历过三次编纂，产生了三种版本：1938 年版、1958 年版、1981 年版。三种版本各有不同的编纂思想。《鲁迅全集》的三次编纂跨越时间甚长，其编纂既浸透了数代人的心血，也深深留下了时代变迁的痕迹。从社会文化的角度看，《鲁迅全集》三次编纂形成的三种不同版本，代表了社会对鲁迅的三种不同认识，包含着种种曲折是非。从版本建设的角度看，三种版本的第一种（1938 年版）属奠基和开创；第二种（1958 年版）属发展和变化，此变化有得有失；第三种（1981 年版）则稳定而成熟，进入了较高阶段。本文综合考察之。

一、第一次编纂（1938 年版）

《鲁迅全集》第一版是在鲁迅逝世后，由鲁迅先生纪念委员会发起编纂的，1938 年由《鲁迅全集》出版社出版。此版

《全集》共 20 卷，收入鲁迅各类著译约六百万字。编目如下：

1. 序（蔡元培） 坟 呐喊 野草
2. 热风 彷徨 朝花夕拾 故事新编
3. 华盖集 华盖集续编 而已集
4. 三闲集 二心集 伪自由书
5. 南腔北调集 准风月谈 花边文学
6. 且介亭杂文 且介亭杂文二集 且介亭杂文末编
7. 两地书 集外集 集外集拾遗
8. 会稽郡故书杂集 古小说钩沉
9. 嵇康集 中国小说史略
10. 小说旧闻钞 唐宋传奇集
11. 月界旅行 地底旅行 域外小说集 现代小说译丛 现代日本小说集 工人绥惠略夫
12. 一个青年的梦 爱罗先珂童话集 桃色的云
13. 苦闷的象征 出了象牙之塔 思想·山水·人物
14. 小约翰 小彼得 表 俄罗斯童话 附：药用植物
15. 近代美术史潮论 艺术论
16. 壁下译丛 译丛补
17. 艺术论 现代新兴文学的诸问题 文艺与批评 文艺政策
18. 十月 毁灭 山民牧唱 坏孩子和别的奇闻

19. 竖琴　一天的工作
20. 死魂灵　自传　年谱　译著书目续编　名·号·笔名录　编校后记（许广平）

煌煌大观的《鲁迅全集》20卷，其结构组成，如果以中、西分析，恰各当十卷（1—10；11—20）。如果以古今中外分析，则创作七卷（1—7），古籍整理三卷（8—10），翻译十卷（11—20）。其分量以翻译（外）为重，创作（中、今）次之，古籍（古）又次之。试逐项分析之。

（一）翻译十卷。对世界文学的吸收是鲁迅毕生重视的事业之一，也是他重要的思想来源，希腊神话中Prometheus的"博大坚忍""窃火给人"，[1]正是鲁迅性情的写照。这些翻译，在国别上以俄、日居多，其他尚有荷兰、西班牙等弱小民族；在内容上则以艺术论和小说为主。此类取舍，有鲁迅的倾向性。鲁迅早年注意外来文化颇宽泛，内容遍及科学、哲学、文学、宗教等，[2]一些早期论文在相当程度上有编译性质，[3]但后来翻译时渐渐收束成艺术论和小说两类，由分散而集中，亦不得

1　《"硬译"与"文学的阶级性"》，见《二心集》，《鲁迅全集》第4卷，人民文学出版社，1981年，209页。
2　参见鲁迅在东京留学时手写的《拟购德文书目》，《鲁迅研究资料》第4辑，1980年，99—111页。
3　参见《摩罗诗力说材源考》，〔日〕北冈正子著，何乃英译，北京师范大学出版社，1983年。

不然。

（二）创作七卷。按这是《全集》主体，鲁迅之为鲁迅，即在于此。这一主体，当以《坟》居首，其内容又可分创作（小说、散文、诗等）和杂文两类，两类互相呼应而分别变化，构成了鲁迅作品的格局。[1]

（三）古籍整理三卷。鲁迅整理的古籍数量庞大，种类繁多，其重心在会稽故书、嵇康集和古小说三类。会稽故书属传统的越文化，此含所感受的家乡地气，鲁迅浸淫极深。[2] 嵇康集属魏晋玄学，且属其中耿直严正的一系，鲁迅感受亦极深。此当空、时，形成鲁迅重要的思想来源。鲁迅开创性工作在古小说，这是他的研究重心，也和他创作成就相应。鲁迅古籍整理的功底极深，在中国现代文化的发展中，虽然鲁迅所起的作用主要不在此，但鲁迅和中国古典文化的极深渊源，仍然对他参与开创现代文化形成助缘。

翻译、创作、古籍整理三方面内容的浑成，构成了1938版《鲁迅全集》的特色，蔡元培《序》以"行山阴道上，千岩竞秀，万壑争流"赞之。此版《全集》以蔡元培《序》殿首，又以许广平《编校后记》结尾。蔡《序》总结三方面内容，尊

1　另详拙稿《论〈坟〉与鲁迅作品的格局》。
2　郑择魁：《鲁迅与越文化传统》，《鲁迅研究年刊》1981、1982合刊，和平出版社，1992年。参见鲁迅在民国前手写的《绍兴八县乡人著作》。见同书，111—114页。

崇鲁迅为"新文学开山";许《记》亦总结鲁迅一生工作,称其"一以振励民族精神为指归"。《全集》一前一后的两大评价,均极恰当,至今难以磨灭。然而蔡《序》试图在中国文学范围中寻找坐标,以越缦先生(李慈铭)和鲁迅比较,以为新、旧间的衔接,则多少拟于不伦,因为李氏和鲁迅,性质绝不相同。许《记》试图在世界文学范围中寻找坐标,则涉及俄国高尔基和鲁迅的比较,这一比较在当时有若干相似点,数十年后看来仍不甚妥当,因为在各自民族文化发展中,高氏和鲁迅作用也绝不相同。1938年版《全集》的编成,虽然奠定大局,终因距离太近,仍然较难妥当反映出鲁迅的位置和作用。

1938年版《鲁迅全集》,如果探索其根,其纲要成于鲁迅生前,由本人所手定。1935年底至1936年初,鲁迅曾有编集自己所有作品成《三十年集》的设想,并手定著述目录两纸。在鲁迅遗稿中,保存着这两纸目录。[1] 如下:

其一

人海杂言 ｛ 1. 坟　野草　呐喊
2. 彷徨　故事新编　朝花夕拾　热风
3. 华盖集　华盖集续编　而已集

---

[1] 转引自《鲁迅全集》1938年版许广平《编校后记》,见该版第20卷,647—649页。

荆天丛草 {
4. 三闲集 二心集 南腔北调集
5. 伪自由书 准风月谈 集外集
6. 花边文学 且介居杂文 二集
}

说林偶得 {
7. 中国小说史略 古小说钩沉
8. 古小说钩沉（下）
9. 唐宋传奇集 小说旧闻钞
10. 两地书
}

其二

一、坟 呐喊

二、彷徨 野草 朝花夕拾 故事新编

三、热风 华盖集 华盖集续编

四、而已集 三闲集 二心集

五、南腔北调集 伪自由书 准风月谈

六、花边文学 且介亭杂文 且介亭杂文二集

七、两地书 集外集 <u>集外集拾遗</u>

八、中国小说史略 小说旧闻钞

九、古小说钩沉

十、起信三书 唐宋传奇集

以上两纸目录，是鲁迅晚年在上海为编纂《三十年集》而拟定的。此前，鲁迅于1932年编成来上海后第一本杂文集《三

闲集》时，曾编过《鲁迅著译书目》。鲁迅当时想用这个书目总结"近十年""费去的气力"[1]，总结的范围尚属一生中的某一时期。而1935年底1936年初手定的著述目录两纸，总结的范围扩大为三十年，实际已是一生了。这里"三十年"指从1906年在东京弃医学文至1935年底或1936年初逝世前夕。所谓"三十年集"，恰成"三十年为一世"之象。如果要了解鲁迅对自己一生工作的自我认识，两纸目录提供了最重要线索。

鲁迅手定的两纸目录，分"其一"和"其二"。"其一"当为初稿，大致写于1935年底或稍前；"其二"当为修订稿，大致写于1935年底或1936年初。在"其一"初稿中，还没有把《集外集拾遗》预算成书，而把《且介亭杂文》的"亭"写成"居"，可见此书也没有最后编定，此外还有一些其他缺憾。但是，这份初稿透露了鲁迅最早的编集设想，有着重要作用。在初稿中，"人海杂言""荆天丛草""说林偶得"三个栏目的设定，相当醒目，说明了鲁迅本人对自己作品的结构性认识。三个栏目依据在时空。"人海杂言""荆天丛草"主要分别在"时"，前者范围主要为鲁迅在北京以及厦门、广州时期，大体相当于前期鲁迅；后者范围主要为鲁迅在上海时期，大体相当于后期鲁迅。两个栏目以"人海杂言"和"荆天丛草"为名，前者说明了作者投身"五四"运动，以启蒙为己任，参与打破

---

[1] 《鲁迅译著书目》，见《三闲集》，《鲁迅全集》1981年版，第4卷，183页。

"铁屋子"的努力；后者反映了在时代因素转变后，作者在白色恐怖下所进行的抗争。而"人海杂言""荆天丛草"与"说林偶得"主要分别在"空"，"人""荆"主要为杂文小说，"说"主要为古籍整理。栏目以"说林偶得"为名，说明了作者古籍整理的重心，毕竟以中国小说史为主，对前两栏也形成呼应。

鲁迅在"其一"这份初稿中，虽然设定了栏目，标示了大纲，但毕竟比较粗糙，编次不妥之处较多。例如把《两地书》归入"说林偶得"，并无坚强理由。第一卷以《坟》《野草》《呐喊》为次，亦属不妥。然而这些缺憾在"其二"修订稿中得到了修正，修订稿谨严清晰了。值得注意的是，两份目录都以《坟》居首，这实际上是鲁迅标示的自己作品的读解起点。以《坟》居首，不仅因为《坟》包含有作者在日本时期的作品，有此早期作品，方可当"三十年集"之目；而且还因为《坟》象沉稳厚实，由《坟》而及其他，可构成鲁迅作品格局的读解顺序，当"贞下起元"之象。

如果把鲁迅这两纸手定目录和其他目录（如《三闲集》末的"鲁迅译著书目"和《全集》1938年版末的"鲁迅译著书目续编"）比较，则可以见出这两纸目录包含着思想整理，其他目录仅仅是朴素记录。如果进一步在两纸目录间进行比较，则可以见出"其二"胜于"其一"。"其二"修订稿取消了"其一"初稿的栏目，以时空为经纬混编而成，逻辑谨严，是鲁迅对自己作品编目的最早定论，理解《全集》的编目当追溯于此，可细加研读。

修订稿第一卷为《坟》和《呐喊》。《坟》中有早期文章，且为埋藏的意象，《坟》的积累，至《呐喊》而喷发。《坟》为论文，且包含杂文以至杂感的因素，《呐喊》为小说，如此并列出鲁迅一生从事的两种主要文体，组合极佳。第二卷《彷徨》等承第一卷《呐喊》而来，包括了鲁迅一生最主要的五种创作。第三卷《热风》等承第一卷《坟》而来。《坟》似偏重于论文而杂文，《热风》等似偏重杂文而杂感。《坟》《热风》《华盖集》均以北京时期为主，至《续编》转折，由北京转入厦门。第四卷《而已集》继前卷《续编》而转折，《续编》承上，《而已》启下，由广州而至上海。《三闲集》《二心集》为进入上海后的早期作品。第五卷《南腔北调集》较偏于杂文，《伪》《准》较偏于杂感。此为在上海的中期作品。第六卷《花边文学》等为在上海的后期作品。《花》关联前卷的《伪》《准》，《且介亭杂文》《二心集》关联前卷的《南》。

前六卷中一、二两卷为一类，约占三分之一，三、四、五、六卷为一类，约占三分之二。第七卷另列一类，《两地书》衔接北京、厦门和上海，《集外集》《拾遗》纵贯前后，此收束前六卷一、二之比，另成其象。如果说修订稿前六卷（以及第七卷）大致相应初稿的"人海杂言"和"荆天丛草"两栏的话，那么八、九、十后三卷转成研究，大致相应于初稿的"说林偶得"一栏。第八卷《中国小说史略》发凡起例，是开创性著

渔人之路和问津者之路

作。《小说旧闻钞》辅之,为史料辑集。第九卷《古小说钩沉》辑集先秦至隋小说,以一册占一卷者,参以初稿,知可分上、下。第十卷《起信三书》不详所指,为重要疑案。许广平认为可能指《嵇康集》、谢承《后汉书》《岭表录异》三种。[1] 许寿裳认为可能指蒲氏《艺术论》、卢氏《艺术论》及《文艺批评》三种。[2] 然而鲁迅编此两份目录,原意在总结三十年的写作,并不包括翻译在内,故两说中以许说为长。"起信"一词出于佛教经论,分量颇重,可能涉及作者的思想学术渊源。

《鲁迅全集》1938年版的编纂,基本依照两份目录而有所增益。最大的增益自然在翻译作品十卷。鲁迅有名言云:"我以为要少——或者竟不——看中国书,多看外国书",又云:"拿来主义",[3] 如果没有这十卷翻译作底,皆成空论。此外,在创作类增益《且介亭杂文末编》。《末编》可以见出鲁迅逝世前的最后思想,对这些思想如何认识,后来引起了极大分歧,竟成为《全集》1958年版的主要问题之一。在古籍整理类增益《会稽郡故书杂集》《嵇康集》和《汉文学史纲要》。前二种涉及鲁迅与家乡(空)、魏晋(时)的精神联系,其中至少

---

[1] 许广平《〈鲁迅三十年集〉印行经过》,《许广平忆鲁迅》,马蹄疾辑录,广东人民出版社,1979年,141页。
[2] 许寿裳致许广平,二十五(1937.7.5),见周海婴编《鲁迅、许广平所藏书信选》,湖南文艺出版社,1987年,317页。
[3] 《华盖集》,《鲁迅全集》1981年版,第3卷,12页。《拿来主义》,见《且介亭杂文》,同上,第6卷,38页。

有一种在"起信三书"之内。后一种涉及作者由小说史而及文学史的上出之心。鲁迅一生有几个未完成的写作志愿，如编写文学史和写长篇小说等[1]，《纲要》是其中的部分工作。鲁迅在手定目录时，所自认的作品"其一"是二十四种，"其二"是二十六种（如果把"起信三书"算成三种，则为二十八种），经《全集》的增益，乃成确实的二十九种。此中国部分的二十九种，如果和翻译部分的三十一种对应，恰成六十之数。

1938年版《鲁迅全集》是在抗日战争的烽火中编纂成的。鲁迅晚年曾说："收存亡友的遗文真如捏着一朵火，常要觉得寝食不安，给它企图流布的。"[2] 鲁迅的师友和学生们，以事业作实际的纪念，为《全集》的编纂和出版，花费了极大的精力，终于完成了这部丰碑式的《全集》，其功勋永存。然而，此版《全集》仍存在部分缺憾，对鲁迅两纸目录中所表示的编集思想，理解有所不足。如果把《全集》和两纸目录对照，可见《全集》编目是综合吸收"其一""其二"而成的，而没有详加研究，取"其二"为主。这里存在着种种是非，具体述评此不及详。

1938年《鲁迅全集》出版后，影响极大，曾多次重印（据

---

1 冯雪峰：《鲁迅先生计划而未完成的工作》，见《回忆鲁迅》，人民文学出版社1981年重印本，195页。
2 《白莽作〈孩儿塔〉序》，《且介亭杂文末编》，《鲁迅全集》1981年版，第6卷，493页。

说印过八版，重要的有 1946 年版和 1948 年版）。《全集》的别本则有《鲁迅三十年集》，这是《鲁迅全集》出版社依照鲁迅生前设想于 1941 年出版的，是一个应付社会需要的过渡性版本。《三十年集》共收鲁迅著述二十九种（包括古籍整理），计三十册（《古小说钩沉》分上、下），售价三十元，皆合"三十年为一世"之数。这套《三十年集》是《全集》的派生本，其编目虽以《全集》和手定目录为依据，然于《全集》和手定目录的逻辑顺序已不讲究，而基本以著述年代为序，间有未可理喻之处。《三十年集》在相当程度上具有单行本集成的性质，对普及推广鲁迅起了较大作用，是《全集》的辅助。

二、第二次编纂（1958 年版）

由于种种客观条件的限制，《鲁迅全集》1938 年版是有缺点的。主要是搜集鲁迅著作有所不足，缺《鲁迅书简》和《鲁迅日记》两大部分，佚文的搜集也不完整。《鲁迅书简》最初由许广平编定，1937 年出版了影印本。此书收信仅六十九封，但它使社会认识到鲁迅书信的价值，开了搜集的风气。此后许广平于 1946 年再次出版了《书简》排印书，收信增至八百余封。《鲁迅日记》最初于 1938—1939 年曾发表片断，但全书在 1951 年才得以影印出版。此外，佚文收集的较大成果有唐弢的《鲁迅全集补遗》（1946）及《续编》（1951），还有一些其他发现。这些内容都有重新荟萃的必要，这就使新版《鲁迅全集》有了需要和可能。而1949年中华人民共和国的诞生，也为新版《全集》的出现提供了时代的契机。

1950年10月，新成立的中央人民政府出版总署代表鲁迅家属向各私营书店收回鲁迅著作版权，并在上海成立鲁迅著作编刊社，聘冯雪峰为社长兼总编辑（1951年该社迁京，成为人民文学出版社鲁迅编辑室），冯随即拟定了《鲁迅著作编校和注释的工作方针和计划草案》，展开了大量工作，经过多年辛勤努力，终于在1956—1958年由人民文学出版社出版了新版的《鲁迅全集》十卷，即《鲁迅全集》1958年版，也就是《全集》的第二次编纂。《鲁迅全集》1938年版的主持者为蔡元培、许寿裳、许广平等，1958年版的主持者则成了冯雪峰，相差了整整一代人。

1958年版《鲁迅全集》共十卷，最大特色有几方面：一、析著述和译文为二。新版《全集》仅包括著述，译文另出《鲁迅译文集》。二、在著述部分的古籍整理方面，删去了原来八、九、十卷中编校辑集的《会稽郡故书杂集》《嵇康集》《小说旧闻钞》《唐宋传奇集》，仅保留了文学史著作《中国小说史略》和《汉文学史纲要》。此外，增添了《书信》。三、编排方式作了调整，大抵1938年版以著作年代参之以出版年代，1958年版以出版年代参之以著作年代。四、增加了近八千条注释。以下列出本版《全集》编目，再对以上诸项进行评述。编目如下：

1. 呐喊　坟　热风
2. 彷徨　野草　朝花夕拾　故事新编
3. 华盖集　华盖集续编　而已集
4. 三闲集　二心集　南腔北调集
5. 伪自由书　准风月谈　花边文学
6. 且介亭杂文　且介亭杂文二集　且介亭杂文末编
7. 集外集　集外集拾遗
8. 中国小说史略　汉文学史纲要
9. 两地书　书信
10. 书信　鲁迅著译年表

总体而论，《鲁迅全集》1938 年版和 1958 年版的最大区别首先是时代的差异，分水岭是 1949 年中华人民共和国的成立。如果说，理解 1938 年版的主要坐标在于辛亥革命和"五四"运动的话，那么理解 1958 年版其坐标就必须加入新中国的成立，此绝无疑义。中华人民共和国的成立，其政纲可远溯 1940 年毛泽东的《新民主主义论》。此《论》大力推崇鲁迅为"中国文化革命的主将"，"他不但是伟大的文学家，而且是伟大的思想家和革命家，"指出"鲁迅的方向，就是中国民族新文化的方向"。[1] 这就为在新时期如何认识鲁迅定下了基调，这一基调和

---

1 《新民主主义论》，见《毛泽东选集》第二卷，1991 年 6 月第 2 版，698 页。

蔡元培、许广平有所不同,潜在地成了新版《全集》的基调。伟大人物身后有其继续性影响,而这些影响变化的复杂程度,往往绝不亚于生前,鲁迅也有这种情况。在新中国成立前后,由于社会的推崇和公认,也由于毛泽东的倡导,鲁迅在中国现代文化和文学中的地位已不可动摇。但是,在鲁迅生活的时代和国家新变化之间,毕竟存在着若干难以弥合的差异,而且当年和鲁迅相关的一些人和事在时代变化中也方向各异,对此如何理解,成了编纂新版《全集》的重要课题。这样在《全集》的新、旧版之间,就自然落下了时代变化的投影。试作评论。

一、析著述和翻译为二。1938年版《全集》统收各类作品,便于保存鲁迅的整体形象,1958年版析著述和翻译为二,则推崇著述的地位。鲁迅的译作在历史上起过多方面的开创作用,但由于种种原因,这些开创作用被冲淡了。一方面,随着时代的变化,对鲁迅译作的价值已经产生了认识分歧;[1] 另一方面,随着翻译事业的发展,鲁迅译作的不可替代性有所降低,而他以"硬译"为主的翻译理论也不容易推广。这里既有着时代的发展,也有着人为的抑制。1958年版《鲁迅全集》有多种不同版本的装帧,而且多次重印,而《鲁迅译文集》仅有二种装帧,印数也极少。《全集》和《译文集》之间冷热不同的状况,形成了鲜明对照。

1.《鲁迅译文集》1959年版《出版说明》。

二、在古籍整理中析去《嵇康集》《唐宋传奇集》等，意义大致与一同。其中《唐宋传奇集》1956年由文学古籍刊行社刊行过一版，《嵇康集》单行本似乎没有重印，而且魏晋时代的自由精神和嵇康"与物多忤"的独特个性，以及这种精神乃至个性和鲁迅可能有的联系，未必为五十年代的当道所喜。新版《全集》不取译作，尚继承《三十年集》的做法，而不取部分古籍整理（由此相当削弱了"起信三书"的地位），则是新版的创例。新版《全集》，突出了鲁迅著述，重点鲜明，此有所得；但削弱鲁迅著述与古代和外国的联系，亦不得不有所失。

三、编排方式的改变。第一卷以《呐喊》《坟》《热风》为次。以《呐喊》为首，置于《坟》前，这样以出版年代为重，强调的是《狂人日记》等在"五四"时代的影响，虽有其理，但对鲁迅本人思想发展的逻辑顺序却有所颠乱。在《全集》的三次编纂中，把《呐喊》置于《坟》前，1958年版是唯一的一例，应该说失大于得。然而新版把旧版第一卷的《野草》移入第二卷，又把第二卷的《热风》上调，绝佳，胜于旧版。新旧版之间其余诸卷的调整此不详论。第七卷的《集外集》《集外集拾遗》增入不少新发现的佚文（当时搜集到佚文一百零六篇），颇可喜，但两书由此膨胀，没有完整反映出当初出版时的原来面目，此为缺憾。第九、十两卷编入《书信》，为一大特色，然此中尚有问题，容当后述。第十卷末附"鲁迅著译年表"，虽简单，但颇具参考作用，增入为佳。

四、1958年版《全集》编写了近八千条注释（另每卷前有"说明"，说明该卷所收著作的版本状况），这是鲁迅逝世后的长期研究成果，为开创性的工作。注释虽然以"普通中学毕业学生都大致看得懂"为大概标准，[1]实际作用却不止于此。《鲁迅全集》是一部牵涉面极广的大师作品集，它的文化触角渗透四面八方，而注释就是这些触角的展示。在五十、六十乃至部分七十年代，中国大陆处于相对禁锢的时代，流通著作中真正可读的极少，仅有毛泽东著作和鲁迅著作内涵较为丰富，他们的著作及其注释确实滋养了一代人。然而，《全集》新版的编纂毕竟面临着变化的时代，《全集》出版于1956—1958年，又恰好跨越着1957年的反右斗争，编纂者本身也受到冲击。面对鲁迅著作牵涉到的范围极大的种种人和事，注释必须明确表态，于是注释中具有政治色彩的批判性言辞触目皆是，而对三十年代上海文艺界各种力量间的一些争论，其注释更受到权力的介入而多次修改，有的后来甚至引起了轩然大波。[2]故这一版《全集》注释，留下了种种时代的痕迹，在所难免。

1938年版《全集》共二十卷，1958年版《全集》删削后十卷保留前十卷，于前十卷中第七卷以后部分又重加编辑，基

---

[1] 冯雪峰：《鲁迅著作编校和注释的工作方针和计划草案》，《鲁迅研究资料》11辑，天津人民出版社，1983年，5页。
[2] 参见阮铭、阮若琳《周扬颠倒历史的一条黑箭——评〈鲁迅全集〉第六卷的一条注释》，《红旗》1966年第9期。

本在旧版的"古今中外"里除去"古"和"外",突出"今"和"中",正和当时流行的"古为今用、洋为中用"的口号相应。时代变迁会导致对文本认识的变化,而认识的变化也会在文本上留下痕迹,此永无休止。新版《全集》在已经确定编目的出版过程中,由于受到政治因素的干扰,原来的编纂设想有所变化,最突出例子就是《书信》。《全集》1956年出版第一卷时,卷首《出版说明》这样承诺:

> 本版新收入现在已经搜集到的全部书信。

而在1958年出版第九、十两卷时,在分卷的《第九卷说明》中却改变了这一承诺:

> 我们这次印行的《书信》,系将1946年排印本所收855封和到现在为止继续征集到的310封,加以挑选,即择取较有意义的,一般来往信件都不编入,计共收334封。

《全集》总的《出版说明》和分卷《说明》的不一致,就是编纂设想受干扰所留下的痕迹。《说明》中的"1946年排印本"指许广平编的《鲁迅书简》。鲁迅一生留下的书简估计约有二千余封,《书简》仅搜罗到八百五十五封,不过三分之一左右,远有补充的余地。所以许广平《编后记》希望此书"在再版的时候加厚一倍，三版的时候更加厚一倍"。[1]然而，从1946年至1958年，时间虽过去了十多年，但书简的刊行反而减少了一半，如果算上新发现的三百余封，则更减少至三分之一，和许广平的愿望恰恰相反。《全集》收信始于1910年10月致许寿裳，比《书简》收集始于1923年2月致李秉中要早，此为进步。但更多的是大量删落，如已被打倒的胡风的信自然是一封不留，萧军、聂绀弩等的信大量被删，而关于"两个口号"争论的信更被全部删除。可见政治乃至宗派的因素还是进入了《全集》的编纂，西人所谓"以权力解读历史"，此为一例。

1958年版《鲁迅全集》比1938年版《全集》终究是一个前进，编校注释者为此花费了极大的心血，功不可没。《全集》出版后，其姐妹版《鲁迅译文集》1958年出版，《鲁迅日记》1959年出版（两书装帧皆仿照《全集》），基本形成系列之象，对系统认识鲁迅遗产提供了进一步资料。

三、第三次编纂（1981年版）

《鲁迅全集》1958年版即第二次编纂是所谓"十七年"的成果，它和《全集》1981年版即第三次编纂之间，相隔了一

---

[1] 许广平编《鲁迅书简》，鲁迅全集出版社1946年版，1053页。

场"文化大革命"。"文化大革命"是非功过此不具论，但它最初是从批判"十七年"的"文艺黑线"开始的，这就势必牵涉到"十七年"的文艺领导人周扬，并牵涉相关的《全集》编纂。在揭批"文艺黑线"的过程中，周扬等人对《全集》编纂施加的影响被公之于众，并上纲上线。在这种情况下，《全集》1958年版已基本不能再用。然而在"文革"斗争中，毛泽东这位饱读古今典籍的最高领导者始终保持对鲁迅的欣赏，鲁迅的尊崇地位也始终未变。现代中国两位于民族命运紧密关联并且都有强烈个性的人之间，其精神沟通有哪些内容，确实值得研究。然而鲁迅可读，《全集》1958年版又不宜用，这样就产生了矛盾，于是又有了编纂新版《全集》的需要。而且数十年来，中国文学界最精锐的一部分力量不管外部环境如何，始终不懈地研究鲁迅，不断积累着研究成果，这样就为新版《全集》的编纂提供了可能。

就版本建设而言，《全集》1958年版是存在缺陷的。如果说《全集》删去译文和古籍尚属自然的变化，那么由于政治和宗派等原因而仅收三分之一书信，则为极大缺憾，因为这样极易使这批珍贵材料散佚，而保存材料的最好方式就是出版。《全集》1938年版由于种种原因没有收入的《日记》，在太平洋战争爆发时，被日本宪兵抄走，后来虽然发还，却缺少了一册（1922年）。《全集》1958年版由于种种原因没有出全的书信，在"文革"动乱中也几乎散佚。在"文革"中，由于各种力量的冲突，围绕鲁迅手稿曾发生了一系列事件，威胁到手稿的生存，许广平为此深受刺激，于 1968 年 3 月愤然逝世。[1] 再次编纂《全集》，保存鲁迅全部文稿，已成为迫切需要，而且 1958 年版《全集》不全，终究是版本的憾事。

然而，新版《全集》毕竟不能仓猝而成，由于当时领导层的干预，人民文学出版社 1973 年重印了两种不同版本的《鲁迅全集》，以应急需。首先是《全集》1938 年版（二十卷本），这是普及本，重印是为了适应国内外广大读者的需要；其次是《全集》1958 年版（十卷本），这是布面函套大字线装本，印刷精美，重印似乎主要为了满足毛泽东等领导人的需要。这两种版本实际都是过渡性质的。《全集》1938 年版面向社会重印，实际意味着对 1958 年版的否定。然而 1958 年版的成就终不可磨灭，所以仍少量印制，以供参考。这两版《全集》的重印仅仅是一种间歇，它们不可能真正代替新版，《全集》新版之门打开了。

1974 年，人民文学出版社鲁迅著作编辑室约请一些高校中文系师生进行鲁迅著作单行本的注释，这是《全集》开始的前奏。1975 年 11 月，毛泽东在周海婴的一封信上作了批示，新版《全集》的工作被提上了日程。1976 年 4、5 月间，

---

[1] 周海婴：《揭露江青的丑恶嘴脸——对〈"武装冲击中央文革"事件真相〉的一点说明》，《鲁迅研究资料》第 8 辑，天津人民出版社，1981 年，326—328 页。

国家出版局拟定了在1981年前出齐新版《全集》的计划。同年7、8月,《鲁迅日记》《鲁迅书信集》相继再版和出版。《日记》是继1961年版后的再版,《书信集》则是第一次出版,此版收信一千三百八十一封,在数量上大大超过了1958年版的三百三十四封,打破了框框。《日记》和《书信集》的先行出版,成了新版《全集》的重要准备。然而,其时正处于"文革"后期,鲁迅著作的部分内容仍和当时有碍,《全集》的工作仍然受到各种干扰。直到1977年底1978年初,国家出版局重新确定了以1958年版为基础进行修订增补的方针,编、注、校工作才全面展开,至1980年陆续分卷发排,1981年终于出版了新的十六卷本《鲁迅全集》。这就是《鲁迅全集》1981年版,也就是《全集》的第三次编纂。

1981年版《鲁迅全集》把1958年版《全集》的二百五十万字扩充到四百万字,编为十六卷。此版有以下特点:一、增加了《古籍序跋集》(一百一十五篇)和《译文序跋集》(三十四篇)两种。二、恢复了《集外集》《集外集拾遗》的原貌,将1938年来搜集到考订有据的全部佚文编为《集外集拾遗补编》,共一百一十二篇,附录四十四篇,总计一百五十六篇,其中包括1958年以来新发现的五十五篇。三、编入已搜集到的全部书信一千四百五十六封。四、增收了1912年至1936年(1922年缺)的全部日记。此外,注释增加到二万三千多条,近二百四十万字，比1958年版增加了三倍。[1] 全书编目也作了调整，如下：

1. 坟　热风　呐喊
2. 彷徨　野草　朝花夕拾　故事新编
3. 华盖集　华盖集续编　而已集
4. 三闲集　二心集　南腔北调集
5. 伪自由书　准风月谈　花边文学
6. 且介亭杂文　且介亭杂文二集　且介亭杂文末集
7. 集外集　集外集拾遗
8. 集外集拾遗补编
9. 中国小说史略　汉文学史纲要
10. 古籍序跋集　译文序跋集
11. 两地书　书信
12. 书信
13. 书信
14. 日记
15. 日记
16. 鲁迅著译年表　全集篇目索引　全集注释索引

---

[1] 李文兵：《谈新版〈鲁迅全集〉》，《鲁迅研究资料》第8辑，天津人民出版社，1981年，90页。

《鲁迅全集》1981年新版相对于《全集》1958年版，前七卷大致相同，后八卷则有所变化，体现了新版特色。新版的编目原则和以前两个版本也有所不同，大抵1938年版以著作年代参之以出版年代，1958年版以出版年代参之以著作年代，1981年版则基本按著作年代为序，其中《集外集》及《拾遗》《两地书》等属于特殊情况，排列于后。末卷为重要的附录[1]。而三种版本的编目，仍当推原鲁迅当年的手定著述目录，其分析此不详论。

《全集》1981年版在注释校勘上也有较大改进。注释不仅数量增多，质量也有提高。1958年版注释中的一些"大批判"性质的不洁语言，新版中得到技术性处理。如旧版《人之历史》注释猛烈批评"斯蒂纳尔的极端个人主义、叔本华的悲观主义、尼采的超人主义"，尚见五十年代的火力，而新版注释比较平静，已属七十年代末八十年代初的思想了。又如《摩罗诗力说》论及普希金歌颂沙皇镇压波兰起义的两首诗，本文引勃兰兑斯说予以批评，旧版注释却引俄文版《普希金选集》注反驳本文。旧版注释明显受到当时中苏关系的影响，新版注已无此障碍，故指出普氏两诗倾向有误。其他如《三闲集·序言》等文提到攻击鲁迅为"封建余孽"的杜荃，旧版无注，新版指出即郭沫若。《三月的租界》中的狄克，新版

---

[1] 王锡荣：《〈鲁迅全集〉的几种版本》，见唐弢等著《鲁迅著作版本丛谈》，书目文献出版社，1983年，164页。

指出即张春桥。而曾引起轩然大波的《答徐懋庸并关于抗日统一战线问题》的旧版注释,新版表述也较客观。在校勘方面,《〈竖琴〉前记》原文曾引及托洛斯基论"同路人",旧版删去,新版恢复了原貌。凡此种种,都使新版校注的质量有很大的提高,为全面、准确地理解鲁迅提供了便利。

结语

鲁迅是和二十世纪中国文化关联极其密切的人物之一,他的著述生涯历经清末和民国,其内容并上瞻中国两千余年的文化史。他的著述和影响早已超越自身,和现代中国社会的发展同呼吸、共命运。在中国现代历史的变化中,《鲁迅全集》的编纂经历过三次大的调整,其间又有两次间歇,而其韵律起伏,犹如琴键般清晰,可图示如下:

鲁迅手定	《鲁迅全集》	《鲁迅全集》	《鲁迅全集》
著述目录	二十卷	十卷	十六卷
(1935—1936年)	(1938年版)	(1958年版)	(1981年版)

《三十年集》　　《全集》1938年版
(1941年)　　　(1973年重印)

抗日战争(抗日战争)反右运动 文化革命 改革开放

《鲁迅全集》的三次编纂，如果说 1938 年版是"逝世纪念版"，1958 年版是"逝世二十周年纪念版"的话，1981 年版则为"诞生百周年纪念版"。《鲁迅全集》经过了三次编纂，终于达到了较为成熟的形态，有"新生"之象。新版《全集》虽然还存在可以改进之处，但总体上在短时间内已难以超越，鲁迅著作的内部整合至此亦大致告一段落。在二十世纪中国文化的众多支脉中，鲁迅、陈独秀、李大钊乃至后来彼此间产生激烈争执的冯雪峰、周扬、胡风等，皆属其中比较激进的一支，其他尚有多支，如胡适、周作人等，又如王国维、陈寅恪等。[1]在时代的浮沉中，这种种支脉当时就有关联，以后亦在整合重组之中，执著其一，抹杀其余，弊大于利。

　　在二十世纪初的中国，鲁迅在相当程度上是呼吸时代最新鲜空气的人之一，他的主要贡献在社会科学方面，和自然科学也有所联系。二十世纪影响人类文化的一些重大事件，如四十年代核能的大规模利用，七十年代的登月飞行等，虽然都在

---

[1] 关于鲁迅和胡适、周作人，参观周启付《鲁迅与胡适》，《鲁迅研究年刊》1990 年号，陈漱渝《鲁迅与胡适》，舒芜《兄弟怡怡四十年——鲁迅、周作人失和前的兄弟关系》，《年刊》1991—1992 合刊，和平出版社版。关于鲁迅与王国维，参见郭沫若文。又鲁迅和陈寅恪长兄陈衡恪（槐堂）是好友，陈寅恪 1902 年随长兄东渡日本求学（当时十二岁），与鲁迅赴日留学同年（当时二十二岁）。可惜不久陈氏因病归国，不然根据鲁迅与陈衡恪的密切关系，鲁、寅可能会有直接交往。鲁迅将《域外小说集》等书赠陈寅恪事，见《日记》1915 年 4 月 6 日条。

鲁迅身后发生,但在鲁迅著译如《说钼》《月界旅行》中仍能找到适当的对应点。理解鲁迅,似宜从时代联系中得其整体,执着其部分思想,亦弊大于利。《鲁迅全集》的三次编纂中的种种变化,从局部观之,有是有非,从整体观之,皆属自然。鲁迅《题三义塔》诗有云:"度尽劫波兄弟在,相逢一笑泯恩仇。"中国文化面临着二十一世纪的新局面,我们也该进一步上瞻了。

一九九六年三月

金庸武侠小说三人谈

陆灏：听说你们两位也都是武侠小说迷，尤其爱读金庸的作品。今天我们三人不妨把金庸痛痛快快谈个够。

张文江：我读金庸小说大约在七八年前，当时在大学里念书。初读金庸小说，在思想上引起的震动难以言喻，仿佛自己所有的经验、知识都被它贯穿起来，有耳目一新的感觉。我后来才知道，每一个有读书经历的人在青年时期都会有一次甚至不止一次遇到这样的情境，和所读的书本身并没有必然的关系，不过那已经是在逐步冷静下来以后。

裘小龙：我也是，单是金庸的《笑傲江湖》，前后就买过三套。第一次在北京，一气呵成读完，把它送给了一位朋友。后来出差去桂林，在火车站买了一套，一路读到桂林，又送了人。回上海忍不住，又在书摊买了一套。

陆：想不到一个研究外国文学的人竟会如此着迷金庸，可见金庸在大陆的读者之多。可惜前几年武侠小说热闹了一阵，却不见有正儿八经的评论研究。1976年金庸作品在台湾解禁后，不仅风靡一时，而且有"金学"的名称，甚至有"金学会"的组织，并连续出版十本"金学研究丛书"。去年年底，香港还专门举行一次武侠小说讨论会，相比之下，大陆虽不乏金庸的读者，却没有人好好地作一点评论。

张：金庸作品的思想和艺术并没有丰厚到足以使"金学"成立的程度，但它确有过人之长。金庸的武侠小说正如他自己所说"并非只是打打杀杀而已"，而是有着更深层次的意义。虽然是通俗小说，但它的写作和对它的评论都是严肃的。

陆：金庸从 1955 年开始创作第一部武侠小说《书剑恩仇录》，到 1970 年写完《鹿鼎记》封笔，总共创作了十四部作品，他把每部作品的第一字排成一副对联：

> 飞雪连天射白鹿，
> 笑书神侠倚碧鸳。

也就是《飞狐外传》（中篇）、《雪山飞狐》（中篇）、《连城诀》（中篇）、《天龙八部》（长篇）、《射雕英雄传》（长篇）、《白马啸西风》（短篇）、《鹿鼎记》（长篇）、《笑傲江湖》（长篇）、《书剑恩仇录》（中篇）、《神雕侠侣》（长篇）、《侠客行》（中篇）、《倚天屠龙记》（长篇）、《碧血剑》（中篇）、《鸳鸯刀》（中篇）。这十四部书包含了故事情节互有关联的两个三部曲：《书剑恩仇录》《飞狐外传》《雪山飞狐》可认为是中篇三部曲，

《射雕英雄传》《神雕侠侣》《倚天屠龙记》构成了长篇三部曲。还有一部作者认为并不重要的小说《越女剑》不在这十四部之内。

张：如果从整体上看，这十四部书构成了一个金庸作品系统，它的整体结构和发展脉络，可以概括成下面这张表：

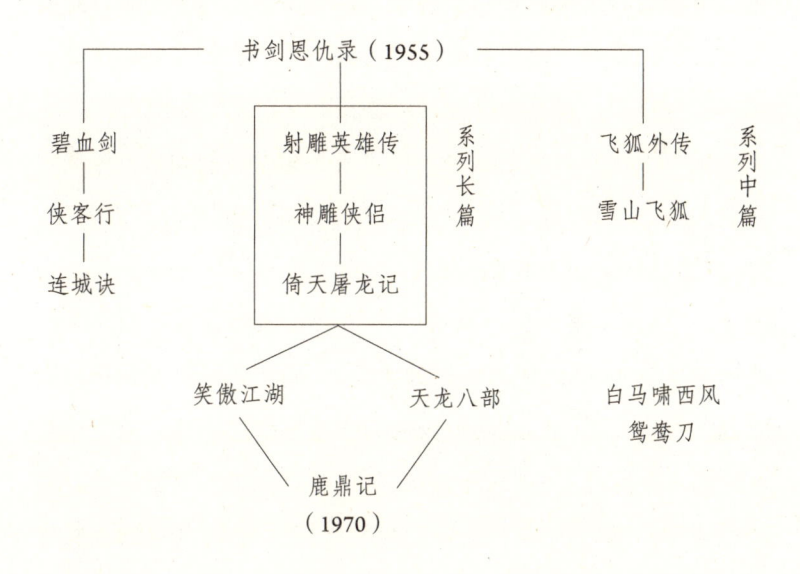

```
                    书剑恩仇录（1955）
        ┌──────────────┼──────────────┐
     碧血剑      ┌─────────────┐    飞狐外传   系
               │   射雕英雄传  │ 系           列
     侠客行    │              │ 列  雪山飞狐   中
               │   神雕侠侣   │ 长           篇
     连城诀    │              │ 篇
               │   倚天屠龙记  │
               └──────┬───────┘
              ┌───────┴───────┐
           笑傲江湖          天龙八部    白马啸西风
                  │                    鸳鸯刀
                鹿鼎记
               （1970）
```

表中左右两栏为中短篇，左边一栏互相之间没有联系，右边一栏互相关联，为系列中篇，另外有两个短篇置后。中间一栏为六部长篇，每部都在四册以上，为金庸作品的主体。其中《射雕》《神雕》《倚天》这三部系列长篇每部四册共十二册，构成金庸作品的中心部分，而《笑傲江湖》（四册）、《天龙八

金庸武侠小说三人谈　　277

部》(五册)、《鹿鼎记》(五册),在思想上和艺术上尤胜于前,为金庸本人所达到的最高成就,为金庸作品的精华部分。而《书剑恩仇录》处于所有中篇和长篇之始,可当金庸十四部小说的象征性开场。

裘: 必须说明,如果以通行的概念来衡量,金庸的短篇约相当于中篇,中篇约相当于长篇,长篇没有相当的概念,姑且称之为超长篇吧。通观金庸小说,长篇比中篇写得好,中篇又比短篇写得好,似乎篇幅越大,越能激发作者的创作才华。

张: 1955年写作的《书剑恩仇录》是金庸的试笔,虽然并非他的最成功作品,但仍然显露了作者流宕全书的惊人才华。"书剑恩仇"正可以作为象征,蕴含作者以后一切作品的内在因素。"恩仇"是人类所具有的喜怒哀乐情感,喜乐的执着凝聚为"恩",哀怒的执着凝聚为"仇",而"剑"是实践恩仇的力量,它将"恩仇"这两种极端的感情导致为生死,爱之欲其生,恶之欲其死,所以好的武侠小说都有感情上的强烈性。然而金庸作品的特色是"剑"上还有"书",也就是对以上所有一切的思考和超脱。一"书"一"剑",以书为主,形成了贯穿金庸全部作品的两条主线。

裘: "剑"中含有"书"味,这种渗透于金庸小说的内在意味使它超越了武侠小说,甚至在一定程度上超越了小说,成为一种文化和哲学现象。这可能就是金庸小说能够吸引高层次读者,有别于一般打打杀杀的武侠小说的原因吧。

陆：是的，必须从较大的背景来认识金庸作品的"书"味，我看过一些港台学者写的金庸研究文章，如《诸子百家看金庸》（这本书还是文坛名宿台静农先生题的书名呢），他们大都拘泥于小说中的具体情节。比如董千里先生也评论《书剑恩仇录》的两条线，他概括为民族意识线和爱情线，这虽然不错，但是没有你们概括得精粹。

裘：我觉得《射雕英雄传》更体现了金庸风格的开始，要比《书剑恩仇录》成熟，精彩得多。

张：《书剑恩仇录》是金庸第一部小说，《射雕英雄传》是金庸第一部长篇小说。前者奠定了金庸小说的基调（我总是在想：《书剑恩仇录》选择了海宁陈家作为题材，既然童年时代在家乡所闻的故老相传的故事影响了他第一部小说的题材选择，那么童年时代在家乡所见的汹涌澎湃的海宁潮是不是也影响了他。金庸十四部小说的内在气势难道完全出于偶然吗？），后者奠定了金庸作品的结构形式，我想称它为"金庸模式"。小说以东邪、西毒、南帝、北丐四雄的驰骋为背景，东西南北，正是金庸为自己小说所设立的空间坐标，而小说的历史背景成为时间坐标。小说主人公就在这样的时空构架中，由一个无知少年经历种种磨难种种际遇而成为武学宗师，这就是"金庸模式"的最显著特点。《射雕》的写作成功，是作者确立自信的标志。此后又接连写了《神雕侠侣》和《倚天屠龙记》两部相关长篇，一部比一部成功，形成了金庸作品的中心部分，推究其原因,就在于《射雕》把小说的模式确立了。

裘:我倒觉得金庸小说的这种模式或结构并不复杂。如果用结构主义方法去分析一下。我们可以很容易看出它的结构模式:男主人公从小经历坎坷,失去双亲,又遭到一系列的困难与挫折,但又正是在这一过程中有"奇遇",学到了高深的武功。接着女主人公出现了,也必然会有种种曲折,最后两人还是结合在一起。这使我想到俄国形式主义者普洛普用结构主义方法分析童话的结构项,即必不可少的几项。小说就在这些万变不离其宗的结构项上展开变化。

陆:华罗庚就说过武侠小说是"成人童话"。但我觉得金庸小说只是利用了这一传统叙述的框架,他的作品中所体现出来的磅礴气势却是任何童话都远远不及的。

裘:按照西方文学批评的划分方法,金庸的几部重要作品都可以看作是"成长型"小说。

张:正是如此。从《射雕英雄传》开始,金庸采用了这种叙述方法,使他笔下的人物和情节体现了一种生生不已的力量,就是陆灏讲的那种气势。尽管小说结局时主人公未必能解决书中已展开的矛盾,恶的力量也未必因主人公的奋斗而有所减弱,但是武学境界的进步,主人公人生认识的提高,毕竟是实质性的,而且更为重要。

裘:金庸的"成长型"小说到《笑傲江湖》已达到顶点,《天龙八部》和《鹿鼎记》就变化了。

陆：这三部小说各有特色，确实为金庸作品的精华部分。《笑傲江湖》大概是所有金庸作品中可读性最强的一部，也是我个人最喜欢的一部。金庸其他小说都有一个真实的历史背景，这可能是作者试图超越时间的心理倾向。《天龙八部》的叙述结构和《儒林外史》很相似，不是一个主人公贯彻始终，而是一个人移到另一个人，一个故事过渡到另一个故事，五册写了五个人。这在金庸的长篇中是唯一的一部。

张：《笑傲江湖》和《天龙八部》的这两个特点，有它结构上的意义。就"成长型"的结构而论，《笑傲江湖》确实达到了玲珑剔透，炉火纯青。如果把《射雕》三部曲中每一部小说的结构抽象出来，那么它的最成功体现就是《笑傲江湖》，破除时间背景仅仅是这个抽象的外在表征。《天龙八部》从表面上看好像打破了"金庸模式"，但实质上仍是从这个模式变化出来。《射雕》三部曲每部换一个主人公，《天龙八部》五册写五人的松散连接，正可以看成对《射雕》三部曲的另一种抽象。《笑傲江湖》抽象的是三部曲中的一部，《天龙八部》抽象的是三部曲总体。两者一纵一横，仍是金庸模式的体现。真正一反"金庸模式"的是《鹿鼎记》，它已不是严格意义上的武侠小说，确切地说，是反武侠小说。至此"金庸模式"已到了终点，向上一着，完成了最后的自我超越，金庸也就此搁笔。

陆：金庸在写武侠小说名声大振之时，闭门封刀，确是急流勇退之举。但另一方面，这又使多少读者失望啊。

裘：我觉得金庸以《鹿鼎记》结束他的武侠小说创作，是有一层深意的。为什么武侠小说的发展是以"嘲武侠"或"反武侠"小说来结束呢？在西方文学史上有一部可以类比的小说，那就是塞万提斯的《堂·吉诃德》。塞万提斯在小说序言中说，他写这部反骑士小说（"反骑士小说"一词是我杜撰的），就是要把当时流行的骑士小说扫进垃圾堆，表现出一种对骑士小说世界模式的虚假性和欺骗性的清醒批判意识。无独有偶，差不多同一时期，莎士比亚《亨利四世》也塑造了一个"反骑士"形象，福斯塔夫通过从里向外的嘲讽，取得了不朽的成就。此后，传统的骑士小说一蹶不振，没有过去的市场了。《鹿鼎记》是否也可以这样看呢？

陆：任何荒谬的东西，如果把它引向极端，就不攻自破了。对骑士小说，再多的批判也不如塞万提斯的一部极端的"骑士小说"。

张：《鹿鼎记》的特征是在"反英雄"。小说中"英雄人物"韦小宝是个毫无武功的小泼皮，却凭借其无赖处处获得成功，可说是一笔描尽武侠世相：中原逐鹿，得鼎者未必是射雕英雄，在小说中形成了尖锐的反讽。

裘：我不能肯定说金庸同塞万提斯一样，对武侠小说抱有清醒的批判意识。但是像金庸这样一个有思想的作家，在创作了十几部享誉海内外的武侠小说之后，必然会有某种程度上的反思。说到底，武侠的世界模式在现实中只能是幻想的世界模式。读者也许可以在其中停留一段时间,却不可能永远停留下来。金庸转而全力以赴办报,并参与种种政治活动,说明了他对现实世界的进一步介入。《鹿鼎记》后封刀标志着他新的认识,这不可能不在作品中反映出来。于是我们就看到了韦小宝与堂·吉诃德和福斯塔夫之间惊人的平行之处。

陆:惊人相似的一幕……

裘:黑格尔在某个地方说过,"一切伟大的世界历史事变和人物,可以说都出现两次。"他忘记补充一点:第一次是作为悲剧出现,第二次是作为喜剧出现。在《〈黑格尔法哲学批判〉导言》中,马克思也有同样的观点,认为历史不断前进,经过许多阶段后才把陈旧的生活形式送进坟墓,世界历史形式的最后阶段就是喜剧,马克思还特地提到了文学作品中的这种反映:"在埃斯库罗斯的《被锁住的普罗米修斯》里已经悲剧式地受到一次致命伤的希腊之神,还要在琉善的《对话》中喜剧式地重死一次。历史为什么是这样的呢?这是为了人类能够愉快地和自己的过去诀别。"这里马克思不仅谈到历史上反复出现的一个现象,也谈到文学作品中反复出现的一种模式。用现代批评理论的术语来说,就是"原型",涉及集体无意识。确实,当历史的某种力量再不能相信自己,只是试图用假象把自己伪装起来,如塞万提斯时代的"骑士"和我们这个时代的"武侠"作为"真正的主角已经死去的丑角"时,人们的无意识会在这种喜剧人物的原型模式中得到超越个体的激动。这也就是为什么读这类文学作品,人们会受到极大的感染。

陆:那么,照你的意思,《鹿鼎记》中的韦小宝就是这样一个在真正的武侠主角已经死去后的以丑角形式出现的喜剧了?

裘:《天龙八部》中的乔峰死了,他的死是悲剧性的,因为他还相信而且也应当相信自己的合理性;《鹿鼎记》中火枪的出现是很有象征性的。韦小宝固然未死,但他最后退隐,虽然戏剧功能相近,却只能是喜剧性的。从这个意义说,金庸用《鹿鼎记》来结束的武侠小说创作生涯,是一个再合适不过的结尾了。

陆:可以说,金庸是用这样一种方式宣布了武侠小说的死亡。我每读一部金庸的小说,就仿佛对中国文化有了深一步的感受。

裘:当代著名的波兰批评家英伽登把文学作品分成几个层次,最高层次是一种"形而上的性质"。在他看来,这是伟大艺术作品的标志,金庸的一部分作品是否也可以这样看呢?

陆:对,金庸的不同凡响正是因为他的作品有一层"形而上"的性质。

裘:简单地说,"形而上"的性质就是某种哲学意味,给人以哲理上的启迪。比如在他的一部并不太成功的作品《侠客行》的结尾,有这么一个情节,不识字的主人公,无法读懂石壁上武学图案的种种注释,却破解了最高的武学秘密。金庸在该书《后记》中说:"某种牵强附会的注释,往往损害作者的原意,而且造成严重障碍。《侠客行》写于十二年前,于此意有所发挥。近来多读佛经,于此更深有所感。《大乘般若经》以及龙树的'中观之学'都极力破斥烦琐的名相戏论,认为各种知识见解,纵然会使修学者心中广生虚妄念头,有碍见道……《金刚经》云:'凡所有相,皆是虚妄','法尚应舍,何况非法','如来所说法,皆不可取,不可说,非法,非非法',皆是此义。"金庸在《侠客行》成书后读佛经,从佛经的角度认识到他这一段故事所蕴含的"形而上的性质"。我倒认为还可以从另一角度去探讨,现象学哲学家胡塞尔有这样一句名言:"直面事物的本身"。简单地说就是要把习以为常的语言逻辑判断"悬搁"起来,而把认识对象暂时放入"括号里",这样就能对事物的本质"直观"。在他们看来,语言恰恰成为束缚我们认识的东西。我虽不很赞同这些观点,但却感到金庸在《侠客行》中隐约体现了这种类似现象学性质的哲学。

陆:记得当时读到《笑傲江湖》中,隐身江湖的武学宗师风清扬向主人公令狐冲传授剑术时所讲的"以无招破有招",就像是当头棒喝,刹时顿悟似的,兴奋得当即打电话给小龙,在电话中大谈感受。

张:这一层灿烂夺目的思想,正是《笑傲江湖》在思想和结构上的"眼"。随着令狐冲的剑术跳出华山派的拘束,并跳出天下各门各派的拘束,渐窥上乘武学的门径,他的思想也开始升华，跳出华山派的拘束。尽管他本人在主观上一再抗拒这种跳出，表现出一种哈姆雷特式的延宕，但他毕竟跳出了。随着他的跳出，当时武林极为错综复杂的种种关系的真相，不可抗拒地向他显露出来。这是思想有所升华者必然际遇的现象。随着令狐冲思想和剑术发生的转折，整部小说在结构上也由此展开。还有一个段落在《天龙八部》的结尾处，当乔峰、慕容复和两个始终不露面的父亲出现在少林寺，准备了结数十年深仇大恨时，少林寺一个不知名的扫地僧出来应付，这一段前前后后所展开的"武功越高，越要用佛法化解"的思想，有着极深的象征意义。《天龙八部》五册书写五个人，看似松散，但有了这一段，千里来龙，到此结穴，在思想上和结构上真正合拢。同时也是对作者在序言中提出的天龙八部皆身负惊人艺业，但仍有其难以摆脱的痛苦和悲哀的自作解答。《笑》和《天》这两个形而上意味十足的段落，在两部小说的结构上也开启着画龙点睛的两个"眼"。

陆：我觉得这两部小说要讲的就是这么两句话。金庸虽然不会武功，但却说明武学三昧。把武学之道上升到哲理高度，给人的启发远远超越武侠小说的意义。

张：这是金庸小说的特色所在。这种"形而上"的意味不但时时流露在字里行间，时时集合成一些极为出色的段落，而且渗露在作品的"象"里，如水中之盐，小说中的人物往往不能脱离这种意味而独立。这种"形而上"的意味是如此浓烈，以致海外有人读金庸的小说,每天清晨平心静气读上一二页,以当参禅。

陆:这似乎太玄了。其实,在我看来,金庸小说的"形而上"的性质,在于金庸本人对中国传统文化的深刻感受,比如在《笑傲江湖》中所体现出来的庄子思想。整部小说(包括题目)都含有一股气势,如果没有对庄子的深刻理解,是达不到这种境界的。金庸对佛教的研究更是公认的,以至于有人说他封刀搁笔就是为了潜心研究佛学。

张:香港明河社原版的《金庸作品集》,每册前都有一组精美的彩色插页,包括历代各家书法、帝王肖像、人物绘画、文物印章等,读者一打开书,首先扑面而来的是中华文化的信息。这些彩色图片帮助读者理解小说,以及和小说相关的历史。

裴:本来对文化的研究应由哲学家或历史学家来承担的。不过,中国文学家的幸运或可说是不幸,正在于他越俎代庖地去研究文化。艾略特曾批评阿诺德试图用诗歌去替代宗教,认为文学家只能专注于文学。

陆:其实艾略特本人有他的精神追求,也不是纯粹为艺术而艺术的。探索文化似乎是二十世纪文学家的通病。只是金庸对文化的关心不仅超出了一般武侠小说,甚至超过了其他文学作品。

裴:金庸在中国传统文化上所下的功夫确实很深。《书剑恩仇录》中陈家洛从庄子的庖丁解牛中悟出武学大道;《侠客行》中的芸芸众生试图用语言去理解武学的精微,反而不能理解根本,与佛家经典不谋而合。至于像郭靖这样的侠之大者,奋身事国,知其不可而为之,则又是儒家思想的体现。金庸毕竟是大手笔,他没有正面说教,而是把他欲载之"道"巧妙地与小说中的故事情节融为一个有机整体,让读者在不知不觉中接受其"道"。

张:在金庸三部最精彩的作品中,《笑傲江湖》的思想根基在道,《天龙八部》的思想根基在佛,《鹿鼎记》的思想根基在西方。这三个思想根基是解读金庸的关键,代表了金庸作品的三个文化来源,也表现了金庸本人对文化的认识。

裘:但是,金庸对中国文化不是没有困惑之感的,比如《天龙八部》中黄眉僧和大恶人段延庆下棋,就提出了哲学意义上的"悖论"。像黄眉僧这样研究禅学功夫的高僧,必须是心无杂念,所谓"返照空明,物我两忘",可下棋就不能这样,必须着着争先,锱铢必较。这自然是具体矛盾,但它的意义却不仅仅在于禅和棋的矛盾,而有着更为广泛的象征意义。在中国文化传统中,不正是蕴藏着这样的悖论吗?金庸没有能够提出解决的办法,只好让黄眉僧输给了大恶人。

张:日本棋界的两大派正可相当上面悖论的两方:一派为"求道派",一派为"胜负师"。正是这里产生着对棋认识的分歧:棋是一种美学呢,还是一种竞争?是将人间的争执投射于棋呢，还是将人间的争执消解于棋？这也许不会有答案。世事棋局的变化日新又新，弈者在棋上体味无穷。

陆：你们将小说扯到棋道上去未免太远了。读金庸小说是件乐事，不仅阅读本身充满着乐趣，而且还能在阅读中增加历史知识，加深对古代文化的了解。比如《射雕英雄传》虽然男女主人公都是虚构的，但整个历史背景却是真实的。我就是在读这部作品中加深了对这段历史的认识。

袭：但我认为对金庸的武侠小说，我们要有一种清醒的批判意识。记得何新在一篇文章中说过，我们的时代是需要英雄的时代，所以文学作品中也应该塑造英雄人物。而金庸笔下的大侠胡斐、袁承志等之所以受到广大读者的喜爱，原因就在于此。如果说这就是浪漫主义激情的升华，那还是不升为好。说到底，武侠小说所构成的世界是充满"白日梦"意味的。武侠小说之所以在中国有这样大市场，无疑是与中国封建社会的超稳定结构有关。所谓"侠以武犯禁"，在漫长而又残暴的专制统治下，"侠"仿佛成了一般老百姓所能抱有的唯一摆脱这超稳定结构的"白日梦"。

陆：弗洛伊德不是认为任何文学作品都可以说是"白日梦"吗？

袭：我这里指的是那种使人们在虚假幻象中获得麻醉或满足的文学作品。在阅读这类文学作品的审美过程中，读者确实可能会有某种程度的浪漫主义式英雄主义的升华，但这样"移情"其实是进入了逃避现实的虚假世界。如果谁要以武侠小说中的标准去行事,只能在现实世界中碰个头破血流。

陆:但你却不能否认金庸的武侠小说对人的情感有净化作用。无论是男男女女的情爱或友谊,都真挚感人,这也是一种对"真善美"的推崇,其作用似不能忽视。

张:你们所说的"白日梦",我认为也有正面的积极意义。当人们的思想束缚到连梦境都显得局促的时候,很难想象那里会出现科学、哲学、艺术的创新,而缺乏这种创新,历史也就黯然失色。"白日梦"的不现实、非现实或超现实,人们力求改变自己或自身环境欲望的反映,正是以这种欲望为根基,人类才有进化和发展。

裘:我并不是说"白日梦"全然要不得,在现代社会中,工作和生活节奏日趋紧张,人们需要某种形式的松弛,武侠小说"白日梦"也是其中一种吧。

陆:对,不同层次的人有不同层次的阅读需要,而且,同一个人也可以有多种阅读需要。在大陆,就像华罗庚这样的科学家、钱锺书这样的学者;在台湾,像三毛、柏杨、叶维廉都是金庸的爱好者。以"白日梦"暂时逃避现实也未尝不是一件好事。

裘:金庸的武侠小说有着满足读者"白日梦"的作用,但我认为还是应该有清醒的认识,绝对不能上瘾,过于着迷以致久恋梦境而不愿回到现实中来。当然,他的作品又不是能以

"白日梦"一言蔽之的。

张：金庸笔下大侠们扶持正义、渴望自由、独立不羁的人格力量，构成了金庸小说的勃勃生气。

裘：这倒是，我读金庸，有时也从那些我自己所不能达到的人格力量中获得一些教益，高山仰止吧！当然现代社会、现代人的自我，都是比较复杂的问题，这里也谈不透，好在我们今天随便谈。

陆：今天谈的有关金庸作品的问题，其实上是很小一部分，来日方长，我们可以留着话题，以后接着谈。

一九八七年九月十一日

古龙武侠小说三人谈

（三人在一起喝酒聊天，于是想到了古龙……）

陆灏：古龙笔下的侠客个个爱喝酒，大概古龙在创作他的武侠小说时，也是边喝酒边写的。

裘小龙：我们爽兴一不作，二不休，既然已经谈了金庸，今天就来谈谈古龙吧！三个人兴之所至，在武侠世界里海阔天空一番，也算是一件快事。

张文江：要了解现代武侠小说的概貌，阅读金庸和古龙不可避免。两家小说都有一些特殊的东西，就是这些特殊的东西吸引人走进他们的世界去，也就是这些特殊的东西最终会促使人们走出来。所以读小说，包括读武侠小说，其实是无碍的。大胆往前走吧。

陆：读金庸比较容易，因为对金庸其人和他的十四部作品，我们已经比较熟悉，可古龙就不同了，对他的生平我们所知甚少,甚至还没有他小说的完整目录。据最近看到的一份海外书市的资料,上面开列有古龙五十余种小说的目录,但这份资料不全,估计会有七十余种。这些小说我们不可能一一觅来全部读过。

张:古龙1985年病逝于台湾,年仅四十八岁。二十五年的创作生涯,七十余部小说,计划写作一组"大武侠系列",但似乎没有完成,这就是目前知道的主要情况。

裘:好在我们不想搞实证主义批评,或弗洛伊德式的精神分析。此刻,我们都当一回"新批评"家,要探讨的只是文本。武侠小说从来就是一个独立的、有机的世界,没有必要硬把作者扯进来。

陆:是不是我们也响应一次罗兰·巴特的口号"作者已经死去"?

张:我们敢于在现在的基础上谈古龙,还因为金庸和古龙有一个大的差别:金庸小说如果不是读完他的全部作品,至少也要读过从《射雕英雄传》到《鹿鼎记》六部长篇,才能看出作者胸中的经纬,显出整体形象。古龙则不然,就在我们所读过的十来部作品中,其长处和短处已完全显露,可以说大致"见底"了。

陆:我们读过的十来部作品,其中有《萧十一郎》《流星蝴蝶剑》《天涯明月刀》《欢乐英雄》《陆小凤》《楚留香》《绝代双娇》《多情剑客无情剑》《九月鹰飞》《江海英雄》《武林外史》《七杀手》《边城刀声》。这里包含着古龙最成功的代表作，也有一些比较平庸的作品。不过，目前各出版社都以每月几种的速度竞相争取商业价值以谋生存，古龙小说正在络绎不绝地刊出，这样下去，在今明两年有全部出齐的趋势。但是，古龙之为古龙，难道仅仅在他商业化的一面吗？

张：读完金庸之后，有很长一段时间我不愿再读任何武侠小说，除了兴趣转移以外，还有这样一个原因：我以为在武侠小说上金庸已经是前无古人了。无论是清末的《七侠五义》，还是民国的平江不肖生和还珠楼主，其成就均为金庸所超越，到了金庸，武侠小说可以观止了。有机会翻阅几册古龙之后，这个基本印象没有变，但也意外地发现古龙虽然是有很大缺陷，却同时也有很大特色。他的特色不仅没有为金庸所完全掩盖，而且某些地方还有突过之处。用唐诗来作譬喻：武侠小说在金庸之后有古龙，犹如盛唐之后有中唐。

陆：古龙可以说是金庸之后的又一奇峰。连金庸本人也承认古龙小说独创一格，构思奇妙。另一位武侠小说家倪匡对古龙的评价和我们差不多，认为他是金庸以来最好的武侠小说家。

裘：记得我小时候，除了迷武侠小说，还迷过棋。后来有一次，在家门口看一位"大师"下棋。只见他光着膀子，瘦骨凛凛的，一边啃大饼，一边还把脚搁在长凳上，直抠脚心。这位"大师"的形象使我对棋倒了胃口，要是我从来没见过这位"大师"，只是打棋谱，说不定我也早已成为一个大师了（众笑）。谈了金庸之后再谈古龙，我希望把现代武侠小说都谈完了。我也真想通过这两次的对话，使自己对武侠小说的兴趣减少些，否则实在太占用时间了。

陆：对古龙的文本，我们首先应该确定他的文风和结构。他短促的句子，独特的文风，一望便知。据说古龙很欣赏海明威的风格。我觉得古龙许多作品中的对话，甚至叙述、描写都受海明威的影响，都会令人隐约联想到海明威的名作《杀人者》——电报式的对话。

裘：古龙的文字风格很有特色，他在作品中掺入了许多佛偈一般的短句，阐述人生哲理，有的真不妨说是点睛之笔，但是同他的文字风格相比，古龙在结构上存在明显的不足。

张：在通篇结构上，我们可以将古龙和金庸作一比较。金庸小说基本上能做到放得开，收得拢。几部长篇，气势越来越足。四册篇幅的小说，往往到了第三册末结构还在继续展开，还有新的人物出现。可是到了第四册，峰回路转，一一收拾干净，结束有力。如果读一读《笑傲江湖》，对金庸的这种结构方式便会得到清楚的印象。古龙则不然，他对长篇的把握多少有点力不从心。他的才华在中篇，但即使中篇写得稍长些，往往也会折断成互不相属的两段。这种现象，如果借用诗的术语，可称之为"蜂腰"，实在是结构的大忌。古龙的雄心是写一组"大武侠系列"，但往往一部之内就出现了结构的缺陷，这也是一种心有余而力不足吧。

陆：《陆小凤》六册名为长篇，实际却是六部同一主人公的中篇。《楚留香》中的"蝙蝠传奇"，前后两个故事完全没有联系。《流星蝴蝶剑》和《欢乐英雄》，结构相对完整些，结果就成了他小说中最出色的两部。

裘：一个只活了四十八岁的小说家，一生创作了七十余部小说，难免粗制滥造。一个再有想象力的作家，要写如此多的作品，在结构上一定显得欠缺。金庸在写完《鹿鼎记》后，花了十年时间修改他的全部作品。如果古龙也能花这层功夫，他的小说的种种缺陷可能会变化很大一部分。

陆：因此他就往往不得不套用现成的结构，有时甚至是抄袭其他小说的情节。《流星蝴蝶剑》明显是从《教父》而来的，《楚留香》的"蝙蝠传奇"后半部就是把克里斯蒂的《尼罗河上的惨案》和《七个小泥人》杂糅而成的。

张：《流星蝴蝶剑》和《教父》还是不同，它的情节结构虽借用《教父》，可"魂"却是古龙的。小说主人公孟星魂作为职业刺客为执行任务而进入武林，身不由己地卷入江湖上一场极为错综复杂的大阴谋中，但小说从开头到结尾，作者始终没有给予他一次出手的机会。于是，孟星魂既卷身其中，又置身事外，成为这场大阴谋的观照者，这使《流星蝴蝶剑》在一定程度上超脱了《教父》。古龙小说一旦在结构上有所依托，往往能写出诸如此类的精彩篇章来。

裘：要说武侠小说在情节上袭用其他作品，并非古龙一人。像梁羽生的《七剑下天山》就是"偷"《牛虻》,只不过为满足中国人的喜好,结局改成大团圆。另一部《还剑奇情录》则是从《雷雨》的情节模子里压出来的。我把梁羽生扯进来,是为了说明武侠小说在艺术性上都是不怎么高明的。武侠小说的吸引力不在这里。

张:古龙本人曾向往武侠小说应该写人类的情感和人性的冲突,抓住这个基本的东西,在小说各方面新新求变。他小说的内容特色,可以用"性"和"情"两个字来概括。把"性"和"情"的内容推向极端,淋漓尽致地贯穿于他全部小说的意象中,由此形成整个故事,这就是古龙。如果多翻阅几部古龙的作品,这种感觉会自然显出。坊间有许多冒名古龙的作品,一望而知其为伪作,也就是因为古龙的特色,并不是任何人都能轻易模仿的。

陆:我觉得"性"不能作为古龙的一大特色。虽然古龙笔下的几位英雄,陆小凤、李寻欢、楚留香都声称有这两方面的嗜好:酒与女人。但在整个作品中,却发现他们都不是轻薄之辈,而且往往能够抵御色欲的引诱。所以"性"只能是古龙小说中的调料,并不能作为主要特色。倒是那种对"情"的淋漓尽致的渲染和浪漫主义的激情构成了古龙小说的特点。

裘:有时为了表现"情"的淋漓尽致,甚至可以不顾结构、不顾情节、不顾常识。像《欢乐英雄》《多情剑客无情剑》中那些情感激烈的场面,往往是牺牲作品其他应考虑因素而堆砌上去的。例如，为表明李寻欢的痴情，一定要使他让出未婚妻，送掉全部家产，独自一人去关外的冰天雪地中流浪。这些在现实生活中是不大合乎情理的。

陆：尽管有悖常识、不合情理，但我却感到正是这些情节震撼读者的情感，具有独特的魅力。譬如在《多情剑客无情剑》中，郭嵩阳为了给李寻欢试探敌情，以身试刀，硬是用身体去接敌手的刀剑，结果留下一具十九处剑伤的尸体让李寻欢研究敌手的剑法。这虽然有点荒谬，可我在阅读时却根本没有考虑是否现实，而是深为感动。

张：古龙就是这样，往往瑜瑕不能互掩，有时候甚至瑕就是瑜，瑜就是瑕。如果除去他的那些非理性，那也就没有古龙了。

裘：这就是西方浪漫主义的一个中心观点，只要把人最强烈的情感推到极限，就能从"理性"的种种局限中摆脱出来，进入更大的存在，体验到自我的更高层次。把古龙与浪漫主义诗人相比大概有些不伦不类，但是我想强调一下，我们的文学缺少了严格意义上的浪漫主义一课。在我们严肃的文学作品里，"载道"的任务压得作家们无暇旁顾，种种考虑和顾忌使他们不可能太浪漫。相反，倒是那些自认"一纸著成换羊书"的武侠小说作者，却可以摆脱束缚，让我们这个礼仪之邦里那些平时被压抑得已进入集体无意识的东西发泄放纵一下，因此读来也自有一种打动人的地方。

陆：大概你也是压抑太多，想借此发泄放纵一下情感？

裘：哈哈！也许吧。

张：性和情的放开使古龙小说获取了商业价值上的成功，但古龙小说还有更内在的思想性。他与金庸一样，在描写武打时超脱了一般描述，贯穿着一种自觉探求上乘武学的精神。武学和武功不同，武功具体，武学抽象；武功形而下，武学形而上；武功限于技击，武学非技击所能限。由武功进到武学，跳上了一个层次。古龙的许多小说都有明显的编造痕迹，但小说中所含的武学至理，却是作者将先人智慧和生活阅历在反复印证后体味而得的精华。既然作者把生活智慧投射到小说的武学至理中，那么，读者读小说同样也可以有相应的感受。生活和书本之间的这层隔阂如果能打破，读古龙的小说自然也会获得启示。

陆：古龙把他对上乘武学的理解融化在具体的武打描写中。古龙的武打别具一格，他基本上摆脱了一招一式的具体描写，像李寻欢的飞刀、陆小凤的灵犀一指，只要一出手，就战无不胜。《多情剑客无情剑》中的几段武打最具特色，本来武功最高的天机老人、上官金虹和李寻欢的较量应是惊心动魄的，可在古龙笔下，回避了正面描写，其中写李寻欢与上官金虹决斗，只写两个观战者在撞不开的门外焦虑地等待着胜负结果，最后李寻欢走出来，只轻描淡写地说了三个字："他输了"。

张：这种描写有"不着一字，尽得风流"的感觉。实际上只有这样结束,才是西方评论家所说的那种 surprising ending。简单朴素之中,蕴有惊心动魄的力量。

陆:你不是讲过可从心理学角度去理解古龙对上乘武学的认识吗?不妨详细谈谈。

张:在中国思想中,至晚在隋代,对心理的认识已有"一念三千"概念,就是说,任何人思想中最普通的一个念头,实际已含有三千种不同的内容。人的思想之所以不能达到高一层次的有序化,也就是由于这三千种内容互相干扰所致。将这三千种内容分析再分析,一念的内容就逐渐单纯,最后达到三千化一的地步,这样的一念就是古龙认识武学的基础。虽然,这个基础还可以再深入,但古龙对武学的认识确实达到了一定深度。譬如在《江海英雄》中,紫衣侯的师兄隐身于人群之中,对小说主人公作有意无意的暗中指点。他传授武功并没有教他任何一招一式,而是首先领他去看大江的流水,让他面对江水静静看上三个时辰,使他从江水生生不息之机和波浪与波浪之间看似一样却又绝不相同的复杂微妙的变化中,领悟上乘武学的至理。如此起始,一点一滴地积累,师天、师人、师心、师物,经过一段时间后,逐渐产生阶段性变化。这也是读古龙小说发人深省之处,如能澄心自问,获益必多。

陆:看来古龙和金庸对"功夫在诗外"都有独特的感受。如果谁有兴趣,倒可以从他们的作品中辑出谈论武学的精彩片断编成两本小册子,《金庸论武学》和《古龙论武学》。

张：如果真有两本这样的小册子，那已经概括了两家的精华。

陆：从思想的角度看，古龙对武学达到这样程度的理解，其中渗透了他对禅的认识。在《多情剑客无情剑》中有一段李寻欢和上官金虹的比武，简直就是禅机。

两人对峙，李问上官："你的环呢？"

"环已在。"

"在哪里？"

"在心里。手中无环，心中有环。"

眼看要交手了，上官对李说："好，请出招！"

"招已在！"

"在哪里？"

"在心里，我刀上虽无招，心中却有招。"

两人自以为已到了武学巅峰，可天机老人却认为他们离巅峰还差十万八千里。他说："真正的武学巅峰，是要能妙参造化，到无环无我，环我两忘，那才真的无所不至，无坚不摧了。"

张：三大高手的对话相应不同的认识层次，那是北宗神秀偈"身是菩提树，心如明镜台"和南宗慧能偈"本来无一物，何处惹尘埃"的区别。也许武学巅峰和禅宗真谛确实有可以相通之处，所以中土禅宗初祖达摩创建的少林寺才会成为天下学武人向往的圣地。

裘：我曾经看过一本西方人写的关于禅宗的书，他在书中几乎一点都没谈什么哲学,而全部是围绕着箭术展开,到最后箭也就是道,也就是禅。专心致志于一,就是禅。把武学至理与禅或道联系在一起,至少在理论上是可能的。在一招一式中蕴含着中国文化传统中的一些最精深的信息,这大约也是武侠小说对一部分文化人的吸引力所在吧。

陆: 古龙武学上对禅有一定的领悟,但我觉得他在生活上却对寂寞的体验特别深。他笔下的英雄,写得成功的都有着深深的寂寞,李寻欢、阿飞、西门吹雪、叶孤城、傅红雪、花满楼……这些武林高手,武功越高,就越感到寂寞。这种寂寞是"高处不胜寒"的感觉,没有达到这样的高度,就体会不到这种寂寞。《陆小凤》中叶孤城的一席话很能说明这种寂寞:

叶孤城寒星般的眼睛里似已露出一种寂寞之色,道:"我是个很骄傲的人,所以一向没有朋友,我并不在乎。可是一个人活在世上,若连对手都没有,那才是真的寂寞。"

《天涯明月刀》中的傅红雪也有这种想法。前些天我偶尔看到一篇写梁漱溟的文章,梁漱溟和毛泽东与其说是几十年的朋友,不如说是棋逢敌手的论敌。毛去世后,梁漱溟说他感到深深的寂寞。这种寂寞感就是古龙笔下那些武林高手的寂寞。

张: 经历过这种寂寞的人其实往往也就是那真正达到心领神会境界的人。最近梁漱溟也去世了,报载他的最后遗言只有一句话:"顺应时代潮流。"这句话可当作他探求一生的总结,含有种种信息。

陆：昔人已乘黄鹤去，此地空余黄鹤楼。黄鹤一去不复返，白云千载空悠悠！知音相存于高山流水之间。

张：读古龙小说必须注意一个重要现象：古龙小说塑造女性不成功。如果和金庸作比较就非常明显。金庸作品的女性形象基本上都很出色，有许多被评论家评为"上上人物"，构成了性格各异的纯情少女的形象画廊。古龙则不然，他笔下的女性往往只是与酒一样的物，对女性也缺乏应有的尊重。古龙小说，纯粹是男性的世界。

陆：要是遇到欧美女权主义批评家，古龙纵然有他笔下侠客的那种本领，恐怕也难以招架。

裴：我也有这种感觉。我刚读古龙作品时，总感到他笔下的女性仅仅像是为了让男性活起来的道具，又隐隐约约觉得在这背后似乎还有一个什么问题。最近读完《欢乐英雄》，我才发现了问题所在。

《欢乐英雄》中的女主角燕七是个写得比较成功的人物，她与郭大路的爱情也写得一唱三叹，曲折动人。可有意思的是，他们两人关系中最动人的部分恰恰是女扮男装的燕七与郭大路的友情。这似乎有着一种象征意义：甚至古龙笔下最理想的爱情也是在男性间友情的升华中得以实现的。在读到这种一掷千金"士为知己者死"的友情时，我确实感到了奇特的震动，可能女读者在读古龙时不会有这种体会。

陆：古龙写得最成功、最感人的，正是男性间的肝胆相照、患难与共的友情。就像陆小凤和花满楼、西门吹雪,李寻欢和阿飞……正如琼瑶可称作"女人的童话",金庸、古龙可称作"男人的童话"。

袁:这个问题,如果由西方的一些批评家来分析,很可能会扯到同性恋上去。美国神话型批评家费德勒一口咬定:美国的神话是男孩子的神话(指男孩子之间的感情,但还是天真的)。我不想说古龙是不是有同性恋倾向,也不准备就这个问题展开。但这个问题是武侠小说中有共性的倾向,涉及我们民族的集体无意识。不妨把武侠小说与西方的骑士小说作一个比较,两种看似相同的小说中却有着重要的差别。在骑士小说中,骑士与贵夫人之间的爱情是小说的基本结构要素,作品往往是围绕这样的主题展开。正是爱情,使骑士去驰骋沙场,建功立业,而恩格斯在《家庭、私有制和国家的起源》中也说到这样的骑士之爱是"第一个出现在历史上的性爱形式"。而在中国的武侠小说中,爱情远远不是如此重要的结构要素。相反,男性之间的友情甚至可以说是感情、激情成了更重要的主题。在这方面,古龙尤其突出。

陆:其他一些武侠小说也有如此倾向。如温瑞安的《四大名捕》,再推上去平江不肖生、还珠楼主,甚至《七侠五义》《水浒》《三国演义》都是推崇友情而贬斥爱情的。用《三国演义》中一句话就可以概括:"朋友如手足,妻子如衣服。"

张:和中国文化重视男性间的友谊相对,西方文化似乎更尊重和女性的精神联系。在社会生活中重视 Lady First，以尊重女性为骑士风度或绅士风度，正是这种文化习俗的表现。在荷马史诗中已经有这样的倾向，影响一直没有断绝。但丁写《神曲》，他最尊崇的罗马大诗人维吉尔仅有资格带领他游览地狱和净界，而最终引导但丁上天堂的还是女性——他心目中的情人贝雅特丽齐。贝多芬第五交响曲中的人和命运的搏斗还是男性化的，但到了第九交响乐，一切的一切，最终汇入不可阻挡的大合唱"欢乐女神、圣洁美丽"之中。中国文学中没有在精神上尊重女性的作品，也许《红楼梦》是例外。但即使是《红楼梦》中的女性，如宝钗、黛玉、探春、湘云的聪慧活泼，和西方文学中的女性形象比较，例如《约翰·克里斯朵夫》中的安多纳德和葛拉齐亚，仍然有着文化上的极大差别。

陆：在中国人的血液中缺乏这种气质。能"冲冠一怒为红颜"的毕竟只是极少数，而且历来不是被歌颂的。倒是兄弟朋友间的情义，像刘关张的义气一直备受人们推崇。古龙的《多情剑客无情剑》中，阿飞一度因为爱情而否定友情，但这时他的武功便一落千丈，后来，恰恰是友情使他又否定了爱情，恢复了高超的武功。

裘：这个现象可以从不同角度去理解，可以说是中国传统社会长期重男轻女的倾向，在漫长历史中汇入了人们的集体无意识。不过，我感兴趣的倒不在这里。记得荣格曾说过这样一段话：一个时代有一个时代的意识，这样的时代意识是有种种局限和偏颇的,于是文学作品的作用就是将无意识发挥出来,起到补偿纠偏的效果。西方浪漫主义文学在普遍崇尚理性的时代意识中崛起,就是例子。从这个意义说,文学作品中反映的并不是现实生活中所有的,而恰恰是现实生活中所缺乏的。当然这并不是说所有文学作品都是这样,我指的是白日梦倾向较明显的文学作品可以归到这一类。

陆:你是说,古龙笔下的友情在现实生活中缺乏是他的一种寄托?武侠小说吸引读者,也正因为是触动了读者的集体无意识?

裘:正是这个意思。记得有人说过,儒家的那一套东西导致了我们文化中的虚伪。在我们的文化传统中,一方面是批判西方的"个人主义",另一方面却在人与人之间的关系中极尽虚伪、欺骗之能事。儒家的影响到底有多大,我说不上来。但古龙的小说正是表现了这样一部分与之相对抗的集体无意识,即在自我中心的自私自利的文化系统里存在着的一种向往,一种对我们的历史上有过但后来又因种种原因而消失的人与人(特别是男人)之间真正的理解、信任和友情的向往。

我觉得,就文学作品中集体无意识的原型来说——如古龙作品中的侠与侠的义气,其实有两个方面的功能。一方面,我们的文化中有过"士为知己者死"的踪迹,尤其在较早的岁月里,我们是可以找到这样一些例子的。在这个意义上,原型是一种反映。另一方面,这种精神后来却渐渐消失了,只剩下一层虚伪的外壳，只能让人们在武侠小说的白日梦中，凸现一种充满淡淡惆怅的向往与思念。偶尔，人们从紧张的现实中逃避出来，在古龙这样的小说中，感到与我们在遥远的往昔曾有过的重要经历和精神的沟通。在这个意义上，原型又是一种纠偏或补偿。

陆：我们读古龙作品，也同作者一样，沉睡了的集体无意识被唤醒了。古龙的感染力就在此，武侠小说的感染力也就在此。

裘：今天我们谈了一次古龙，仿佛又过了一次集体无意识的"瘾"，说不定以后还真能把武侠小说的"瘾"给解了呢。

陆：古龙在一部著名小说中以流星开场，他极力推崇流星灿烂一现的辉煌景象。古龙的创作生涯似乎也如流星：短促而多姿多彩。只可惜流星已经陨越，不能再看见它的光和热了。

张：流星陨越，星空依然广阔无垠。我们该从武侠世界中走出来了。

一九八八年二月

梁羽生武侠小说三人谈

陆灏：接连谈了金庸和古龙的武侠小说，大有一吐为快的感觉。但是，对新派武侠小说追根究底，如果忽视了梁羽生，未免"数典忘祖"。从成就来说，他或许不及金庸、古龙，有种种可以批评之处，但他在中国武侠小说发展史上自有其一席地位。

张文江：梁羽生第一部武侠小说《龙虎斗京华》1952 年在香港《新晚报》上连载时，比金庸第一部作品《书剑恩仇录》还要早三年。虽然差别仅仅是三年，却使梁羽生的位置处于新派武侠小说起始点上。研究武侠，应当注意武侠的起始点；研究新派武侠小说，应当注意新派武侠小说的起始点。研究任何一个门类的学问，起始点往往最值得注意。虽然起始点并不等于本原，但对起始点认识的逐步上移，毕竟伴随着对本原认识的逐步深入。东方欲晓，莫道君行早。

裘小龙：梁羽生的全部作品结集为"梁羽生系列"，从第一部《龙虎斗京华》到最后一部《武当一剑》，总共三十五部。

这个"梁羽生系列"与"金庸作品集"并列，也是庞大的规模。如果注意武侠小说，不可能绕过梁羽生。港台地区的武侠小说家不下数十位，但最占有读者群的却是梁羽生、金庸、古龙，如果注意大众阅读，也不能绕过梁羽生。梁羽生、金庸、古龙，三个人把武侠小说提高了一个层次。

陆：我们的"武侠三人谈"如今已经是第三次了。聚谈三次，首先澄清的是我们自己：我们对新派武侠小说建立了一个基本的认识，同时也希望对大众读者有一定的帮助和启发。凡事经三次变化可以完成一个过程，从金庸到古龙，我们已经逐渐脱离文本了，那么我们谈梁羽生，是不是还可以进一步脱离一下文本呢？把武侠小说纳入历史文化的大范围来考察，注意一下武侠的起点，再注意一下"新派武侠小说"的起点。我们就可以结束这组"三部曲"了。

张：注意起点，考察历史，那是一件极为有益而繁复细致的工作，我们只可能简单地勾勒概貌。能有一个贯通，即使简略的贯通，总是有益的。依我看，武侠的精神源头可以追溯至先秦。春秋战国时代侠的出现，和士阶层的兴起有密切关系。先秦诸子的典籍中，往往可以看见侠的身影。侠的根本出于墨家，墨家"摩顶放踵，利天下而为之"的精神，正是先秦时代侠者的气概。先秦以后，墨家衰退继而中断，侠的思想也一层层往下落。但墨家钜子的流风遗俗，却往往散在民间。武侠最早出现于先秦，武侠文学最早出现于汉代，《史记·游侠列传》

和《刺客列传》是最早描写武侠的专门篇章。真正严格意义上的武侠小说出现在唐代，唐代小说大发展，唐人的武侠小说最正。唐以后，武侠文学在数量上发展较多，在质量上却很少有根本的突破，明末汤显祖的《紫钗记》，清初文康的《儿女英雄传》，是比较著名的两部作品。武侠文学重新获得较大的发展是在清末，以《七侠五义》为代表，涌现了大批武侠小说，就是所谓"旧派武侠小说"。这派武侠小说进入民国后更是流行，一直延续到中华人民共和国成立。建国以后，武侠小说的发展在大陆停止，而在港台地区，却陆续出现梁羽生、金庸、古龙等人，他们不约而同地在各个角度发展了武侠小说，形成了一股潮流，这就是所谓"新派武侠小说"。

裘：在先秦典籍中，"侠"这个字最早出现在《韩非子》中。《韩非子·五蠹》中说"儒以文乱法，侠以武犯禁"。"侠"这个词很难定义，简略说来，它大致包含有急人之难，千金一诺，见义勇为等种种品质。定义虽难，但行动却很明确，那就是犯禁。在韩非子眼中，"文儒"和"武侠"都是不服从的代表，都是危害统治的力量。秦始皇欣赏韩非，他对这两句话作了行动上的注释：焚书坑儒，对付前者；销天下之兵，铸为金人十二，对付后者。然而秦皇东巡博浪沙，还是遭到张良和刺客的合力一击，可见天下书难以烧完，金亦何尝可能销尽呢。

陆：韩非站在统治者立场，所以会有这样的观点，司马迁的观点就有所不同。《史记·游侠列传》说："今游侠，其行虽不轨于正义，然其言必信，其行必果，已诺必诚，不爱其躯，赴士之厄困，既已存亡死生矣，而不矜其能，羞伐其德，盖亦有足多者矣。"司马迁写《游侠列传》，就是为了歌颂侠者这种赴人厄困的精神。而到了班固写作《汉书》，他的《游侠传》内容袭用《史记》，而评价又一变，他认为侠客："以匹夫之细，窃生杀之权，其罪已不容诛矣。观其温良泛爱，振穷周急，谦退不伐，亦皆有绝异之姿。惜乎不入于道德，苟放纵于末流，杀身亡宗，非不幸也。"从三家评论转折的轨迹中，可见先秦到两汉对"侠"认识的变化。

张："侠以武犯禁"，犯禁必有所恃。侠的形而下所恃在"武"，形而上所恃在一种不屈服精神，即侠之为侠的根本。武侠武侠，侠为根本，武仅为侠的辅助手段。《史记·游侠列传》是最早描写侠者的篇章，但传主朱家、郭解都不会武功，可见侠的根本在侠不在武，侠之为侠，原可不论文武。《史记》描写"武"的篇章其实在另一篇《刺客列传》。《游侠列传》和《刺客列传》，这两篇列传，一侠一武，可当后世武侠文学之祖。而司马迁和班固对同一种现象具有代表性的两种不同认识，在传统社会的发展过程中一直延续了下来，后世一部分武侠小说中，侠的作用由"犯禁"变为护"禁"，那就是在班固思想影响下产生的演变。

陆：汉以后，武侠文学的又一次较大发展是在唐代，这或许和唐代儒、释、道三种不同的思想并行发展所引起的思想解放有关。不但大诗人陈子昂、李白的诗篇中都有侠客的形象（金庸有一篇小说就直接取象于李白的诗篇《侠客行》），而且出现了真正的武侠小说。风尘三侠（虬髯客、李靖、红拂女）、昆仑奴、红线女的形象，达到了很高的艺术成就，后世的武侠小说难以企及。

裘：但是，武侠小说在思想上的成就毕竟是不高的。这里我们可以比较一下中国的侠客和西方的骑士，两者表面相似之处很多，可实际上骑士通过十字军东征等等行动，真正影响了历史。而中国的游侠相比之下就显得单薄了，对历史起的作用有限。"侠以武犯禁"，仅仅是"犯禁"而已，对"禁"本身并不能起真正的改变作用。何况侠一再堕落后不是犯禁而去护禁，这正是中国的可悲之处。侠到了这种程度，和先秦墨家的思想已相差十万八千里了。

张：侠和骑士的根基都是一种思想，正如日本的武士道，以赴死为成仁。尽管墨家还是有种种局限，但相应墨家精神的侠，程度并不能算低。真正把"侠"作为中国一种文化思想来看的是明末大戏剧家汤显祖（1550—1617）。汤显祖的"临川四梦"，主题可以概括为四个字：侠（《紫钗记》）、儒（《牡丹亭》）、道（《邯郸记》）、佛（《南柯记》），也就是汤显祖所认识并加以总结概括的四层哲学思想。认识中国传统社会的思想文化，确实很难超越出这四层哲学思想之外。四梦合观，侠不敌情，情不敌生死，而生死自然而然地有两种思想在，一种在道，一种在佛。四梦之间，相应的时间数量级一个比一个长，而相应的时间数量级不同，感受到的信息也就完全不同。在四梦反映的四种哲学思想之间，侠是基础，梦境变了一层，时间数量级就长了一层，思想也就深了一层，这也是后世武侠小说可以蕴含较为精深哲学思想的由来。在中国以侠作为思想的起点，正如在西方以感受痛苦作为体味人生的起点，贵在以后的变化。

从中西文化发展来看，汤显祖和莎士比亚（1564—1616）约同时，为当时不同地域的两大戏剧家。当汤显祖在中印思想已经交汇的明末思潮中总结中国文化，同时莎士比亚也在欧洲文艺复兴大背景下开创西方文化的新局面。而就在汤显祖和莎士比亚同时代，有意大利传教士利玛窦（1551—1610）在万历十年（1582）从海路来华，这是中西文化交流史中的一件大事。如果按照学术界的一般意见，把中国文化的发展分为三期，第一期为先秦至汉末中国文化自身的发展，第二期为汉末至明末中印文化的交流，第三期为明末到今天还在继续的中西文化的交流；那么1582年可以作为中国和欧洲近代文明直接接触的开端。在此之后，中国文化逐渐开始了翻天覆地的变化，一切都要重新认识了。

陆：是不是可以这样理解你们刚才所说，侠的思想可以分为二路，一路是往上走的，其最高成就可以达到墨家，也就是《射雕英雄传》郭靖的信念："为国为民，侠之大者"。一路是往下走的,那就是失去侠的精神,堕落为统治者的鹰犬,侠之为侠,顿失光彩。其实,把墨侠作为一种思想确实有一定道理,"五四"时期有一部分文化人物运用西方思想武器激烈批判儒道,但却仍然在某种程度相应墨和侠,例如鲁迅。

张:其实,在中国古代一部分学者的思路中,所关心的倒不是如何达到墨侠,而是如何在达到墨侠后再往上走,逐步相应较高的时间数量级。前面已经提到《史记》的《游侠列传》和《刺客列传》可作为武侠文学之祖,其实侠的精神并不只体现在两篇传记中,而是流露在整部书各种人物传记中,成为《史记》的内在精神之一。从司马迁本人经历来说,他不顾皇帝的意愿,不顾当朝大多数人的逢迎,毅然挺身为李陵说话,正是侠者气概的表现。但是司马迁的真正可贵还不在此,而是在身遭大刑后以最大的毅力发愤完成贯通数千年的不朽著作《史记》,这正是侠者精神的升华。读解《史记》,不仅应注意《列传》,那是个别人物的行动,它仅仅影响一部分人,而《世家》往往影响一个地区,《本纪》往往影响一个时代。最后一切人物的思想行动均合入"八书""十表"之中,"八书""十表"总结自然界和人类社会超脱于个人之上的存在,是《史记》最高的时间数量级,也是《史记》的精华所在。这些内容和《史记》整部书的象数结构相合,更有概括一切变化的精深之意。读解《史记》的关键,不在个别事实的考证,个别语句的识读,个别人物的褒贬,而是以《太史公自序》的"六家要旨"段和"文王"段为基础，逐步认清列传和列传之间、世家和世家之间，本纪和本纪之间所包含的各种复杂变化，最后上出于十表八书和《史记》的象数结构，这样才能达到"究天人之际，通古今之变，成一家之言"的思想境界。

裘：从武侠出发，几经变化后，达到不同思想层次的情况，在中国的确是往往而有。例如张良，早年任侠，中年辅佐汉高祖刘邦安邦定国，晚年辟谷从赤松子游。我不想对这种思路作深入评论，也许中国文化的某种弊端正在于此，也许另有含义，但这种事实是存在的。值得注意的是，大部分武侠小说基本走的是另外角度。唐代以后，武侠小说又一次大发展，从清末的《七侠五义》开始，那就是"旧派武侠小说"，《七侠五义》之外，还有《小五义》《续小五义》《英雄大八义》《英雄小八义》《七剑十三侠》《七剑十八义》等等。这类武侠小说，和传统王朝的末世气氛相应，有相当浓厚的落后成分，即使是比较杰出的《七侠五义》也不例外，何况大量的模拟之作。辛亥革命结束了帝制，武侠小说在延续，但基本性质并没有改变，而且往往每况愈下。武侠小说有符合大众阅读的观赏性，也有许多乌烟瘴气的东西，说它们在某种程度上有毒害人民心灵的作用，并不为过。新中国成立后，在大陆五十年代有过一次扫荡包括武侠小说在内旧小说的行动，使旧派武侠小说在大陆绝迹三十余年（仅出版过《七侠五义》和平江不肖生的《江湖奇侠传》），而在港台的同时，则有"新派武侠小说"的出现，旧派武侠小说就此一蹶不振。武侠小说其实就是这点东西，但是为什么在中国两千余年的发展中屡蹶屡起，长延不衰呢？这里有没有社会基础上的原因呢？

张：在中国的传统社会中，有两个普遍的民间心理现象：一是向往清官，一是向往武侠。借用心理分析学的术语来说，可称之为"清官情结"和"武侠情结"，往往社会弊端越是严重，两个情结越是严重，这种情况，自然会在文学上体现出来。如果检验民间文学史，就会发现这两个情结隐隐贯穿的线索。发展到清代的《儿女英雄传》，男主人公为清官，女主人公为武侠，两个情结打到一块了。如果从这个角度重读《韩非子》"儒以文乱法，侠以武犯禁"，就会知道清官情结是前者的变化，武侠情结是后者的变化。如果用这两个情结衡量旧派武侠小说，就会发现很少有作品能摆脱它们的笼罩。建国以后，武侠情结随着旧派武侠小说的结束在大陆中断了几十年，但转移到了港台有新派武侠小说的出现。为政清廉是必要的，但仅仅停止于向往清官，毕竟还是社会结构发展缓慢的表现；见义勇为也是必要的，但仅仅停止于向往武侠，毕竟还是自身力量薄弱的表现。武侠文学的久盛不衰，也许并不能算民族的大幸呢。

陆：能够摆脱旧派武侠小说的清官情结，是新派武侠小说的进步之一，而这些小说能采用西方小说的描写技巧，重要性还在其次。对武侠现象的种种弊端有所认识也并非自现代始，清代的《儒林外史》在激烈讽刺儒的同时，也激烈讽刺了侠，伪儒和伪侠在作家的笔下难以藏形。在新文学中，有老舍先生的《断魂枪》，主人公练成的武功在外来的洋枪洋炮面前已毫无作用，只是在月夜的院子里，偷偷舞上一回，自我欣赏一番。其实，在我看来他们对武侠的批判虽然严厉，但作用不如新派武侠小说。新派武侠小说保留侠之精神本身就是对旧派武侠的批判，当然侠之精神还是不够的。

张：从文化角度来看，新派武侠小说能够摆脱掉旧派武侠小说若干缺陷的根本原因还是在"五四"。"五四"运动打倒孔家店，使长期在传统思想束缚下人的思想经历了一次解放，产生了划时代的进步。而新派武侠小说的出现，可以看作经过"五四"洗礼后，五十年代在港台出现的重新认识中国文化总思潮的一部分。如果和同时出现的"新儒家"合观（"新儒家"的出现，可以用1958年在香港发表的《中国文化和世界》宣言为标志），就可见"新派武侠小说"的出现，毕竟不是孤立的现象。

裴：我们贯通了一下武侠和武侠文学的历史，也许可以就此回到梁羽生了。我看第一部梁羽生的小说是《萍踪侠影》，当时我正坐火车从北京回上海，旅途读书，对梁羽生是有一定好感的。后来又天天去报栏，看《羊城晚报》连载的《七剑下天山》。以后就读得更多，《白发魔女传》《还剑奇情录》《冰川天女传》《云海玉弓缘》等等。可是越读得多，越有这一种感觉：

梁羽生在重复他自己。读了金庸、古龙之后,梁羽生就比下去了。

陆:我喜欢读金庸、古龙小说,就因为他们笔下的侠都不失为侠的本色。而梁羽生的不少作品都把侠放入一个民族矛盾中,使人物的种种行动围绕爱国主义意识而展开。把小说的内容建立于一两个流行概念之上,这样,小说的基础未免过于狭窄,对侠的本色也多少有点背离。所以尽管梁羽生脱离了旧派武侠小说,他的成就还是有限的。

张:从文化根基来说,金庸相应的是唐代哲学和唐人小说,古龙相应的是部分禅宗,梁羽生相应的是部分唐诗宋词,这也是三个人程度的差异之处。金庸的释道思想来自唐代,在小说中往往有超上一乘的发展,根源就在于此。虽然金庸似未能理解先秦,即以宗教形态出现的释道两家出现之前中国思想文化本身的发展状况,不过对小说家来说,能够理解唐代,似乎也可有所满足了。在小说艺术上,金庸相应的是唐人小说,他的《侠客行》直接取象于李白诗篇,《三十三剑客图》竭力模拟《虬髯客传》等,仍不能得其神似,终于叹为观止。不过,真正得唐人小说精神的倒还不在《侠客行》和《三十三剑客图》,而是在《倚天屠龙记》《笑傲江湖》《天龙八部》的某些篇章中。古龙从结构的安排、对话的描写、武功的叙述、心理的认识,都注重直接,有若干禅家的影子,但在"认识生命、体会先天"上,古龙仍然和禅有所隔阂,况且禅本身也不可能完全是文学性的。梁羽生思想不超出唐宋诗词,所以他小说内涵往往不够深入。梁羽生的最大特征我觉得主要在两点,一是他开创了新派武侠小说,开创者功不可没。二是他能说比较完整的故事。不要小看说故事,这其实是非同小可的特长,也是梁羽生毕竟能自成一家的关键所在。

裴:在梁羽生、金庸、古龙三人之中,梁羽生描写武打最为成功,一招一式都有板有眼,据说梁羽生本人不会武功,可他对拳经、穴道经络图等武功知识都有研究。但是我却感到在梁羽生作品中,"武"是成功了,"侠"却失败了。梁羽生把重大历史题材引入武侠小说中,不失为一种尝试,但是激烈的民族矛盾往往冲淡了侠的个人色彩,只剩下"武"来支撑住整个故事框架。

张:执著武功者,不懂武学,梁羽生的力量不在这儿,而在故事。故事很重要。武侠小说能以不同的侧面吸引不同层次的读者,但是不同层次的读者对武侠小说的要求有一点共同的,那就是必须有完整的故事,故事正是武侠小说吸引力的基础。对故事没有兴趣的人,不会对武侠小说有兴趣。我曾经遇到过两位读者,他们很有兴趣地读过不少武侠小说,交谈之后,我发现在他们那里,梁羽生和金庸没有区别。原来他们所关心的只是故事,那真是两位故事的消费者。我甚至有些羡慕他们,如果真能以平等心读一切书,那也是一种境界。

陆:故事可以作为武侠小说的起点,但未必可以作为终点,作家对此应有明确的自觉。英国作家福斯特的《小说面面观》中，把小说的要素分为七个方面，故事、人物、情节、幻想、预言、图式、节奏。如果进一步提炼，故事、人物、情节可以为一组，高度抽象于"图式"，"幻想"和"预言"可以为一组，高度抽象于"节奏"。一切小说，都脱离不了这两个层面。

张：如果借用这两个层面来分析武侠小说，从内容结构看，武侠小说的变化是不大的。不仅武侠小说，所有小说的内容结构在数量上也都是有限的。用一二种内容结构写作终身的作家有的是，就是大作家在结构上变化也不过数种。能做到"异想天开"，其实并不容易。有法国人做过一项专题研究，认为所有戏剧的内容类型不超过三十六种，即著名的"三十六种剧情"理论，这个理论也同样适用于小说。"三十六种剧情"理论在具体划分类别时或未必妥当，但思路可贵。人间百态看似熙熙攘攘，如果探得其根，也不一定就是无限。从故事、人物、情节到达图式，抽象程度就高了。

裘：确实，武侠小说所使用的内容结构是有限的，梁羽生、金庸、古龙的主要区别不在这儿，而是在体会人心、人生的深度上。而在这个层面上来说，我认为梁羽生较为单薄，甚至有图解某些流行思想之嫌，不及金庸之领会人生、古龙之体验人心的深刻和独特。如果再引用福斯特的术语来说，在"幻想"方面，金庸和古龙各擅胜场，而在"预言"方面，也即小说最重要方面，似乎唯金庸才多少具有实质性内容。

张：文学，甚至包括文献在内的广义文学（literature），可贵处也在它的预言性质。如果真正能触及关键，其情景可以如同音乐节奏般地反复重现。前人云：有字句处为人籁，无字句处为天籁。在考察历史文化的自然变迁大势中打破文本的局限，正是读书者向上向上进而闻及天籁之时。对梁羽生、金庸、古龙，都可以如是观。

陆：我们三次分别谈了金庸、古龙、梁羽生，实际上基本已谈了整个新派武侠小说，其中开创者是梁羽生，成就最大者是金庸，刻意追求新变者是古龙。三人各有特色，新派武侠小说的基本面貌已经显出，我们也该告一个段落了。我真希望我们今后还有机会重新相聚，那就可以谈谈中外其他一些文学作品了。

裘：我看完全可能。

一九八八年十月

金庸武学说

　　如果不为既定观念所囿，放眼纵观二十世纪中国现代文化和文学，有若干超迈古今的奇景。鲁迅作品是奇景之一，此外能构成奇景的大概就是钱锺书和金庸了。他们都独辟蹊径，走通了不同的道路。到了下一世纪，我们现在所重视的一些作品也许已经无人愿读，但还会有一些作品因为其本身的价值而得到读者的喜爱，我相信其中会有金庸的作品。金庸作品的很多内容极富启发性，把它们视作通俗文学而予以轻视是不恰当的。如果以金庸最好作品为标准来看，其所关注的问题和达到的成就比起纯文学毫不逊色，甚至有过之而无不及。二十世纪中国现代文学殿堂里，应该有金庸作品的一席之地。

　　金庸小说虽然以古代社会为背景，但实际内容却来自对现代中国社会和人性的体认，其哲理内涵相当深入。在小说中，这些哲理内涵并不作抽象的表述，而是渗透在人物的不断行动中，其顶尖精华就在于武学。自古及今，社会的变迁从无止息，现代社会尤其纷繁复杂，人必须寻找自处之道，也必须作出反应。而在金庸小说中，这种自处之道和反应就综合于武学。庄生有云："兵莫憯于志，镆铘为下。寇莫大于阴阳，无所逃于天地之间。"(《庚桑楚》)武学是金庸小说对自然、社会、人生的最高体认之一，绝不单单是一种技艺。人就在刀锋(the razor's edge)边上行走，何以游刃有余？金庸小说能在多方面给人启示。《神雕侠侣》的"重剑无锋，大巧不工"，《笑傲江湖》的"以无招破有招"，《天龙八部》的"武功越高，越要用佛法化解"，都是高明的上乘武学，宜深入体味。而《射雕》系列主人公郭靖把"为国为民，侠之大者"的信念置于学武之上，《鹿鼎记》主人公韦小宝仅凭其对社会的理解行走江湖，竟无需学武。这两端相辅相成，或可探得金庸武学之根，也可识其言外之意。金庸作品有着包括高层次读者在内的广泛读者面，重现古代"凡有井水处，皆歌柳词"现象，绝非偶然。

金庸小说是二十世纪中国文学的客观存在，如何认识这一存在，对社会乃至学术界形成了一道不可绕开的课题。八十年代以来，部分学者已经在尝试着手回答这一课题，社会上也出现了各种评说，毁誉不一而誉多毁少。然而作品本身是超越于任何评说，包括作者本人评说之上的。在我看来，任何艺术作品都是一个活体，有其生命周期。它从出世时就不断进行着跨越时空的努力，而到底能走多远，取决于作品本身相应于环境的包容量及其生命力。而金庸作品确实有强大的生命力，它不但涵盖空间，而且穿越时间。它得到民族文化最深层内涵的滋养，并以其创造力进行回馈。对于金庸作品，一个人在少年时代可能喜爱其打打杀杀，在青年时代可能喜爱其情感的强烈性，而到中年以后，可能就会注意乃至思考其深层的哲理内涵，而这正是金庸作品的精华所在。"深者得其深，浅者得其浅"，金庸作品披着通俗文学的外衣，实质上并不通俗，读者应注意其内在之真。金庸作品的出现是武侠小说的巨大成功，也很可能已经在根本处悄悄地结束了武侠小说。金庸作品的严肃性必然对后来者构成挑战，"眼前有景道不得，崔颢题诗在上头"。

一九九八年十月

《说文解字》析义

一、不

鸟飞也。

鸟飞而去是对现存状态的否定，也是鸟对地心引力的拒绝，它用行动表明了自己的上出之心。德语 aufheben 汉译"扬弃"，"扬弃"二字亦可笺此。

虽然未知鸟的归宿何在，但它腾空而去的时候总是向上的。

"一"为天，中国文字的构建往往关联于天，此即"天人合一"之说。

二、是

日正也。

日正亦即判断标准,与西语 being 相似,有极深的哲理涵义。

日正为午,即中午十二点,其时太阳直射头顶。

客观的日正以时区为标准,每一时区只能有一个,例如"北京时间""巴黎时间"。尚有未列为标准的各地日正乃至个人日正,其间的夹角即差异所在。

从形而上角度而言,时代的日正为时代精神(Zeitgeist),各地区发展的不平衡与相应的不平衡有关。而认识时代的日正并与之相应,为团体乃至个人修养的至高境界。

每个人应该每天(甚至每时每刻)依照"日正"而校正自己的生物钟,犹如对表。

虽然每天仅相差零点零几秒,然而几十年、几百年累积则渐成大数。哈姆雷特有言:the time is out of the joint(时代脱了节)。丹麦王子盖其时之敏感者,他已经觉察到不对了。out of the joint 者,未能相应也。

"日正"是没有阴影的,可作为消除阴影法之一,后世道家有"玄俗无影"之说。

三、学

"学"《说文》写作"敩",放也。"放"通"仿",各本作"效"。

敩上为"爻",下为"子",意为"子"在学"爻"。

"爻"为二乂。乂即交,初交为乂,再交为爻。初交为否定，再爻为否定之否定。此即《周易》所谓爻变，乃变化之象。《老残游记》十一回："一撇一捺，这是一爻；又一撇一捺，这又是一爻；天上天下一切事理尽于这两爻了。初爻为正，再爻为变，一正一复，就没有纪极了。"

"学"与"教"为同根字，1993年湖北荆门出土的郭店楚简《老子（c）》第三组"是以圣人居亡为之事，行不言之毊"，"教"正写作"毊"。"教"之"孝"即"毊"，《礼记·学记》引《兑命》所谓"学学半"，又所谓"教学相长"是也。"𠂉"为手执教鞭（或棍子）之象，"𠂇"为辅导或辅佐，"丨"或为击蒙，《学记》所谓"夏楚二物，收其威也"，不其然乎？

繁体字"學"中的"𦥑"表示两手，意为通过模仿而逐渐理解变化，最终相应变化。意在"爻"犹英语 study 之透彻研究变化，意在"𦥑"犹 learn 之逐步操练技艺，意盖善矣。然而"𦥑"象似手似帽，乃两手之象渐隐，"㕯"渐呈帽子之象，所谓"学而优则仕"。"子"之志不在"爻"而在帽，"学"象已趋僵化。今简体字"学"简去"爻"象，则更有损失。儿童入学即为未来之博士帽所套，且又不会动手，乃于一字间尽显近世教育之弊。

四、孩

于十二地支亥为终子为始，亥子之交阴阳合，乃产生"孩"。

亥,《说文》:"荄也。十月,微阳起接盛阴。从二。二,古文上字。一人男,一人女也。从乙,象褱子咳咳之形。"子,《说文》:"十一月,阳气动,万物滋,人以为偁。象形。"

"荄"为草根。于甲骨文,亥之义为"刻"。"刻"有界限、有范围、有终始,借为地支当周期之结束,《说文》"亥而生子,复从一起"是也。所谓"该"者,于范围分所当受,"应该"者,当为而未为也,"活该"者,不当为而已为也。又通"赅",有周全义,故有"言简意赅";又有"骸",为周身之骨,且多指尸骨。又有"垓"字当万万,即今之亿,古代"億"字为十万。有极端义,故有"骇",为惊之极。又有叹词"咳",为悔之极,此"早知今日,恨不当初",触及心理底线。成终成始,圆周相应圆心,故有"核"以保存生机。又有"阂"取义于界限,此疆彼界,渐趋凝固,故有"隔阂"。

"子"者滋也,基本有二义。生于下丹田者为人,即今所谓"孩子",乃生命之绵延。生于上丹田者为思想、为观念、为哲学、为艺术,即今所谓"意缔牢结"(ideology),乃文化之绵延。于文化有创造性贡献者可称"子",如老子、孔子、墨子、庄子。

于农历子为十一月,丑为十二月,寅为一月,而亥为十月。三代正朔周建子,殷建丑,夏建寅,此即所谓"三正"。公历新年约相当农历建子、建丑之间,与农历之建寅(即春节),对中西民族性格的形成,有相当的影响。中国古代重视冬至，与西方重视圣诞乃至元旦，亦有所相应。农历十、十一、十二月为一年中最重要三个月，且尚有秦建亥于十月，此间有生气，或能相应乎？

亥子之交，天一生水，乃生命之基。

五、鬼

人所归为鬼。从儿，甶象鬼头，从厶。

"儿"即人。甶为头脑封闭之象，盖对外已无信息交流，乃人之归宿。此当为坟墓或棺椁之象，《红楼梦》六十三回引范成大诗"纵有千年铁门槛，终须一个土馒头"是也。厶为独揽之象，即私的本字。大家一起收割，一人把稻谷拿回家去了，此即"私"的起源。日语わたし（我），亦此"私"字。有"私"乃有"公"，公为私之反，《说文》："自营为私，反厶为公。"又"篡"从算厶，算为处心积虑，厶为出发点。"篡"者，以私谋权也。

"鬼"字描述由人而鬼的路程，"厶"概括人的一生经历，为最简洁的墓志铭，惊心动魄。

可将"兒"和"鬼"字并观。兒为初生，故"ㄣ"象头脑开放，柔软而充满生机。鬼为死亡，故"甶"象头脑封闭，僵死而生硬。《老子》七十六章"人之生也柔弱，其死也坚强"，即此两象之对照。儿童此未合处为囟门，成年后封闭并趋渐僵化。成年后由封闭转为开放与人之修持有关，盖走逆向路线，《老子》第十章："专气致柔，能婴儿乎？"陆游《剑南诗稿》卷六十《读宛陵先生诗》："岂惟凡骨换，要是顶门开。"徐梵澄译《甘露滴奥义书》："人能破此轮，生气顶门逝。"

六、神

神伸而鬼屈。神者，伸也，从示，申声。

示，《说文》："天垂象，见吉凶，所以示人也。从二（段注：'古文上。'），三垂，日月星也。"又曰："神事也。"故成有宗教含义的义符。

神者，《说文》："天神引出万物也。"此解可与基督教创世说相应，然稍有不足，似为后起义。

观字象可知，丨为贯通。丨，《说文》："下上通也。引而上行读若囟，引而下行读若退。"⊃⊂象人脑或手，丨者贯通，犹生物体之发光放电，乃人与天地之感通，故为神。

就物理层面而言，申即电，電由雨而来，今写作电。又力学之伸、申亦同源。两者皆含潜能之现实化。伸较具体，如伸展、伸腰，申较抽象，如申请、申报。上海简称申，当由战国春申君而来，春天万物生长，故曰"申"也。

丨以线段而言为有限，以直线而言为无限。丨者乃有限与无限之接触，故有发光放电之说。康德《实践理性批判》结尾所谓"头顶的星空和内心的道德律令",近人丰子恺所谓"天上的神明与星辰,人间的艺术与儿童"(《儿女》),亦此感通之象。

七、哲

《说文》:"知也。从口,折声。"

屮即草,"折"从斤断草,即《左传》宣公十二年"筚路蓝缕,以启山林"之象。故哲犹拓荒者,"口"者以告来人也。

一作悊,《说文》:"哲或从心。"此为思想之拓荒者,犹今所谓哲人。

一作嚞,今或简作喆,此字根为吉。吉从士口,此传播知识,犹法施之象。

哲者觉他,悊者自觉,嚞者大觉也,大施也,大吉也,可当觉满之象。

宋后道家分南北宗,北宗全真教开创者王嚞,字知明,号重阳子(即《射雕英雄传》五方高人之首),亦可见诸象之联系。盖知明即哲,而吉属阳、凶属阴,嚞含三吉,故曰重阳也。

又析与折可通,《说文》:"析,破木也,一曰折也。"又:"折,断也。从斤断草。"盖析者木旁,折者草旁,草木一也(段注:"以斤破木,以斤断草,其义一也")。《广雅》析、折同训分,甲文草木不分,故可附合(杨树达说)。《说文》:"朩,冒也。从屮，下象其根。"篆文木或从手，故析亦可写成今之折字。

后世析与折渐含分歧。盖析者顺理而行，犹《庄子》"庖丁解牛"，《金刚经》"节节支解"，今云"分析""剖析"。折者用力而断，犹两造辩论或能胜人之口，不能服人之心，今云"折服""折腰"。

八、士

《说文》："事也。数始于一，终于十。孔子曰：推十合一为士。"段注："《韵会》《玉篇》皆作推一合十。"

推十合一与推一合十之辨，许说和段注可相成。许说犹归纳，段注犹演绎，两者宜贯通。中国文化似重视归纳，且重视归纳至极而得一，《论语·里仁》"吾道一以贯之"是也。而归一或归零，同乎异乎？乃历代哲人思索乃至争辩不已的大问题。

又"士"字形之解似重理论，然"事也"（音训）字义之释已重实践。此即许说之平衡阴阳，亦即中国文化重视的陪补工夫。

"士"的同根字为"博"。《说文》："博，大通也。从十尃，尃，布也，亦声。"博即士之推广，由十而百，由百而千，由千而万，故曰"尃"。然博或寡要，入海算沙，有何益乎？而"大通也"之归一或归零，则已救博之失。

九、世

《论语·为政》："吾十有五而志于学，三十而立，四十而不惑，五十而知天命，六十而耳顺，七十而从心所欲不逾矩。"所述相应人类之生物钟。《说文》："三十年为一世。"换了一代人，故为其间之关键。

《内经·上古天真论》以女数起于七，男数起于八，四七二十八、四八三十二而盛，三十年为一世，乃取其平均数。以生物钟而言，此为人的青春期逐渐结束，乃体气变化之时，故相应的修养为"三十而立"。古文"革"从"世"，以社会而言，世代更替有其不可抗拒的力量，《说文》："三十年为一世而道更也"。

三十而言"立"，则其前尚未"立"。青年时代自以为"立"了，其实仍有家庭与社会的潜在支撑。然三十以后，乃由受家庭、社会支撑转变为支撑家庭、社会。斯芬克斯之谜，儿童四条腿，老人三条腿，成人二条腿。其实儿童和老人皆不足以单独生存，有赖于成人的扶持。"三十而立"者，此成年之始也。其间矛盾丛杂，虽有困苦，或无相助，虽有成绩，或无喝彩。且尚有最大之敌人，即自幼积累至此的习气，西方心理分析学所谓"情意综"（complex）者，亦往往于此发作。以个人而言，如未能"道更"者，或未能立。然人道之立即立于此，《论语·公冶长》子曰："夫仁者，己欲立而立人，己欲达而达人。"

三十而立，此相应于地，至五十而知天命，乃相应于天。

十、至

《说文》："至，鸟飞从高下至地也。从一，一犹地也。"

"至"为"不"之倒文，含义亦反（段注："不象上升之鸟，首向上。至象下集之鸟，首向下"），然其行动可以连贯。"不"之上天为否定，"至"之落地为肯定，"一"为地，犹乐土也。《诗经·魏风·硕鼠》："逝将去女，适彼乐土。乐土乐土，爰得我所。"亦可移笺此迁徙过程。乐土者，犹世间之净土也。

"至"有二义，一为到，一为极。到极为至，平安喜乐，所谓"回家"也。以"家"而言，不仅有其物质层面，所谓house，而且有其精神层面，所谓home。常谚"金窝银窝，不如家中草窝"，乃两者之合成，且尤重后者。"至"之同根字有"屋""室"。"房""屋"近义，房偏重于砖木结构之实体，屋乃兼有家之氛围。"堂""室"相连，室亦较深，《论语·先进》："由也升堂矣，未入于室也"，今则云"入室弟子"。又"臺"亦从至，登高而观四方，亦人生至美之境。

"至"者动态地达成某一极点，此点即为"至"。自然界"冬至""夏至"，社会界"至纯""至真""至善""至美"，皆此"至"。又基督教之 millennium，或译"千年至福世"。道家有"至人"之说，盖以为人之进化尚未完成，犹当发展以实现其潜能。此一思想之"至"，以易象而言，乃达成人极。其法有二，其一由下往上做，犹传统之儒家。盖为臣忠，为子孝，黎明即起，洒扫庭除，下学而上达，终化去个体执碍而达自由之境。其一由上往下做，犹传统之道家。盖找出天人关系之结合部，轻轻一动，即获剃刀边缘（the sharp edge of a razor）之解脱。《庄子·大宗师》："知天之所为，知人之所为者，至矣！"此虽有易遇难成与难遇易成之别，然顿犹渐，渐犹顿，两者亦二亦一矣。

以释家而言，"至"犹表诠（positive explanation），"不"犹遮诠（negative explanation）。以乾象上出而言，当首重遮诠。盖仅耽于小己之乐土，不知回小向大，亦终有失。《易·坤象》："至哉坤元，万物资生，乃顺承天。"

十一、贞

《说文》："贞，卜问也。从卜贝，贝、以为贽。一曰鼎省声，京房说。"

贞本义训卜，今存甲骨文几乎每片都有此字，例证丰富。后世转而训正，如《周易》"元亨利贞""师贞，丈人吉"，《易传》皆以"正"释之。《周礼·春官·天府》："季冬陈玉，以贞来岁之美恶。"郑玄注："问事之正曰贞，问岁之美恶曰问于龟。"郑司农（众）云："贞，问也。《易》曰：'师贞，丈人吉'，问于丈人。《国语》曰：'贞于阳卜。'"

贞与卜不同，卜（《说文》："灼剥龟也"）为形而下之解疑，贞乃达成形而上之交流。古代占卜极其郑重，须斋戒沐浴方可为之。《礼记·经解》"洁净精微，《易》教也"，或未能洁净，则有"《易》之失贼"。求问者与释疑者共同完成占卜，欲求得有效解答，必须达成"贞"。"贞"乃两造于当下达成之中心，其间的相应不能存在误差。或未能"贞"，则卜必有失，故《左传》昭公十二年有"夫《易》不可以占险"之语。马王堆帛书《要》："（子贡问）：'夫子亦信筮乎？'（子曰）：'我观其德义耳。吾与史巫同途而殊归。'"亦即后世张载《正蒙》所垂"《易》为君子谋，不为小人谋"之戒是也。

贞与正亦不同，正从一止，一即标准。如就具体时间段而言，此一标准不可不无，然执著亦有其失。而贞为天地自然之"一"，犹冬天所要保存的种子，梭罗所谓"寄信念于种子"（faith in a seed）是也。于人为至诚至善之时，后世"贞洁""贞操"皆于此取义。以庄子而言，"正"尚有可破之处，而"贞"乃化"正"之"一"而得之，故无可破也。《周易·系辞下》："吉凶者，贞胜者也。天地之道，贞观者也。日月之道，贞明者也。天下之动，贞夫一者也。""贞夫一"即达成此中心，可对应《庄子·大宗师》所达成之"寥天一"。

十二、易

《说文》:"易,蜥易、蝘蜓、守宫也。《秘书》说:'日月为易,象阴阳也。'"

按易即变易,易学乃华夏文明之根本学术,与世界文化最深层内容沟通,或谓元哲学(metaphilosophy)。《说文》解易,乃揭示存在之消息。且易为符号之起源乃至衍化,《乾坤凿度》:"上古变文为字,变气为易,画卦为象,象成设位",即谓此也。"蜥易、蝘蜓、守宫"从象形解易,蜥易即变色龙,亦即神话中龙之原型。龙取变化为象,《周易》首乾六龙,乃演示变化。后世陈抟有《六龙图》。龙亦为华夏文明图腾之首,后世称"龙的传人"。"日月为易,象阴阳也",从会意解易。《秘书》即纬书,《参同契》曰:"日月为易,刚柔相当",陆德明引虞翻注曰:"字从日下月。"盖上从日象阳,下从月象阴。《秘书》说若推其源,当从《系辞》"阴阳之义配日月","日月相推而明生焉"衍出。"蜥易"由生物界而言,"日月为易"由自然界而言,易包三才,乃天人合一也。

以"家族相似"(family similarity)观之,"易"通"明"。易从上下,明从左右,易学即明学。以易义而论,明犹哲也,《诗·大雅·烝民》:"既明且哲,以保其身",通易者乃通明也。西语 philosophy,直译为爱智,智通知,日者明也;意译为哲学,《说文》:"哲,知也。"以释教而论,以无漏之圣慧称为明，与世间法之有漏慧不同。又梵语知识（vidya）为"明"，故有"五明"之学，所谓声明、工巧明、医方明、因明、内明。而陀罗尼（dharani）亦称为"明"，持咒即"持明"也。

又"易"通"阳"，"阴阳"本从光线取义。侌者从"今云"，乃光线被遮蔽，而昜从"日一勿"，乃云开也。后世于"阴阳"加"阝"旁，乃从山阳山阴取义。《说文》勿部："勿，州里所建旗。"又："昜，开也（段注：'辟户谓之乾'，故曰开也）。一曰飞扬，一曰长也，一曰强者众貌。"故后世"扬"字亦通此。以易义而论，阳者变通，阴者凝滞，扶阳抑阴，得阳者乃得易也。《易纬乾凿度》卷上"易气从下生"，卷下同语作"陽"。马王堆帛书易作昜，《系辞上》云："知变化之道者，其知神之所为者乎？"

或谓"易"通"时"，《管子·山至数》："王者乘时，圣人乘易。"或谓"易"通"空"，《易·旅》上"丧牛于易"，或注"易"即"场"，场者空也。或谓"易"通"卦"，《二三子问》"易曰""卦曰"交替出现，其意无别。又卦者圭也；易者从日勿，勿为偏斜之日影。《周礼·大司徒》："以土圭之法，测土深，正日景。"由易卦探知时间变化，八卦正是日影之纪录。

又惕、赐（锡同）皆从易得声，含交易义。惕者"敬也"，谓警觉，于瞬间完成身心的阴阳交换，乃状态之调整。赐（锡）者"予也"，乃上对下之奖勉，然必下先成大功，于是上为赐（锡）以平衡之。

十三、老

《说文》:"老,考也。从人毛匕,言须发变白也。"

按许慎《叙》:"建类一首,同意相受,考老是也。"故老训考,以叠韵为训,是即转注。然考、老仍有其别。考者寿考,《书·洪范》五福首曰"寿"(孔传:"百二十年"),末曰"考终命"(孔传:"各成其短长之命以自终不横夭"),乃世间法所谓"福"。老者乃年长或年渐长,一般指六十以上(《说文》耆谓六十、老谓七十、耋谓八十、耄谓九十,又耆为七十以上之通称),有正反两方面意义,《论语·里仁》:"父母之年,不可不知也。一则以喜,一则以惧。"从人毛匕,段注谓无"人"字,则从毛匕,匕者化也。故老不得不然,乃生命之必经历程,"只知事逐眼前去,不觉老从头上来"(罗隐),又"世间公道唯白发,贵人头上不肯饶"(杜牧)。匕为重要字素,老者化在下,盖指流转生死而言。真者化在上,乃藏传佛教所谓飞赴乌金刹境是也。从匕者尚有长,《说文》长部:"长,久远也。从兀,从匕。兀者高远意也,久者变匕。"凡经历长久者必数经波折,故曰化也。

老之同源字尚有"孝"。《说文》:"孝,善事父母者。从老省,从子。子承老也。"子女心心念念于在上之老人,犹顶礼之象,善承事也。后世二十四孝有老莱子斑衣娱亲之图,似取象于此,盖有欣喜之意。以家庭天伦之慈、孝对称而言,孝为子对父母之道,慈为父母对子之道,《大学》"为人父,止于慈；为人子，止于孝"是也。杨树达《积微居小学金石论丛·释慈》谓慈从兹声，兹与子古音同而义通，且举其孳乳字滋、孳等为例。故《说文》心部训慈为爱尚为泛称，当切言训为爱子也。

十四、德

《说文》："德，升也。从彳，悳声。"段注："升当作登。《公羊传》何曰：登读言得。唐人诗'千山万山得得来'，得即德也。登德双声。"

按《说文》"升"由义而训，段注"登"由声而训，亦即"人往高处走"之向往和愿心，"厚德""积德""养德"之说皆可通此，后世"天天向上"是也。且德通道，道者本原，无形无象，而德者体道，有凭有据，乃具体实践所由。传世之《道德经》，马王堆帛书本作《德道经》，亦见古学之务实作风。德道者，乃得道也。

由字形观之，德从彳从悳。悳者直心，犹中心为忠，则直心为德，《论语·宪问》"以直报怨"、《维摩诘经》"直心是道场"是也。盖内心最真实之想法为德，犹后世之"良知"，此绝不可扭曲，故《论语·为政》曰："《诗》三百，一言以蔽之，曰'思无邪'。"且深入以解，直从十、目、乚。《说文》："直，正见也。"张文虎曰："《孟子》云：'圣人既竭目力焉，继之以规矩准绳,以为方圆平直,不可胜用也。'直从十,取交午平直之形。以目切之,见其隐曲。"张舜徽按:"良工入山察材,始皆用目,以审其曲直,所谓'山有木,工则度之'也。直字古文从木,意即在此。"(《〈说文解字〉约注》卷廿四)L读若隐,匿也,十目极其明也,故直训正见(马一浮说),明幽洞微,以表知见透彻。故德亦通智,智进一层,德亦进一层,穷理尽性,亦互相扶持。彳者表行,体道而行,得道者,乃至于命云。

十五、棋

《说文》:"博棊,从木,其声。"后世或作碁(从石),义同。此木石因缘,皆就质料载体而言,而棋之要在游戏之指向。

按张华《博物志》:"尧造围棋,以教子丹朱。或云舜以子商均愚,故作围棋教之。"以传说而论,围棋之发明,乃古圣贤所创造的开智工具。在儿童启蒙之初,将高深道理寓于娱乐之中,成年后积累渐深,当触机而自悟之。此即寓教于乐,然领悟此理至于何等程度,则终未可定。深者得其深,浅者得其浅,而其究极乃在天道(logos)。吴清源说,围棋是作为观测天文、占卜阴阳的道具而发祥的(吴氏自传《以文会友》末章),涉及棋道之深层内容。仰观天文,退思吉凶,天外有天,罗大经《鹤林玉录》卷十三记陆九渊曰:"此河图数也。"

《说文》又曰:"弈,围棋也。从𠬞,亦声。"𠬞即两手,盖围棋为两人共同合作之创造,"手"者,"手谈"也,能读懂其信息否?而"亦"者极妙,盖活画棋理。因棋之为物,神变不测,亦者(either-or),亦此亦彼,亦是亦非,亦真亦幻,后世或称"木狐狸"焉。然弈者于举棋不定中亦当有其定,弈通奕,奕者大也,奕奕生辉,"光明在即"(吴清源二〇〇〇年四月为复旦围棋学院题词),含引导之象焉。

故棋者其也,弈者亦也。前者当体会其境界之深远,后者当体会其技艺之不测。日语亦有碁字,音果,英译为 Go。Go 为积极行动之象,《浮士德》称"太初有为"(In the beginning was the Deed),而无为在其中焉。Go,go,日日新。

一九九九年十二月至二〇〇〇年六月

《说文解字》析义（续一）

一、比

《说文》："比，密也。两人为从，反从为比。"

"从"为干事业，有主有从，故曰"相听也"。"比"为谈恋爱，促膝并肩，故曰"密也"。密为亲之极，犹蜜为甜之极，亲者或在形，密在心矣（sweet heart）。

"密"字古通于"宓"，《说文》："宓，安也。"安于室乃为宓，此室内体己之处，乃无从窥测之所。又有所谓"秘密乘"（Esoteric-yana）者，其室未得其门竟无从入，盖钥匙已失。盲目外求终不能得，其道在内，或谓禅乃大密宗，故《坛经》记六祖曰："密在汝边。"

二、念

《说文》:"念,常思也。从心,今声。"又《尔雅·释诂》:"念,思也。"《方言》:"念,思也。"又曰:"常思也。"

按《左传》襄公二十一年引《夏书》:"念兹在兹,释兹在兹,名言兹在兹,允出兹在兹,惟帝念功。"(《大禹谟》)此解"念"字之义甚佳,故"念"字或含会意,盖"兹"者此时此地此人,"念"者心在"今"也。

以释家而言,"念"为重要之心理现象,又作"忆",唯识列为五别境之一,世亲《五蕴论》"谓于串习事,令心不忘,明记为性"。以其具殊胜力,故有所谓"念根""念力",为五根、五力之一。小乘有"十念",即"念佛""念法""念僧""念戒""念施""念天""念休息""念安般""念身""念死"。大乘则有"念劫圆融",李通玄《华严合论》卷一:"无边刹境自他不隔于毫端,十世古今始终不离于当念。"以修持法门而论,"十念"者步步踏实主渐,"念劫圆融"者一超直入主顿,渐、顿相成,念即无念,乃无非解脱。

三、零

《说文》雨部:"零,徐雨也。"段注:"谓徐徐而下之雨。引申之义为零星、为凋零。"按《广雅·释诂》二:"零,堕也。"《诗·定之方中》："灵雨既零。"《传》："零，落也。"《离骚》："惟草木之零落兮。"注："零、落，皆堕也。草曰零，木曰落。"

按零释为堕、为落，皆就其趋向消失（fade out）而言。陆游《卜算子》："零落成泥碾作尘，只有香如故。"然此尚为形态之转变（metamorphose），而非空无（void），不是近代意义之零。

零之概念始于印度，梵文 sunya，音译舜若，意译空。最初写为点，约十世纪传至阿拉伯，改为 0（希腊传欧氏几何，阿拉伯传代数）。基督教会的命数法采用罗马数字，罗马教皇宣布罗马数字是上帝创造的，不允许零的存在，一直到十三世纪才接受阿拉伯数字。

1202 年意大利费波纳契（Leonardo Fibonacci）数学巨著《算盘书》出版，他提出采用阿拉伯数字作为共同符号，以 0 为十进制之始，统一了数学语言。1228 年《算盘书》修订再版，又提出了费氏神奇数列（1，1，2，3，5，8，13，21，34，55，89，144，233，377，610……），其中相邻两数之间含有 0.618 之黄金分割比例，影响至今。

又《说文》雨部："霝，雨零也。《诗》曰：'霝雨其濛。'"段注引《诗·豳风·东山》，"霝"亦作"零"。又《诗·鄘风·定之方中》："靈雨既零"，"零"亦当作"霝"。又引《诗·郑风·野有蔓草》："零露漙兮"，《正义》谓本作"靈"。

如此靈（靐）亦可通零，故零者于古义通化有为无，于今义通亦有亦无，而"万物有灵"者，亦即"万物有零"也。

四、悟

《说文》心部："悟，觉也。"见部："觉，悟也。"是谓转注。

按觉通学，内含阴阳。悟通晤、寤、语、吾，内含五行。《说文》日部："晤，明也。从日，吾声。"段注："晤者，启之明也。心部之悟，寐部之寤，皆训觉，觉亦明也。"故有寤寐者，寐者闭，寤者启，乃与明相接，释家所谓子母光明会，故曰觉。而人与人见面称会晤者，乃两明相照也。《说文》言部："直言曰言，论难曰语。"又："语，论也。从言，吾声。"语者与人答问辩难，亦含相互启发，故与寤、晤通。

悟字之字根在吾，《说文》口部："吾，我自称也。从口，五声。"《释诂》："吾，我也。"按《说文》五部："五，五行也。从二，阴阳在天地间交午也。㐅，古文五如此。"二即天地，㐅即阴阳。五含阴阳五行，即古代所认识之天地自然。吾由五而来，故与我浑言可同（吾、我音通，于方言犹可见之），析言有异。《庄子·齐物论》："今者吾丧我。"吾犹大我，即天地人之人，与小我取戈自持之我不同。或谓吾乃眼耳鼻舌身之打通，与五根各司其职之我不同，亦成一说。

故悟字之解当通吾、五，所谓悟者，乃悟此也。《说文》心部："䰞，古文悟。"此悟字从两五字，与觉字从两爻同。

五、诗

《说文》言部："诗，志也，从言，寺声。"

分析"诗"的形体，可成三部分：一、从言，谓言；二、从之，谓行；三、从寸（手），谓止。言为心声，故从言。能量和动力在志，故从之。而有所行当有所止，苏轼"常行于所当行，止于所不可不止"（《答谢民师书》），故从寸。

诗者，志也，这是放纵。《诗大序》："诗者，志之所之也。在心为志，发言为诗。"志犹士心，通士气，这是读书人的心，不是随便可以屈服的。《管锥编》引《乐纬动声仪》："从胸臆之中而彻太极。"《孟子·公孙丑上》云："自反而缩，虽千万人，吾往矣。"

诗者，持也，这是收敛。志之所在，持之所在，没有控制的一味发泄，气就散了。《管锥编》引《诗纬含神雾》："诗者，持也。"《孟子·公孙丑上》又云："持其志，勿暴其气。"志与持，乃《诗》大义之两方面。

诗又通寺，此涉及空间。寺本为行与止的结合，原义为议事、办公所在或招待宾客之处。客人远道而来，至寺就安厝（寸）了。宾主间的专对之学，涉及外交辞令，乃春秋时代

《诗》的大用之一。语言极优美，而充满弦外之音，此即《论语·子路》"诵《诗》三百，使于四方，不能专对，虽多，奚以为"？又《宪问》"使乎，使乎"！寺又有转义，亦即寺庙的寺。传说东汉明帝永平十一年（68）有佛教传入，白马驮经，初止于鸿胪寺，寺由共名变成专名。"经来白马"，开启印、中文化的交流。

诗又可通时，此涉及时间。时者从日，从之，从寸（手，无一点，然仍可通）。日为地球时间的标准，之为日之行，寸为度量。三者之结合，初义为客观时间，深义为主观时间，最深义为主客观相合，being 和 becoming 相合。《尔雅·释诂》："时，是也。"《论语·乡党》："山梁雌雉，时哉时哉。"

二〇〇〇年七月至二〇〇一年二月

《说文解字》析义（续二）

一、譬喻，比喻，metaphor 的字源意义

譬喻，一作比喻；英语 metaphor，中文无相应的词对称，一般译作隐喻。从字源考察，三者意义有微小的差别。

譬喻从教育角度说，重在觉他。譬从辟从言，辟为刑法，又为君王。譬喻，即在谈话中显出真正的关键，使说者和听者当下默契于此。而要达成这一点，运用语言的善巧方便就是譬喻。《墨子·小取》："辟也者，举物而以明之也。"《中庸》："君子之道，辟如行远必自迩，辟如登高必自卑。"在易象，辟之位在九五，譬喻的变化就是由"复"而"辟"，而阳居九五，就是比（见图）。

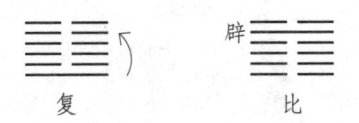

"复"即事物极深的本元(《易·复象》:"复其见天地之心乎"),"辟"即此本元在特定时空的当场显示(《易·比》九五:"显比……吉")。《论语·雍也》:"能近取譬,可谓仁之方也。""仁"从二人,"仁"不是个人的东西,而是说者和听者感通,感通的中心就是"辟"。说者和听者的思想通过"辟"发生了交流,所以譬喻是愉快的。

比喻,在现代汉语中与譬喻用法基本相同。如追溯词源,"比"可当自觉义。《说文》:"比,密也。二人为从,反从为比。"从和比本来是一个字,在思维方式上有顺逆的不同,顺为收敛性思维(《说文》"从,相听也,从二人"),逆为发散性思维。以认识论而言,"从"为肯定大前提后的演绎,而"比"破除无始以来种种陈规旧习的缠绕,反向改变大前提。人的认识发展史,就是由"从"而"比",由"比"而"从"的不断转化过程,如果使用科学史家库恩(1922—1996)的概念,就是常规和革命之间的不断转化过程(见库恩《科学革命的结构》)。比喻在思维上破除常规,开出新路,所以充满魅力。"比,密也",比贵在创新,密为认识深入,真能新发现比喻,认识必然深入一层,复述前人不是"比",而是"从"。

metaphor,隐喻。在西文中 meta 有"超越"(beyond)、"在外或在后"(behind)、"变化"(change)之意,而以"超越"为主。如 physics,物理学;metaphysics,超物理学,今译形而上学(源于亚里士多德互为补充的《物理学》和《形而上学》）；language，语言；metalanguage，元语言；galaxy，星系；Galaxy，银河系；metagalaxy，总星系；gene，基因，Genesis，创世记，metagenesis，世代交替；等等。phor，义为承载（bear）。metaphor 承载"超越"，"转移"，甚或"变通"，和注重形式的 similar 不同（similar 意义是相似，通常译为显喻）。西方学者将隐喻研究置于认识论、价值论、超然存在、宗教学和心理学的核心地位。[1] metaphor 能破除具体事物的隔阂而超上一层，有认知上的作用。

一九八八年九月

二、《易》之五断辞解

《易》于断辞有五条：吉、凶、悔、吝、无咎。吉、凶为两端，悔自凶趋吉，吝自吉趋凶，而《易》要无咎。《系辞上》："无咎者，善补过也。"《论语·述而》："加我数年，五十以学《易》，可以无大过矣。"

吉，《说文》："吉，善也。从士口。"按士口为吉，善有二

---

[1] 参阅《论隐喻》（On Metaphor），谢尔顿·塞克编，芝加哥大学出版社 1978 年版。

义。一为思考,一为行动,参见"士"条。思考犹理论犹知,行动犹实践犹行,此为中国古代哲学大问题,能知行合一者为"士"。此于人群中必须担负使命,《论语·泰伯》记曾子谓"士不可以不弘毅"。行即言,言即行,此成法施之象,故士口为吉。

凶,《说文》:"恶也。象地穿交陷其中也。"∪象地隐形,即陷阱之象,今云误区或坑。乂由负面而言,乃封闭之象,入误区而不出,则凶矣。乂由正面而言,乃爻变之象,知变化之道,则由凶趋吉矣。故《易》之吉凶绝不可固定以观,《朱子语类》卷七十三:"《易》不是说杀底物事,只可轻轻地说,若是确定一爻吉一爻凶,便是扬子云《太玄》了。"凶又写作兇,《说文》:"从儿在凶下。"儿即人,乃罹凶之主体。

悔即悔,《说文》:"悔,《易》卦之上体也。《商书》'曰贞、曰悔'。从卜,每声。"《尚书·洪范》:"七稽疑。择建立卜筮人,乃命卜筮。曰雨、曰霁、曰蒙、曰驿、曰克、曰贞、曰悔。卜五,占用二,衍忒。"孔《传》:"内卦曰贞,外卦曰悔。"孔颖达《正义》:"贞,正也,言下体是其正。郑玄曰:'悔之言晦,晦犹终也。'晦是月之终,故以为终。言上体是其终也。"

吝,《说文》:"恨惜也。从口,文声。《易》曰:'以往吝。'"按吝者文口,乃粉饰现实甚至颠倒黑白,故吝,《易·困》"有言不信,尚口乃穷也"。

352　　　渔人之路和问津者之路

咎，《说文》："灾也。从人从各。各者，相违也。"咎从各、人，所谓"各人自扫门前雪，莫管他人瓦上霜"。人人皆互相隔碍而不能交流，斯乃成咎矣。当感通而化自他之隔碍，消解"麻木不仁"，斯乃无咎矣。又《说文》口部："各，异词也。从口夂。夂者，有行而止之，不相听也。"

二〇〇〇年七月

三、爱的三种写法

爱有三种写法，从不同侧面反映其内涵。古今关于爱的理论，三种写法足以相应之。

一、忢，《说文》："惠也。从心，无声。"

字形可解作无心，此即恋爱，其隐秘联系的产生，尚可能在本人明确意识到之前。无心者，不知道如何才好，只是说不出来的喜欢。惠是一心想对他（她）好，只求奉献而不考虑其他，在特殊情况下，甚至不要求对方接受。此男女间的自然吸引，超越一切定义。

二、愛，愛即忢下加夂，《说文》："行貌也。"

愛即忢的转写，因经传皆用愛，愛行而忢废。愛为行走之象，此即婚姻，"携手共度人生"是也。电影《大话西游》有一段辩论："爱需要理由吗？不需要吗？需要吗？不需要吗？"此似千古之疑，其实迎刃可解，即恋是不需要理由的，而爱是需要理由的。恋纯情而理想化，爱必须考虑家庭、经济、身体、性格等状况。然而爱考虑其他是为了承负恋，而绝非为了其他放弃恋。若仅为恋，有激情不能持久，或仅开花而不结果。若仅为爱，或一切视物质为尚，婚姻亦将苦不堪言。然而爱中包含恋，在人生长途中互相滋养，《诗》所谓"执子之手，与子偕老"（《击鼓》），实为夫妇之最善境界。爱中仍有恋，爱是恋的自然延伸，也是恋的不同阶段，柴米夫妻，与浪漫感情不二不一。爱承载着恋，供养着恋，在王冠上闪闪发光。流行歌曲《最浪漫的事》："我能想到最浪漫的事，就是和你一起慢慢变老。"恰可当《诗经》的现代解释。钱锺书早年诗作《和季康玉泉山听铃》，结句云："颠风明日渡，珍取此时心。"晚年《槐聚诗存》改成："明朝即长路，惜取此时心。"初稿相应钱、杨初谈恋爱，次年成婚，乃同船赴英，亦即恋。定稿则相应夫妇相互扶持六十余年，亦即"爱"也。

三、憮，为恋之变体，《说文》："恋也。"

有正反两方面意义。正面义为抚爱，憮、抚同根，《尔雅·释诂》："憮，抚也。"遇见真爱之人，连眼光都是柔和的。反面义为失意貌（现仅用此义），似若有所失，然转念亦可消释，或为失恋之泛化。

西人或谓爱包括三种不同形式，1、激情；2、承诺；3、亲密关系。恰可相应此三种写法，恋相应激情，爱相应承诺，憮相应亲密关系。

　　于字形演变而言，爱之变体楷化为愛，愛之简化则为爱，尚能见其一脉相承痕迹。于义理而言，于爱见心有其是，然不如无心之纯。于爱删心或有失，乃成物质主义之泛滥。然改夂为友仍有得，若落实于夫妻，则尚存古义。因夫妻之间彼此托付，尚有义气的维系，所谓婚姻乃神圣之承诺（sacred commitment）。夫者，扶也，妻者，齐也，《诗》云："宴尔新婚，如兄如弟"（《邶风·谷风》），古诗云："结发为夫妻，恩爱两不疑"，是矣。如不论性别，泛化为人际关系之爱，《论语·颜渊》子夏曰"四海之内，皆兄弟也"，则有普世性质，与基督教文化可通。

二〇〇二年二月

《徐梵澄集》[1] 读后

《编者的话》："这好比一袋子的精金美玉被掺和进了杂质。"

这是为大学者编集写序的自然感觉，所谓佛头着粪，能不有所惧？此序大体是，因编者既充满敬意，文风亦有所相似。序中每每提及先生言行，弥感亲切珍贵，以后有心者可编回忆录，实可警懦立顽。唯序中多提单位负责人，与大学者的成就有所不称。

"先生未完成的手稿《佛教密宗——摄真言义释》遽然不翼而飞。"

此实大损失，幸尚在人间。如果可能，当调查并赎买之，因实为国宝，至心祈祷此稿重见天日。《跋旧作版画》记鲁迅逝世时事，"会葬之间，我特殊晋见了师母。说了几句安慰的

---

[1] 《徐梵澄集》，中国社会科学出版社 2001 年 12 月版。

话之后，便说从此先生的'只字片纸'皆不可失去了"。此实为中国文化而言，亦是对鲁迅的衷心爱护。今先生已逝，此意亦当推及先生，有幸接触先生文字者，可心存保护之念，至所盼望。先生拟从事的工作尚有《圣经》校勘，此无人可以替代，盖学术境界达极高处方可为之，今广陵绝响，至为可惜，若留下若干线索，亦极珍贵，故只字片纸未可弃也。

"有一句话，犹如电光击闪，刹那洞明新境，至今在我脑海里鲜活不磨，他说：'中国文化真好。儒家真好。'——于此可窥先生精神指归了。"

此实崇高人格的感化力，乃治学一生积累而成，与先生接触者往往有此体验。我亦有类似经历，如有机缘，当一一写出，以供养读者。此先举一例，我曾问先生：先生译书，做了这么多功德（先生译事，当为玄奘后一人），莫非是修报土否？先生淡然答道：我已经不为自己了。先生之答，犹如醍醐灌顶，振聋发聩，其音数日尚在耳旁。

"也未取先生的《老子臆解》，他曾抱怨此书出版后未遇批评文章。"

《老子臆解》乃一九四九年以后的解老最佳作，当然还有再进步余地。因先生以精神哲学解老子，而老子尚非精神哲学。虽精见迭出，佳处时遭，似尚未合老子于先秦时代。未遇批评文章是正常情况,因批评者未能充分认识此书,也较难具备批评此书的功力。未遇批评原因有二,一、极差作,故无人搭理,自然淘汰;二、极佳作,一般读者固不能懂,少数高明者亦稽首无言。未遇批评绝不足奇,也可能是佳作的标志之一,所谓漏网的鱼是最大的。

《蓬屋说诗》。

在《读书》作补白刊载时,已知为先生(笔名凡木?)。先生爱诗,亦爱作诗,于本人固属吟咏性情,且见性情之正,然窃谓于文化的贡献不如译、作诸篇为大。先生《蓬屋诗存》为子弟而存,线装一册,安迪先生于出书贡献良多。忆昔读胡仙女士文,引及先生句:"落花轻拍肩,独行悄已觉。"读后如遭电击,沉吟流连久之,齿颊尚留余香。又访问先生时,见先生桌上放着一本《谈艺录》,自然为观摩诗学之助,告诸喜"钱学"者。先生藏书极少,仅一老式旧橱,然其屋书香深郁,有幸入室者当有同感。

《说诗》屡及马一浮,因忆昔日先生曾评马一浮,谓马引弘一法师入佛,何宗不可修,偏偏选律宗。此宗修行至苦,弘一法师未能长寿,或与营养不良有关。先生的判断不一定对,因弘一修律宗有其内在原因。从时代而论,乃纠正禅宗末流戒律荡然之失;从本人而论,亦为早年纵意声色的平衡。然而先生的判断仍有意义,盖不主张单纯苦行也。说至此,亦附记潘雨廷先生告诉我一事，此事乃马一浮生前亲口告诉他的，未见任何记载。谓弘一当年执意出家，出家后竟后悔了，因发现佛门原非净土，故想还俗。马等数友劝他，原先不赞成你出家，既已跨出此步，就不要回头了。弘一由此打消了还俗的念头，终于成为一代高僧。

《跋旧作版画》："师母毕竟是伟大的，一贯秉承先生的遗志奋斗，经历了多少风险，以至受难而遭电刑。"

"毕竟"用字甚重（先生下笔不苟，《蓬屋说诗》引范肯堂曰"诗要字字作"，先生有焉），略含哀而不怨意。许广平对先生有所误解（见《欣慰的纪念》），因不明先生对鲁迅情谊至深至厚。此误解自然不必辩，在先生也不愿辩、不宜辩，然终含委屈于心，故不觉流露于此。

《周天集》译者序："接到南洋侨胞的来信，说怎样从印度某瑜伽师修为，身体上出了毛病，请示救疗之法。译者将来信详细译出，找真实深于此道的人商量，皆是一无办法。譬如美好的玻璃器或瓷器打破了，无从补缀。"

曾向先生问及瑜伽，先生亦谈及此事，且言问过朋友，竟无从措手。盖瑜伽有其副作用，可参考《瑜伽论》"附记"引"阿罗频多事略"："夫调心，制气，出神，入定之术，五印修之者众矣；往往弟子与师，俱为未达，如临深谷，如履刃锋，一堕邪途，百牛莫挽，纵有一得，未足揄扬。"先生终倾心陆王心学，谓"中国文化真好，儒家真好"，当与此有关。谈话中，先生言："我在中国一天，就不让瑜伽进中国一天"，辞色甚厉。听者一惊，不甚明白其意。先生尚有一答，当时亦颇觉意外，因谈及佛经及《法华》（287页《华法》当作《法华》），先生挥挥手说："全部是假的。"听者愕然，以后读书渐多，方知为至理良言。亦见先生虽修治精神哲学，其立场与一般宗教徒有所区别。以听者今日的认识，大乘佛经固后出，然假中仍有真在，不可抹杀，未知先生能许否？

《佛教密宗真言义释》序。

此一著作有三题，一、《佛教密宗真言义释》，见《世界宗教研究》；二、《佛教密乘研究——摄真言义释》，见"作者主要著述目录"；三、《佛教密宗——摄真言义释》，见《编者的话》。今日推度，似以一为定稿之题，二为原稿之题，然而也可能相反。两题之别为前者显豁，后者典雅，前者已发表，后者或出于作者手订目录。三杂糅一、二，无此题，当为编者疏忽所致。毕竟此稿尚在人间，如重见天日，当见真相。

又忆昔谒见先生时，先生曾提及此事，略云：真言在梵文皆有意义，多数意甚普通，如"扫地啊，扫地啊"，不应迷信之。我以为，先生之意固是，然作为真言后，历代持诵者确有效验，此亦不能否定。故于真言，当两边观之。曾以此意敬呈先生。

《韦陀教神坛与大乘菩萨道概观》。

此文亦收入《中国佛学论文集》，陕西人民出版社 1984 年版。此书在偶然情况下匆阅一过，随即遍觅未得，唯记先生文中一语，大意为"很多经典不是释迦说的，但不一定不是佛（亦即觉悟者）说的。"［按原文为："谓其为佛说可，谓其为历史上的瞿昙即释迦牟尼（《集》脱'释'）或释迦文佛（'文'是音翻）所说则不可。"］这是我最早读到的先生文字之一，当时受极大启发。1995 年 12 月，我因此语致信先生询问，先生于 12 月 18 日答示："所论及'佛说'之事，盖稍窥《大藏经》者所知。尝叹佛法浩漫，包罗群有，而于本教之外，不得不承认他教亦有悟道之人，名之为'独觉'（Prafyekabuddha），遂联系于缘生、缘起，值无佛之世，仍有凤世之因。又归之于佛法之内，曰'缘觉乘'，大、小乘之外，别出有其'中乘'。此亦不昧于历史真实，可谓含弘广大者也。此问题究属常识，不必深论。"又《论文集》于"'文'是音翻"下有注："'文'古音读如'门'，今广东语中犹然。发音为 m，故以此翻 muni '牟尼'之 mu，亦近。省略'尼'ni 音。佛典中于此'文'字，又有以汉文义解释者，无谓。"《集》无，再版可补入。

《陆王学述》。

出版前有缘接触手稿，今日再读，感慨系之。此书为先生重要著作，亦为晚年的思想归宿。记得和先生谈话时，曾提及任何宗教皆有利有弊,先生许之。而先生认为陆王之学纯善无弊(先生对瑜伽尚有保留),中国之重光,有赖于此学之复兴,当以此学救中国。此见先生拳拳爱国之心,尝试沟通中印精神哲学,然中华学术是否止此,亦可再商量。陆王之学固极善,建设中国新文化,宜参考此学。然而中国之事,似非单一思想所能救,无论这思想如何好。此时此地之问题,当以此时此地之学治之,终以道法自然为上也。精神哲学至高至深,然是否有普世意义,尚待观察。言及此,再补记先生另一说。先生曾言,我的学问到现在还在分析,分析到一定时候再综合,什么时候综合,现在还不知道。此见先生治学的勃勃雄心,不知老之将至云尔。然其说尚可推敲,因歧分析与综合为二,若综合即在分析之中,似途径较善。历代哲人如康德著三大批判,本为形而上学清理地基,然而建立未成,三大批判巍然独存。又如熊十力《新唯识论》实际只写成"境论",而"量论"终其生未成。此提及熊十力,因记先生一批评,谓其字过于狂放,有时竟似乱涂。著文喜用"此处吃紧"等字眼,文章应由读者领会其义,不必自己出面强调。又"为何与如何"节,有"毛泽东教示"云云,记得原文为"已故毛泽东主席教示"云云,当查核之。

二〇〇二年五月十七日

《玻璃球游戏》[1]感言

关于克乃希特

继承威廉·麦斯特，正如黑塞继承歌德。《玻璃球游戏》是一部成长型小说（Bildungsroman），对从事精神探索的人有极大鼓舞作用。麦斯特（大师）相对克乃希特（仆人），两极相通，正所谓"下下人有上上智"。

中国也有近似的成长型小说，如果脱去武侠的外衣，那就是流行的金庸小说。金庸小说人物差不多最后都选择归隐，而克乃希特正试图从那里走出。

关于卡斯塔里

和柏拉图学院有渊源，甚至可上溯毕达哥拉斯教团。在现代少数贵族学校、研究机构尚存其影子，中国的科学院、社会科学院在组织形式上也有相似之处，只是其研究尚未达此精神深度。

---

[1] 〔德〕赫尔曼·黑塞著，张佩芬译，上海译文出版社1998年版。

关于玻璃球游戏

这是西方文化所试图自创的《易经》，唯其为人工所创，故用人工终未能维持，乃不得不成亢龙有悔之象。而中国的《易经》早已走通穷上反下之路，《易》隐于卜筮，犹佛隐于祈福，吉凶与民同患，大文化贯通小文化。

玻璃球游戏综合一切科学、艺术和文化，实即人类文化的最高理想，亦即一切学问的归宿。关于玻璃球游戏历来有虚写还是实写的争辩，其实无所谓。小说提及中国的《易经》，并极力推崇，而实际了解尚属初步。玻璃球游戏可合于《易经》，而小说中出现的《易经》非《易经》。

关于中国长老

非中国文化最高层次之人。因为虽经努力，黑塞对中国文化的了解仍然有限。"你知道园林在世界中，尚未知世界在园林中"一语有味，亦即释氏"纳须弥于芥子"，老氏"不出户，知天下"之意。然稍稍执着园林仍非，尚未知禅家所谓"上无片瓦，下无立锥之地"。黑塞虽处于第二次世界大战的恶劣环境中，然而居住在瑞士的山明水秀之中写作，尚属相对的净土，故仅知"小隐隐于乡"，未知"大隐隐于市"。

中国长老的未能究竟，对以后克乃希特的出走乃至死亡，有潜在关联。

关于约克布斯神父

约克布斯神父代表西方的宗教文化，克乃希特代表西方的学术变化。前者出于教会，源远流长，后者重视科学，是较年轻的组织。就更古老的文化而言，两者隐隐相通，正如古希腊毕达哥拉斯学派可分为"信条派"（Acousmatics）和"数理学派"（Mathematicians）。在小说中，约克布斯神父和克乃希特成相对极，正如普林尼奥和克乃希特成相对极，前者犹尽性与穷理之别，后者犹俗谛与真谛之别，彼此存在着吸引和渴求。

关于音乐大师

终身从事精神修为的人，在生命的最后阶段会发出圣洁的光辉，这在各国典籍中均有记述。有福缘之人，甚至会亲眼所见，而一生受其影响。

音乐大师也略有可议，一是平和有余，锐气不足，盖非百炼刚化为绕指柔，故渐趋衰微。一是他虽然给身边之人带来良好影响，却毕竟走的是独善其身的路线，于佛教属于小乘。以后克乃希特试图回小向大而未成，两路终未能合一。然克乃希特的问题音乐大师已经看出："你这是没有用的，约瑟夫。"作者此一无意之笔极深，音乐大师已知无为法，然未达最上一乘为可惜耳。

关于结局

克乃希特一生精彩之处在于不断超越自我，结局为他最后一着，有深远的象征意义。他的打破象牙塔而走向社会，如果和电影《海上钢琴师》终身不履陆地，最后与船共沉相比，已经跨出了最重要一步。然而克乃希特一生所行均属有为法，此一层面终身未能脱化。他出走时还想带人，以及出走前已安排好后路，最后因担心孩子失望而下水游泳，人为痕迹稍重。而作者喜爱的"他必兴旺，我必衰微"（用施洗约翰语，出《约翰福音》3：30）也不甚恰当，犹如鲁迅的早年相信进化论。每一代有每一代的任务，与下一代互相不能替换。扶持青年自然为年长一代的重要工作，然而也是性分所当尽，没什么太大的了不起。过分夸张其作用，其实是对自己应该达到成就的逃避或掩饰，亦为内在不足的表现。

关于题辞

本书扉页题辞"献给东方旅行者"，犹如毛姆《刀锋》题辞的引用《奥义书》，代表了二十世纪西方文化认识东方文化的成绩。然而东方文化认识西方文化又做得怎样呢？似乎以吸收物质文化居多，精神文化远远不够。二十一世纪是全球化的时代，各大文明体系都在发生深刻的变化，然而东西方交流还将延续。在一场长距离的赛跑中，后来者未必没有机会，双方都可努力，谁能探骊得珠？

关于在二十世纪文学中的地位

《玻璃球游戏》是黑塞探索一生的最高成就，也是他在第二次世界大战的烽火硝烟中思考人类文化出路的结果。小说综合了他所能涉及的东西方各种材料，思考深邃，意义重大，非早年小说《荒原狼》等可比。虽然此书尚有缺点，那是黑塞本人迈不过去的坎，但重要的是他已经提出了问题。

以个人阅读兴趣而言，我愿意向读书人推荐的作品有一部半，一部是《追寻逝去的时光》，半部是《玻璃球游戏》。在某种程度上说，后者未臻完美，或许更发人深省。

二〇〇三年三月十三日

后记

本书是我写作二十年的文集,是我从事文字工作的记录,或许更确切地说,是我不努力工作的记录。二十年走过的路,歪歪斜斜,留下的脚印,稀少而凌乱。书名取"渔人之路和问津者之路",然而"此中人"究竟相应了呢?还是没有相应呢?中西古典学术的内涵,既深且广,难以言尽,而此书中的文章,早已不足道。可是,此书虽然还不是我想说的话,但毕竟有我想说的话,这也许是本书可以留存的一个理由。然而,善读书者实在不必读此书,而不善读书者读此书又无益,因此,此书在理论上是不应该有读者的。

编辑文集最初是出于张新颖和刘志荣两位先生的促动,黄德海先生和綦小芹小姐协助整理了部分文稿。文集收入了和裘小龙、陆灏两位先生合写的三篇"武侠小说三人谈",可见我们当年的意气风发,也是我们友谊的见证。犹忆一九八六年"王国维"一文初成时,陈思和先生为此稿的出版多方奔走,事虽未成,而情谊感天。今忽忽已二十年,而此情此景,如在目前。

张文江

二〇〇五年十一月二十日

又记

《渔人之路和问津者之路》是我早年的文集，2006年7月由复旦大学出版社出版。所收的文字，开始于1986年（有一篇写于1985年），结束于2003年，起迄大体相当于我生命中的一个阶段。此书是我学习写作的记录，它们标志着我所走过的路，包括不少走错的弯路。此书之后，我有些缓慢的进步，依然不足以称道。

有一件事情，或许值得提起。2007年11月，《金庸武侠小说三人谈》作者之一，诗人裘小龙先生在香港和金庸先生相遇，行囊中带有此书。《三人谈》是内地较早评论金庸的文章，承金庸先生在页边题字，有所奖掖。我完全理解这是前辈谦抑自持的礼节，但对年轻时当过"金迷"的人来说，还是令人高兴的。

黄德海先生和肖海鸥女士推动此书重印，使我有机会改正部分错误，谨此致谢。

张文江
二〇一六年六月十二日

图书在版编目（CIP）数据

渔人之路和问津者之路/ 张文江著. -- 修订本. -- 上海：上海文艺出版社,2020.02
ISBN 978-7-5321-7405-8
Ⅰ.①渔… Ⅱ.①张… Ⅲ.①社会科学－文集 Ⅳ.①C53
中国版本图书馆CIP数据核字(2019)第221468号

发 行 人：陈　徵
责任编辑：肖海鸥
封面设计：好谢翔
内文制作：常　亭　梯工作室·邱江月

书　　名：渔人之路和问津者之路.修订本
作　　者：张文江
出　　版：上海世纪出版集团　上海文艺出版社
地　　址：上海绍兴路7号　200020
发　　行：上海文艺出版社发行中心发行
　　　　　上海市绍兴路50号　200020　www.ewen.co
印　　刷：上海盛通时代印刷有限公司
开　　本：1230×889　1/32
印　　张：11.875
插　　页：4
字　　数：323,000
印　　次：2020年2月第1版　2020年2月第1次印刷
ＩＳＢＮ：978-7-5321-7405-8/G.0268
定　　价：65.00元
告 读 者：如发现本书有质量问题请与印刷厂质量科联系　T:021-37910000